JESUS IGNACIO FERNANDEZ DOMINGO
Doctor en Derecho. Profesor de Derecho Civil de la UCM

LOS DERECHOS REALES

DE

USO

Y

HABITACION

DYKINSON, 1994.

© Copyright by
Jesús Ignacio Fernández Domingo
Madrid, 1994

Editorial DYKINSON, S. L. Meléndez Valdés, 61. 28015 Madrid
Aptdo. 8269. Teléfonos 544 28 46 – 544 28 69

ISBN: 84-8155-005-1
Depósito legal: M-201-1994

Imprime:
JACARYAN, S. A.
Avda. Pedro Díez, 3 - 28019 Madrid.

AGRADECIMIENTO

Este libro debió salir a la luz hace algunos años, no obstante, pese a esa tardanza, por motivos que no son del caso, es mi obligación hacer un recordatorio de cuantos contribuyeron, con su entusiasmo y ayuda generosa, a su elaboración:

Al profesor CUADRADO IGLESIAS, alma y estímulo de esta obra; al profesor ITURMENDI MORALES, por su preocupación constante por que viera la luz; a mis compañeros del Departamento de Derecho Civil de la Universidad Complutense, por su cariñoso apoyo y a la memoria del profesor LACRUZ BERDEJO, quien también alentó algunas de sus páginas.

El Autor

DEDICATORIA:

A mis padres. A la memoria de mi abuelo Alejandro.

La labor del jurista, que trata de interpretar el Derecho en vigor, es por esencia histórica. Del mismo modo que la historia es el conocimiento del pasado todavía vivo entre nosotros. El Derecho en vigor en un país en un momento dado casi nunca es de igual fecha. Median entre sus normas diferencias de tiempo enormes; se hallan reglas inventadas por juristas romanos al lado de otras del siglo pasado o fruto de nuestra propia generación. Dimana de esta constatación que la labor del jurista será doble. No sólo ha de reconstruir el pensamiento del legislador (o codificador) moderno, sino de quien en su origen antiguo la expresó, ya que aquél sólo la recogió de la tradición existente.

H. COING

INDICE

INTRODUCCION 1

I

ORIGEN Y EVOLUCION HISTORICA 4
1. El uso y la habitación en el Derecho romano 4
    a) Derecho nacional 6
    b) Derecho honorario y de Gentes 7
    c) Derecho Imperial y Derechos nacionales 9
    d) Orientalización del derecho romano 10
    e) Derecho justinianeo 12
2. Derecho intermedio 15
    2.1. El uso y la habitación según los juristas británicos 24
    2.2. Posible origen germánico del uso 26

II

PRECISIONES CONCEPTUALES 28
1. Autores españoles 32
2. Autores franceses 36
3. Autores italianos 37
4. Derecho alemán 39

DIFERENCIAS DEL USO CON EL DERECHO DE USUFRUCTO ... 43
    a) Diferencias con el usufructo en general 47
    b) Diferencias con el usufructo limitado 52
        1. El usufructo limitado subjetivamente no es un verdadero usufructo ... 52
        2. El usufructo limitado subjetivamente es un verdadero usufructo 52
PECULIARIDAD DEL DERECHO DE HABITACION 55

III

CONSTITUCION 61
1. Por actos "inter vivos" y "mortis causa". Trascendencia del título cons
    titutivo 62
    a) Por concesión propiamente dicha 62
    b) Por acuerdo de voluntades 63
2. Por prescripción 68
    1. Situaciones posesorias de estos derechos 70
    2. Título 71
    3. Posibilidad de mera tolerancia 72
    4. Consideración del precario 73
    5. Por retención 75
    6. Por consecuencia de adjudicación preferente 78

IV

SUJETOS Y OBJETO 79
1. Sujetos 79
    a) la persona física como sujeto natural 79

      b) la persona jurídica como posible sujeto... 79
      c) partícipes en el goce de estos derechos.. 84
2. Objeto.. 87
    1. Respecto del derecho de uso.. 87
      a) bienes muebles... 87
      b) bienes inmuebles... 90
      c) semovientes... 93
    2. Respecto del derecho de habitación... 93
    Idoneidad para generar utilidades inmediatamente al titular................ 96

V

CONTENIDO... 98
1. Necesidades del titular... 111
2. Facultades.. 115
    A. Extensión de sus facultades... 115
    B. Ejercicio de las facultades.. 118
    C. Límites... 119
3. Obligaciones.. 120

VI

INDIVISIBILIDAD E INTRANSMISIBILIDAD... 122
1. Problemática derivable del título constitutivo... 124
2. Aspectos hipotecarios... 126

VII

EXTINCION.. 131
1º. Extinción por muerte del usufructuario... 132
2º. Por expirar el plazo por el que se constituyó o cumplirse la condición
    resolutoria consignada en el título constitutivo.. 132
3º. Por reunión del usufructo y de la propiedad en la misma persona...........133
4º. Por renuncia del usufructuario... 133
5º. Por la pérdida total de la cosa objeto de usufructo................................. 133
6º. Resolución del derecho del constituyente... 135
7º. Prescripción.. 135
8º. Otras causas.. 135

VIII

LOS DERECHOS DE USO Y HABITACION EN LA DENOMINADA ADJUDICACION PREFERENTE DEL ARTICULO 1.407 DEL CODIGO CIVIL................................. 137
1. Consideraciones previas.. 137
    PROYECTO DE 1978... 139
    PROYECTO DE 1979... 139
    LEY 11/1981 DE 13 DE MAYO... 140
2. Incidencia de la Ley del 81 sobre los derechos de uso y habitación 142
    A. Sobre el derecho de USO.. 142
    B. Sobre el derecho de HABITACION... 143

IX

A MODO DE CONCLUSIONES... 150

INTRODUCCION

En el momento en que vamos a realizar la aproximación a los derechos de uso y habitación podemos perfilar, de entrada, cómo tradicionalmente han venido considerándose dos derechos reales "menores"; hasta tal punto que incluso podemos afirmar que no existe en la literatura jurídica ninguna obra que se ocupe monográficamente y en exclusiva de ellos. Todo lo más, si acaso, sus planteamientos se consideran integrados y formando parte de los superiores estudios que se han realizado sobre el usufructo, del que constituyen siempre una especie de apéndice. ([1])

También debe ser destacada una razón de proporcionalidad evidente porque, salvo el tratamiento que han llevado a cabo algunos autores, singularmente italianos (VENEZIAN, BARBERO o PUGLIESE, entre otros), nos es muy difícil encontrar en manuales y tratados una consideración *«in extenso»* de tales derechos. No obstante, sin entrar aun en este aspecto puramente cuantitativo, sí queremos incidir en que, por su proximidad al derecho de usufructo (y singularmente en todo lo que concierne al derecho de uso) se ha manifestado hacia estas figuras una pérdida bien conocida de interés, por lo que han quedado relegadas al margen de cualquier planteamiento y solución de importancia que haya sido aportada en el ámbito de los restantes derechos reales.

Por todo ello, a la hora de afrontar su estudio, somos conscientes de todas las dificultades que reviste la empresa y que también se hallan motivadas, en gran parte, por el hecho de que quizá estas figuras hace ya tiempo que debieron haber sucumbido bajo el polvo de su propio abandono; o porque ese mismo interés a que acabamos de referirnos, les ha convertido en algo fluctuante, que no ha permitido precisar con suficiente claridad cuál es su verdadero alcance y su auténtica significación jurídica.

En lo que al derecho de uso se refiere, los avances y retrocesos en este sentido son fácilmente visibles; siéndonos posible contemplar cómo cuando la figura ha logrado alcanzar un cierto predicamento, o se halla revestida de alguna consideración (y esto lo vamos a poder observar continuamente a lo largo de su evolución histórica y legislativa), sus tratadistas contemporáneos parecen ignorar tal importancia, no siendo infrecuente su vuelta a posiciones diferentes, cuando no anteriores. Todo ello, naturalmente, conduce de forma inexorable a la paradoja que vienen a significar los Códigos modernos, en los que no nos es posible encontrar un tratamiento uniforme de la figura, porque suelen considerarse como consustanciales sólo alguno o algunos de entre los aspectos que han ido destacándose a través de su dilatada evolución histórica. Y debido al desinterés, se produce también la circunstancia de que el propio Derecho positivo haga referencia a una realidad que los propios autores, sin duda alguna influidos por lo que constituye la tónica general al respecto,

---

[1] La única que pudiera representar excepción a lo que acabamos de indicar, sería la obra que, en 1987, ha publicado el profesor RAMS ALBESA («Uso, habitación y vivienda familiar». Tecnos. Madrid). Pero no se trata en puridad de una obra del todo monográfica en el sentido que destacamos, ya que en ella se ha dado también entrada, como consideración aparte, a la problemática de la vivienda familiar.

desarticulan, llegando a aproximarla a posiciones muy diferentes a las que efectivamente han sido legisladas.

En todo lo concerniente al derecho de habitación, ya lo estemos o no considerando unido al derecho de uso, es también posible reconocer un sometimiento muy semejante a estas mismas intermitencias.

Por ello, no pretendemos en absoluto y por nuestra parte elaborar una nueva teoría de estas figuras, sino estructurar y adecuar, en la medida en que sea posible y de conformidad con su tradición histórica y positiva, el contenido de las mismas; para ello habremos de suprimir, si preciso fuera, algunas tergiversaciones a la vez que habremos de criticar una serie de posiciones contrapuestas, pero todo con el fin único y exclusivo de poder llevar a efecto un desarrollo armónico de lo que, creemos, ha significado pese a todo su evolución a través del Derecho.

Y no lo hacemos tampoco con la pretensión de llenar ese vacío de tratamiento que habíamos puesto de manifiesto, porque esa misma dificultad cuantitativa indicada en la doctrina constituye, a su vez y con mayor motivo en nuestro caso, el principal escollo, sino para intentar, en la medida en que esto sea posible, ese nuevo tratamiento.

Somos conscientes de la importancia actual que estos derechos pueden revestir y de su profundo significado social, al menos en lo que al derecho de habitación se refiere; porque las acusadas características del derecho de uso parecen haberse diluído, en parte, en favor del propio usufructo. De igual manera consideramos que la importante reforma operada en nuestro Código civil por la Ley 11/81 de 13 de mayo, ha dado un nuevo impulso a su significado, al menos a nivel doctrinal, lo que sirve también en gran medida de aliento y justificación a nuestro empeño.

Así pues, con la mira modesta de intentar una consideración lineal, que limite tangencialmente las oscilaciones que se han ido produciendo, queremos establecer el verdadero alcance, tanto histórico como actual, de los derechos de uso y habitación; la importancia o no que puedan tener en una sociedad tan compleja como ésta en la que vivimos, y donde se conjugan unos elementos urbanos y rústicos de difícil armonización; y si, finalmente, resulta posible darles acogida con el significado y alcance que plantea y nos sugiere su propia regulación positiva. Todo ello amén de la consideración que las nuevas necesidades plantean, o pueden plantear, singularmente y como acabamos de poner de relieve, en lo que atañe al derecho de habitación.

Todo esto va, pues, a constituir la materia y la intención de nuestro esfuerzo y cuyo alcance no puede ser otro que la problemática sugestiva de ambas figuras, atraído por esa idea de dificultad inicial y «atormentada», como tan gráficamente destacaba DE MARTINO respecto de la historia del «usus» ([2]), y al que parece ir indisolublemente unido el propio derecho de habitación. O, simplemente, dejándonos llevar por la curiosidad que suscita el hecho de las alteraciones con que han sido considerados y que se perpetúan en nuestro tiempo sin solución alguna de continuidad.

Desde el Derecho romano hasta la actualidad, el uso y la habitación han recorrido un largo camino que parece no haber conducido a ninguna parte, porque tampoco, ni siquiera hoy mismo, podemos asegurar que se hallen

---

[2] DE MARTINO. «Dell'uso e dell'abitazione», en Commentario del Codice civile de SCIALOJA-BRANCA. Zanichelli-Foro Italiano. Bologna-Roma 1978. pág. 349.

debidamente perfilados, ni que incluso seamos plenamente capaces de conocer y precisar cuál es su verdadero alcance.

Razonadamente podría objetarse que esto mismo sucede con un gran número de derechos, sobre todo en aquellos casos en los que podemos plantearnos dudas sustanciales respecto de su naturaleza jurídica, por ejemplo, y no tenemos más remedio que estar de acuerdo. Ahora bien, no deja de resultar evidente que, tratándose de dos figuras supuestamente sencillas, no habrían de constatarse tantas dificultades como de hecho se producen y se han producido en su derredor. Máxime cuando, al provenir del Derecho romano, debieran tener ya establecida, desde antiguo, su verdadera y válida significación jurídica, que es lo que sucede con todas las figuras e instituciones conocidas en ese Derecho.

¿Es acaso su propia simplicidad el motivo de tamañas complicaciones? En parte pudiera resultar que sí; aunque pensamos que quizá no esté muy alejado de todo ello ese manifiesto desinterés aludido y que nos ha llevado a que, después de más de veinte siglos de vigencia, los derechos de uso y habitación lleguen a resultarnos, después de todo, dos derechos parcialmente desconocidos para nosotros.

ORIGEN Y EVOLUCION HISTORICA

1. El uso y la habitación en el Derecho romano.

Antes de iniciar un análisis sobre cuál ha sido la trayectoria de estas figuras a los largo del Derecho romano, debemos precisar cómo, ya desde un principio, el derecho de uso había sido concebido del modo más estricto. Así, respecto del derecho de propiedad, que resulta potencialmente absoluto en el sentido de ser el único capaz de comprender todas las facultades imaginables, dado que se constituye en centro de inserción de las mismas y que habitualmente engloba como tales los denominados *«ius utendi»*, *«ius fruendi»* y *«ius disponendi»*, el derecho de uso resulta una desmembración en su único aspecto de *«ius utendi»*. Y no es, desde luego, mucho más amplio en concepto que podemos tener del propio derecho de habitación, respecto del cual, quien resulte ser su titular, tiene simplemente la facultad de habitar, juntamente con su familia, la casa sobre la que recae.

De este modo no es de extrañar la afirmación de LACRUZ de que se trataría entonces de unos usufructos limitados, significándose precisamente el derecho de habitación por recaer sobre un objeto específico. (3)

La significación especial del nombre *«usus»* sirve, por otra parte, para aclarar cuál sea el contenido del derecho que con él se designa, habiéndose destacado por VENEZIAN el predominio en tal sustantivo de la idea de instrumentalidad; esto es, en definitiva de la relación del medio a fin que tiene la actividad iniciada por él. (4)

Pero las circunstancias han hecho que, de manera paulatina, haya ido variándose esta primitiva concepción, hasta tal punto que el propio derecho de uso llega a ser más amplio. Incluso en el Derecho romano se acabó por admitir, como interpretación de la voluntad probable de quien lo había instituido, que el legatario a quien se hubiera concedido el derecho de uso sobre un fundo, debería tener también el derecho correspondiente de percibir los frutos que le fueran suficientes *«ad usum quotidianum»*. (5)

De todas formas hay que señalar, junto con LACRUZ y SANCHO, entre otros, (6), que en el Derecho romano antiguo el uso sólo confería la facultad de usar la cosa, como se ponía de manifiesto en el conocido aforismo *«qui usus relictus est uti potest, frui non potest»*. Por ello el derecho de uso no solamente era más limitado que el derecho de usufructo, sino que, además, dejaba de conceder una de las prerrogativas inherentes a éste: y es que el usuario no podía ceder a otro el ejercicio de su derecho, porque tal cosa equivaldría a *disfrutar*, y no a *usar*

---

3 LACRUZ-SANCHO. «Elementos de Derecho civil». Tomo III. vol.II. Librería Bosch. Barcelona 1982. pág. 60.

4 VENEZIAN. «Usufructo, Uso y Habitación». Biblioteca de la RDP. vol.III. VIII. Madrid 1928. pág. 75.

5 El *usus*, no obstante su denominación, no confiere solamente la faculta de usar de una cosa ajena (*ius utendi*), sino también, al menos en el Derecho justinianeo, una participación en los frutos, limitada a las propias necesidades del usuario o de él y su familia. Vid ARIAS RAMOS. «Derecho romano». T.I. 7ª ed. ERDP. Madrid 1958. pág. 288.

6 LACRUZ-SANCHO. Ob. cit. pág. 60.

la cosa.

De donde se deduce, a decir de SOHM ([7]), que el uso es un derecho real, y también -a lo sumo- vitalicio; pero siempre queda determinado y mediatizado en la medida necesaria en que alcanza tan sólo a la satisfacción de las necesidades del propio usuario.

Posteriormente, las exigencias de la vida y el deseo de respetar la voluntad de los testadores, indujeron a los jurisconsultos romanos a ampliar el contenido del derecho en aquellos supuestos en los que el uso de una finca rústica comprendía también el derecho de habitar en ella y el de tomar los frutos necesarios para el usuario, las personas que constituían su familia y sus huéspedes. ([8])

Al resultar innegable tal contenido conviene destacar una variación interpretativa y que ha sido puesta de relieve por VENEZIAN, para quien, entendido así el uso, cabe considerar que no se distingue del usufructo más que por ser distintas, y normalmente y como resulta lógico, más limitadas, las facultades de gozar de la cosa ajena.

Al modo como sucede con él, tampoco el derecho de uso implica entonces atribuciones específicamente determinadas, sino que viene a suponer la concesión de cuantas facultades puedan servir para satisfacer las *necesidades actuales* del usuario ([9]), o, como ya apuntaba WINDSCHEID ([10]) el derecho de uso se diferenciadel de usufructo no sólo por su extensión más restringida, sino porque se refería al uso como tal; mientras que en el derecho de usufructo el uso se presenta sólo como elemento constitutivo de la utilidad de la cosa. Con esto se explica que quien tiene simplemente un derecho de uso, no puede ceder a otro ni siquiera el ejercicio del propio derecho, mientras que el usufructuario, cuyo derecho es sobradamente más amplio, está ciertamente autorizado a ello.

Ahora bien, dejando un poco aparte tales consideraciones, vamos a rastrear, dentro del Derecho romano, los derechos que nos ocupan, aunque siempre teniendo presente que el hablar de Derecho romano en singular no deja de ser una concepción miope de la Historia; porque a lo largo de los siglos en los que Roma, efectivamente o de alguna manera se constituyó en cabeza del mundo antiguo, existieron diversos Derechos o, si se prefiere, fases individualizadas y etapas de una clara y manifiesta diferenciación. ([11])

---

[7] SOHM. «Instituciones de Derecho Privado Romano, historia y sistema». 17ª edición. LRDP. Madrid 1928. págs. 298 y 299.

[8] Como fuentes de este tipo de derechos pueden verse D.7,8,2,pr.; para el uso de una finca, I.2,6,1, y D.7,8,15.etc. Uso de un bosque, D.7,8,22,pr.; de un rebaño, D.7,8,12,2.; de cosas consumibles (que se rigen por las normas del usufructo), D.7,5,5,2.

[9] VENEZIAN. Ob. cit. pág. 77. La puntualización en-cursiva es nuestra.

[10] WINDSCHEID. «Diritto delle Pandette». Vol.I. UTET. Torino 1930. pág. 743.

[11] Ha sido IHERING (en Abrev. de «El espíritu del Derecho romano». Revista de Occidente Argentina. Buenos Aires 1947. pág. 124), quien ha puesto de manifiesto cómo en derecho la idea de oportunidad objetiva debe manifestarse por lo menos en grado relativo, y los romanos supieron hacer mediante él un mecanismo exterior independiente de la influencia de la moral subjetiva del momento.

Esta separación del derecho y del sentimiento moral subjetivo -indica- fue para la historia del derecho lo que para la historia de la civilización el invento del alfabeto, porque impone la decisión uniforme de las contiendas jurídicas y da al comercio de la vida la necesidad que necesita. he aquí pues por qué el derecho privado de Roma, en cualquier

No obstante, la evolución del Derecho romano no procedió, como sucede entre nosotros, por la sustitución de normas que van siendo superadas por la realidad social o por el sentimiento jurídico en que ésta se identifica, por otras más aptas y progresivas, sino que, por el contrario, conservó siempre lo antiguo, pero haciéndolo inocuo a través de la yuxtaposición de normas de distinto orden.

Por lo cual, y sin ánimo de perdernos en mayores profundidades, vamos a destacar algunas de sus notas características, dividiendo los distintos períodos en que vamos a considerar el Derecho romano en consonancia con sus correspondientes históricos.

Aun siendo tradicional su división en Clásico, Postclásico y Justinianeo (ello sin olvidar que se ha llegado a desenvolver una tendencia favorable a una concepción post-justinianea, que va a cobrar, en el concreto caso de los derechos de uso y habitación, una significativa importancia), por mor de una sistemática que hemos considerado más apropiada, vamos a llevar a afecto su distinción a través de los avatares históricos romanos y siempre en consonancia con la división que, en su momento, estableciera ROSTOVTZEFF ([12]) al realizar su magnífico análisis económico y social, por tratarse, a nuestro modo de ver, de una de las más acertadas y cuya extrapolación consideramos conveniente.

a) Derecho nacional.

(Como tal se considera la fase que abarca desde la fundación de Roma hasta la creación de la Pretura).

En esta época del Derecho antiguo, ha dicho MAYR, todavía no se reconoce la categoría de las cosas incorporales ([13]), lo cual no quiere decir, sin embargo, que los derechos a que corresponden esas *«res»* incorporales fuesen todos ellos desconocidos durante este período. Aunque sólo se desenvuelvan gradualmente, ya existen en la realidad los *«iura in re aliena»* y los derechos de crédito. Pero por este tiempo no se ha verificado aun la división fundamental: la especialización que conlleva la propiedad frente a los demás derechos de carácter patrimonial.

Los *«iura in re aliena»*, sobre todo, no se distinguen claramente de las cosas sobre las que recaen.

Las verdaderas servidumbres (*«servitutes»*), los derechos reales sobre una cosa ajena en interés de un predio son, sin embargo, antiquísimos; por el

---

momento de su historia, *no fue unitario*, señalando ARANGIO-RUIZ («Historia del Derecho Romano». Ed. Reus. Madrid 1934. págs. 205-206), que estaba constituido por la resultante de la conjugación de varios sistemas, ninguno de los cuales era coherente solo, esto es, considerado en sí mismo.

La puntualización cursiva es también nuestra.

[12] ROSTOVTZEFF. «Historia social y económica del imperio romano». Espasa Calpe. Madrid 1937. 2 vols.

[13] MAYR. «Historia del Derecho Romano». Labor. Barcelona 1931. vol.I. pág. 179.

contrario, las llamadas servidumbres personales (constituidas por el *«usus fructus»*, el *«usus* , la *«habitatio»* y los *«operæ servorum»*), no parece que existiesen hasta avanzada la época republicana. (14)

Asimismo, pertenecen al Derecho pretorio la *«superficies»* y la *«emphiteusis»*.

El propio IHERING (15) ha puesto de manifiesto cómo la historia del Derecho romano comprueba el progreso relativo de los intereses y del derecho. Y así, advierte, que en materia de servidumbres éstas dieron comienzo con las servidumbres prediales en los albores de la economía agrícola, estando limitadas a las de aguas y de caminos, que serían sin duda las primeras en sentirse por razones obvias.

Con el desarrollo de la economía agrícola nacieron después otras servidumbres rústicas.

Finalmente, una vez el romano se acostumbró a vivir cada vez más en las ciudades, no es de extrañar que se desenvolviera el arte de la edificación y, consecuentemente con este desarrollo, se aprecia el surgimiento de las servidumbres urbanas.

Es decir, que tal nacimiento (respecto de las nuevas rústicas y de las urbanas, como acabamos de señalar) no se produjo por una ampliación del pensamiento jurídico, sino bajo la presión del interés y de las nuevas necesidades planteadas; que viene a ser, en definitiva, lo que ocurre en todos los ámbitos de lo jurídico: la norma o el desarrollo de las instituciones, caminan detrás de la realidad social de los hechos, que son quienes, inveteradamente, marcan los cauces normativos.

La jurisprudencia, por lo tanto, tuvo entonces que consagrar lo que la vida pedía y reconocer que el placer y el bienestar de la habitación constituían también unos intereses merecedores, por su especial y concreta significación, de toda la protección del Derecho.

b) Derecho Honorario y de Gentes.

(Esta segunda etapa abarcaría desde la creación de la Pretura hasta el reinado de ADRIANO).

Antes de entrar a analizar las posiciones del uso y de la habitación durante este período, hay que hacer notar que se había producido ya un cambio profundo en la esfera de lo jurídico.

No era sólo el Pretor urbano el único encargado de publicar los edictos, con su consiguiente influencia sobre la posición jurídica de los ciudadanos, sino que, probablemente, el Pretor peregrino también lo llevaba a cabo, aun cuando se limitase a las relaciones derivadas exclusivamente del *«ius gentium»*. Y otro tanto hacían los gobernadores de las provincias respecto de los romanos residentes. (16)

Quizá alguna influencia debieron ejercer al respecto las doctrinas de los filósofos y el ejemplo de cuanto, en la práctica, acaecía en las ciudades griegas

---

14 MAYOR. Ob. cit. pág. 194.
15 IHERING. Ob. cit. pág. 430.
16 ARANGIO-RUIZ. Ob. cit. pág. 202.

y en las monarquías helenizadas; y, sobre todo, también debió de contribuir la doctrina difundida acerca de la omnipotencia de las asambleas populares, tal y como se proclamó en la época de los Gracos.

Pese a ello, no ha dejado de estimar ARANGIO-RUIZ ([17]) que la mayor influencia se debió sin duda a la eficacia, en cierto sentido niveladora, de la nueva antítesis que se dibuja entre las fuentes del derecho hasta entonces conocido y el propio derecho pretorio.

Al igual que ante las radicales transformaciones políticas quedaban borradas diferencias que en los regímenes anteriores parecían profundas, así también los romanos, ante el hecho de enfrentarse con normas fundadas exclusivamente sobre el poder discrecional del magistrado judiscente, se sintieron muy pronto inclinados a reconocer cuál era el elemento común que acercaba la ley a la costumbre: es decir, el *«consensus omnium»*, ya se expresase mediante el voto popular de la asamblea, o bien ya lo hiciera *«rebus ipsis et factis»*. Y es así como logró colocarse, frente al Derecho honorario, un concepto amplio y nuevo de *«ius civile»*, en el que se incluían el *«ius gentium»* y las reformas legislativas que se iban produciendo.

Un dato muy significativo a tener en cuenta en esta época es que, durante ella, se produce la denominada *Pax* de AUGUSTO.

No es necesario acentuar la importancia que el establecimiento de la paz, tanto por tierra como en el mar, hubo de tener para la vida económica del Imperio.

La época de AUGUSTO y de sus inmediatos sucesores vino a constituir un período de libertad casi absoluto en lo que al comercio se refiere y de unas espléndidas coyunturas para la vida privada ([18]). Ahora bien, con independencia de AUGUSTO (y en una época que también ha sido denominada como de los Julios, Claudios y Flavios), nos encontramos, entre los rasgos más sobresalientes que constituyen la estructura social y económica romana, y que han pasado a formar parte de las provincias, con la importancia capital de la agricultura.

Su propia extensión, el desarrollo de la viticultura, la horticultura o la apicultura y la consiguiente tendencia a la concentración de la tierra en manos de unos pocos, residentes sin embargo en las ciudades, unida a la gradual y paulatina desaparición de los pequeños agricultores independientes, (los cuales descendieron a la categoría de colonos, constituyendo una clase inferior) ([19]) trajo como consecuencia lógica y obligada, el desarrollo de las figuras del uso y de la habitación, juntamente con las restantes servidumbres personales, que habían surgido en la vida jurídica hacía, relativamente, poco tiempo.

El mismo derecho de *«usus»*, en su evolución posterior, se aproxima cada vez más al usufructo y termina, dentro del Derecho clásico, abarcando por lo menos los frutos del cultivo de los huertos y otros destinados al uso de la familia. Es decir, aquellos frutos de los que el usuario no obtiene ninguna renta propiamente dicha y cuyo disfrute está limitado para él en la medida de sus propias necesidades.

Sin embargo conviene señalar también que el título de servidumbre personal y la creación de una categoría más surtida, que abarca como un

---

[17] ARANGIO-RUIZ. Ob. cit. págs. 204 y 205.
[18] ROSTOVTZEFF. Ob. cit. Vol.I. pág. 116.
[19] ROSTOVTZEFF. Ob. cit. Vol.2. págs. 101, 102 y 104.

derecho distinto y más amplio el derecho de habitar una casa, así como el de aprovecharse de los servicios de los esclavos y de los animales (los denominados «habitatio» y «operæ»), no es obra de los jurisconsultos romanos, sino y como en su momento ha sido puesto de manifiesto de por BONFANTE, de los compiladores justinianeos. (20)

Los derechos personales, por su parte, se inician en los últimos tiempos de la República y fueron incluidos nuevamente dentro de la categoría general de las servidumbres (innovación, como se ha sostenido, no muy feliz, puesto que no permite fijar un concepto general de las servidumbres, respecto de los otros «iura in re aliena», ni establecer con relación a ellas reglas que podamos considerar como verdaderamente específicas). (21)

c) Derecho Imperial y Derechos nacionales.

(Se trata de la época que abarca desde ADRIANO hasta DIOCLECIANO).

Esta tercera época, denominada de los Antoninos, viene a abarcar desde ADRIANO (P. Aelius Aladrianus) Imp. Cæsar Traianus Augustus, desde el 117 al 138 d. de J.C. hasta el emperador DIOCLECIANO, Imp. Cæsar C. Aurelius Dioclecianus Augustus, del 248 al 305 d. de J.C.

Una de las ilustraciones más impresionantes del intenso desarrollo de la vida económica la tenemos, precisamente, en la legislación civil romana de este período, tal y como se nos muestra en las disposiciones de los emperadores y de los magistrados romanos (y en cierta medida también en las emanadas del Senado) y en los documentos que nos detallan las distintas transacciones mercantiles de la época.

Los tratados jurídicos que, total o fragmentariamente, han llegado hasta nosotros, constituyen una buena fuente de información.

Sin embargo, junto a la ley civil puramente romana que regulaba la vida mercantil de sus ciudadanos, existían en las provincias otros sistemas jurídicos por los que también se regían, y muy singularmente por el sistema grecohelenístico, que habían sido creados por las ciudades griegas y los monarcas helenísticos.

Estos sistemas jurídicos locales, y fundamentalmente y por su mayor importancia el helenístico que acabamos de destacar, no fueron sin embargo eliminados por el derecho civil romano ni reemplazados por el llamado *«ius gentium»*. Subsistieron a través de toda la época imperial llegando a constituir lo que fue la base de la práctica judicial en las distintas provincias.

La medida en que su evolución influyó sobre el mismo Derecho romano y fur, a su vez, influida por éste, es tema que permanece aun sujeto a discusión. Como también lo es la génesis del derecho civil romano ulterior y bizantino, tal y como se nos muestra a través de sus grandes Códigos, como el *«Codex*

---

20 BONFANTE. «Historia del Derecho Romano». ERDP. Madrid 1944. Tomo I. pág. 555.

21 Ibidem. «Instituciones de Derecho Romano». Reus. Madrid 1929. pág. 328.

Theodosianus», el «*Codex Justinianeus*» y el «*Digesto*». (22)

Bajo la presión ejercida por los grandes capitalistas, tanto las pequeñas propiedades campesinas, situadas sobre todo en las colinas y en las regiones montañosas de Italia, como las fincas rústicas de mediana extensión pertenecientes a la burguesía urbana, se vieron compelidas a desaparecer, dejándose asumir por los latifundios de la aristocracia imperial y la plutocracia itálica. PLINIO EL VIEJO acertó plenamente al atribuir a los latifundios unos efectos perjudiciales sobre la vida económica de Italia, y la paulatina decadencia económica, que se debió, en primer lugar, a la ruina de su industria y su comercio, se agravó precisamente al producirse la crisis de la que se ha denominado agricultura científica y capitalista, como consecuencia de una mala planificación de los productos, lo que condujo a la existencia de una superproducción de vino, para el que no podían ya encontrarse compradores suficientes. (23)

Y, pese a todo lo que acabamos de referir, es ésta sin embargo la época en la que PACCHIONI (24), al considerar el Derecho, llega a determinar que «en la forma en que éste revistió en los dos primeros siglos después de J.C., constituye el producto más original y perfecto de la cultura imperial romana, legada por ésta al mundo moderno». Y ello porque, frente a una aguda crisis económica, o al menos la economía tradicional romana de aquel tiempo, surge, quizá como consecuencia lógica y obligada, el esplendor jurídico.

En este desarrollo, motivado por las necesidades que sienten los pequeños propietarios, es donde las figuras del uso y de la habitación se afianzan como la única alternativa o vía posible, a la hora de solventar las economías más sencillas que han sido conducidas a la ruina o absorbidas por ese creciente latifundismo que acaba de comenzar en todo el mundo romano.

d) Orientalización del Derecho romano.

(Esta fase abarca o podemos situarla desde DIOCLECIANO hasta JUSTINIANO).

Es éste el tiempo en el que tiene lugar el grave problema planteado por la anarquía militar, por la que los Emperadores transformaron el Estado conforme a unas líneas directivas que iban encaminadas a una nivelación general, que se obtenía mediante la anulación de la posición que las clases más privilegiadas

---

22 MITTEIS. «Reichsrecht und Volksreichs in den östlichen Provinzen des römischen Kaiserreichs». 1891.
Esta opinión es recogida por ROSTOVTZEFF (Ob. cit. Vol.I. nota 50. pág. 382), quien, a su vez, acerca una postura diferente del propio MITTEIS en una conferencia celebrada en Viena en 1917, así como la recogida en su último trabajo de 1908 («Römisches Privaterecht bis aut die Zeit Diokletians. I. Grundbegriffe u. Lehre von den justichen Personen») en el Handbuch d. deutschen Rechtswis de BINDING, I,6, Vol.I. Postura ésta que es seguida por RICCOBONO pero que, a su vez, se encuentra discutida por WENGER.

23 ROSTOVTZEFF. Ob. cit. Vol.I. págs. 395 y 396.

24 PACCHIONI. «Breve historia del imperio romano». ERDP. Madrid 1944. pág. 197.

y cultas habían ocupado dentro del Imperio; también mediante la sumisión del pueblo a un sistema de administarción insensato y cruel, fundado en el terrorismo y en la coacción y, finalmente, mediante la creación de una nueva aristocracia surgida de las filas del ejército y que pudo formarse merced a las concesiones que se acostumbraron a otorgar en el momento de licenciarse las tropas. [25]

Todo ello se produjo no porque fuera ése el ideal de los Emperadores, sino por resultar el camino más fácil que se consideró con el objeto exclusivo de mantener en movimiento las ruedas del Estado e impedir un previsible desastre financiero.

Ahora bien, como este fin sólo podía conseguirse mediante el necesario e indispensable apoyo del ejército, a través de las medidas llevadas a cabo creyeron los propios Emperadores que, indudablemente, iban a «asegurárselo con su política» [26]; y lo que se consiguió sin embargo fue generar el llamado «despotismo oriental», a través del cual se produjo la decadencia de la civilización antigua y se dió paso a nuevos tratamientos tanto en las figuras como en las instituciones.

El Imperio romano del siglo III d. de J.C. era, a todas luces, muy diferente del Imperio del siglo I.

La guerra civil del siglo I había sido, en último análisis, una lucha llevada a cabo en contra del dominio ejercido por un reducido grupo de familias y una tentativa de adaptación de la estructura del Estado a las transformaciones que habían experimentado sus propios fundamentos. Una tentativa, en suma, de adaptar la constitución de la ciudad-Estado de Roma a las necesidades del Imperio romano.

En esta época, por el contrario, los funcionarios públicos, e incluso los miembros del orden senatorial, que estaban exentos de cargas municipales, se dedicaron a invertir sus fortunas en fincas rústicas, a la vez que utilizaron su influencia para desplazar las cargas tributarias sobre las demás clases y defraudar directamente al Tesoro, esclavizando a un número cada vez mayor de trabajadores.

En el siglo IV se siguió avanzando por el mismo camino. La compra, el arrendamiento, el patronato, el arrendamiento limitado, el arrendamiento hereditario con la obligación de cultivar el suelo («*emphiteusis*»); todas estas posibilidades fueron utilizadas por el orden senatorial «para llegar a ser la clase de los grandes terratenientes por excelencia y para hacer surgir por todo el Imperio inmensos latifundios, semejantes a pequeños principados». [27]

Esta absorción de propiedad, así como el consiguiente empobrecimiento de sus anteriores dueños, dejaba, en multitud de ocasiones y como recurso único, los derechos de uso o de habitación, que van ya perfilándose hacia el mayor significado que lograron alcanzar en la época siguiente.

---

[25] Vid ROSTOVTZEFF. Ob. cit. Vol.2. pág. 417.
[26] Ibidem. pág. 418.
[27] ROSTOVTZEFF. Ob. cit. Vol.2. pág. 471.

e) Derecho justinianeo.

En el Derecho justinianeo las servidumbres personales constituyen ya una categoría especial de derechos típicos y se reducen a cuatro solamente: el usufructo, el uso, la habitación y, al menos en el nuevo Derecho, las obras de los esclavos y de los animales.

El Digesto da la definición de tales derechos, con las particularidad, en cuanto al uso se refiere, de que quien puede utilizar las cosas ajenas puede también percibir los frutos con arreglo a sus propias necesidades; por tanto, el que utiliza una cosa no sólo no puede enajenar su derecho, sino tampoco el ejercicio del mismo, «porque el contenido del uso sería alterado» ([28]).

Sin embargo, y pese a este planteamiento, los propios textos romanos, en algunos casos, interpretan el uso de un modo más extenso; aunque se trata, como ya hemos tenido ocasión de contemplar en su momento, de la labor posterior llevada a cabo por los compiladores.

En cuanto al derecho de habitación se discutía, según parece, si era un derecho de uso o de usufructo, «pero JUSTINIANO le dio una figura especial, reconociendo al poseedor el derecho de alquilar la casa, aunque no el derecho de conceder gratis el goce de ella, siguiendo con esto el ejemplo de MARCELO». ([29])

Finalmente, podemos también poner de manifiesto que, en esta época, las llamadas servidumbres personales son defendidas mediante los mismos interictos con los que se protege la verdadera y propia posesión (extendidas últimamente en el derecho clásico y con fórmula expresamente formada por el Pretor), puesto que, si bien usufructuario y usuario tienen la mera «*possessio corporalis*» o «*naturalis*» sin «*animus possidendi*», se encuentran en una posición de hecho que viene a resultar análoga a la del poseedor.

Y estos son, vistos a grandes rasgos, la génesis y el desarrollo que, en las diversas fases históricas que hemos considerado del Derecho romano, podemos destacar de los derechos que nos ocupan. No obstante aun hemos de poner de relieve, volviendo a sus orígenes, muchas precisiones que nos quedan por hacer al respecto.

Así, indicaba VENEZIAN, cómo «la opinión corriente afirma que el «*usus*» tuvo su origen en las disposiciones testamentarias encaminadas a otorgar un beneficio análogo al que procura el usufructo, pero más restringido, y que se privase al propietario de cierto interés de presente; se trataba pues, de hacer más compatible el usufructo con la propiedad». ([30])

Del tronco mismo del usufructo se desprendió la «*habitatio*», que consistía en el derecho de cobijarse en un determinado edificio y que originariamente había sido concedido como «*usufructus ædium*», «*usufructus domus*». La cláusula que se le une, la de «*habitandi causa*», pudo tener como finalidad la de limitar el derecho que se otorgaba a la satisfacción de la exclusiva necesidad

---

[28] BONFANTE. «Instituciones...». cit. pág. 337.
[29] Ibidem. pág. 338.
[30] VENEZIAN. Ob. cit. págs. 78-79.

que el concesionario siente de una habitación.

Los juristas clásicos, por su parte, contendieron ya respecto de si había de interpretarse siempre así, o si, no obstante dicha cláusula, el concesionario conservaba la facultad de usar de la casa para algo más que para habitarla (sin hacer alteraciones en ella, se entiende, de lo que constituía su destino económico), y si podía por tanto alquilarla. Se trata pues de una controversia que acaba resolviendo el propio JUSTINIANO (13,III,33), quien se inclina en favor de la segunda de las opiniones expuestas. (Ver al respecto ULPIANO, D.10,5,I,II,5, en la que se alega en favor de esta segunda opinión extensiva del derecho la autoridad de MARCELO). (31)

También, en este mismo sentido, debemos poner de relieve la puntualización sustentada por ARIAS RAMOS. (32)

El derecho de uso, el de habitación y las obras (esto es, el derecho de hacer uso de las obras de los esclavos y de los animales, que constituyen respectivamente las dos servidumbres de obras) imponen, al igual que sucede con el derecho de usufructo, la obligación de afianzar y también la de subvenir a los gastos ordinarios, por lo menos en cuanto al uso se refiere; pero tienen de particular la indivisibilidad. Y así, las «habitatio» y las obras «no se extinguen ni por «capitis deminutio» ni por falta de uso». (33)

El usuario hállase obligado a constituir... una «cautio usuaria», garantizando -al igual que sucede con el usufructuario- la devolución de la cosa al terminar el «uso» y su debida conservación; o, en caso contrario, la reparación de los daños que se hayan producido (34). Con ese fin, el Derecho romano contenía la máxima de que si a alguno le ha sido legada una «habitatio», el derecho que se le ha concedido no puede juzgarse ni según los principios del usufructo, ni según los del derecho de uso; el titular, en este caso, «tendrá la facultad de habitar, e incluso de alquilar, pero no de ceder gratuitamente la habitación, y no perderá su derecho con el no uso (ni por «capitis deminutio»), (35), tal y como acabamos de expresar.

El derecho de habitación, servidumbre personal creada y sancionada por el Derecho pretorio, confiere también facultades reales y personalísimas, que autorizan para habitar una casa ajena, pero sólo como podría hacerlo el «alimentista»; reservándose, por tanto, el dueño, el derecho de asignar al «habitador» el sitio que ha de ocupar y las normas a que ha de ajustarse. De su limitación se infieren las diferencias esenciales que distinguen la habitación del derecho de usufructo y del de uso, las cuales conceden a su titular una plena autonomía. Pero como el «habitador» puede dar en arriendo las habitaciones que se le asignen, convirte así en dinero este derecho que le ha sido concedido para ayudar a su subsistencia. (36)

---

31 VENEZIAN. Ob. cit. pág. 79.
32 ARIAS RAMOS. Ob. cit. pág. 288.
33 BONFANTE. «Instituciones...». cit. pág. 338.
34 SOHM. Ob. cit. págs. 298 y 299.
35 WINDSCHEID. Ob. cit. Vol.I. pág. 746.
36 SOHM. Ob. cit. pág. 229.

Pr.I. de usufr. (2,4): *Usufructus est ius alienis rebus utendi fruendi, salva rerum substantia.* 1.1 pr.D. *usufructuarios quemadmodum caveat* (7,9) 9ULPIANO): *Si cuis rei usufructus legatus sit, æquissimum prætori visum est, de utroque legatarium cavere: et usurum se boni viri arbitratu, et, cum usufructus ad eum petinere desinet, restiturum, quod inde exstabit.*

Y esto es lo que, en una exposición más o menos sucinta, pudiera destacarse dentro del Derecho romano, respecto del cual, ha señalado BADRE, (37) que los autores antiguos no han dudado en unir al mismo el derecho de uso, haciéndole derivar ya sea del fideicomiso, o ya se produzca como resultado de la «*bonorum possessio*», estándose de este modo tentados para asimilar el uso al fideicomiso.

---

37 BADRE. «Le développement historique des «uses» jusqu'a l'introduction du «trust» en droit anglais». Paris 1932. Publications de l'Institut de Droit Comparé de l'Université de Paris. Lib. Arthur Rousseau. pág. 18.

2. Derecho intermedio.

Durante la época, amplísima, en que va a desarrollarse el que se ha llamado tradicionalmente como Derecho intermedio, es cuando va a producirse en parte la continuidad de las figuras del uso y de la habitación y, en parte también, su modificación.

No es pues de extrañar que VENEZIAN haya llegado a poner de relieve el desconocimiento de la relación existente entre las reglamentaciones actuales del uso (entendiendo como actual esta época intermedia que ahora estamos considerando) y el derecho, tal y como había sido configurado en el Derecho romano (en este sentido pueden consultarse, por ejemplo, LAURENT o DEMOLOMBE), por lo que -considera- existe una renuncia a hallar su fundamento, cuando su preocupación como tratadista habría consistido, posteriormente, en encontrar el nexo. ([38])

Pese a ello, queremos sin embargo destacar en esta fase o etapa amplia, dos tendencias que giran alrededor del propio Derecho romano, pero a través de sus diversas manifestaciones. Así se ha generado una total confusión, porque se llega a entender el derecho de uso como un derecho de usufructo abreviado, o como un derecho diferente, centrándose la discusión en si tal diferencia es cuantitativa o cualitativa y señalándose, finalmente, si la idea de frutos es o no consustancial a la idea de uso.

La problemática referente al derecho de habitación, que no puede resultar ajena a este confusionismo, se mueve también a través de cauces semejantes.

Ahora bien, arrojando un poco de luz entre las diversas teorías vertidas, apuntaba PUGLIESE cómo ya en la época clásica se hacía formar parte del derecho de uso la facultad de percibir determinada especie o una determinada cantidad de frutos, ([39]) por lo que estaba manifestando la existencia de un sentido expansivo del derecho que es el que, pese a todo, ha trascendido.

WINDSCHEID, por su parte, ponía de manifiesto el inicio de una posición crítica en la doctrina, y que era atribuible a THIBAUT ([40]), por la que se reconoce en el uso un derecho de usufructo limitado a las necesidades del usuario y de su familia.

Sin embargo PUCHTA había, a su vez, retornado a un concepto anterior ([41]), aunque sin colocar la limitación del uso en la limitación del titular del

---

[38] VENEZIAN. Ob. cit. pág. 818.

[39] PUGLIESE, «Usufrutto, Uso-Abitaziones» en «Trattato» de VASALLI. Vol.IV. UTET. Torino 1954. pág. 717.

[40] THIBAUT. «Saggi».I. págs. 35 y ss. (1798), en WINDSCHEID. Ob. cit. pár. 207, nota 6. pág. 745.

[41] RAMS (Ob. cit. pág. 19) no considera, por el contrario, que se esté ante una involución, como señalaba WINDSCHEID, sino más bien se trata de una «transformación del concepto clásico desarrollando precisamente el punto de partida de CASTILLO DE SOTOMAYOR». En esta misma línea PUGLIESE (Ob. cit. pág. 715) cuando, al referirse al derecho de uso del Código civil italiano expresa que el mismo se conecta con las

derecho, sino, de una parte, en sus necesidades personales, como opuestas a las de otra persona, y de otra, excluyendo el cambio de utilidad por otro objeto de valor concedido a otros.

Por ello no debe resultarnos extraño que, ante tamañas fluctuaciones, nuestro CASTILLO DE SOTOMAYOR ([42]), que ya con anterioridad se había cuestionado también el problema de la naturaleza jurídica del uso, precisamente en su consideración de usufructo abreviado, llegase a reconocer la intrínseca dificultad de su delimitación, arguyendo, de manera gráfica, cómo *«usus vocem æquivocam esse»*.

En definitiva se produce, a nuestro modo de ver, un evidente retroceso en su conceptualización, porque si el Derecho justinianeo constituye, junto con algunos aspectos del derecho clásico, la última fase evolutiva del Derecho romano, el hecho de volver a criterios arcaicos es deshacer el camino que se había logrado recorrer hasta entonces y, lo que es más, privando de tipicidad a un derecho que ya la había adquirido por méritos propios. No en vano había acompañado a los pequeños cultivadores en todos los avatares que fue sufriendo la propiedad de la tierra, siendo consustancial al mismo la idea fructífera.

Lo que sí nos resulta claro, es que los romanos, aun sin llegar a explicitarlo abiertamente, tuvieron *«in mente»* los dos distintos criterios: el de uso, de contenido fructífero, y el de utilización, y que bien pudieron haber constituido derechos diferentes si el retroceso que significó el Derecho intermedio no hubiera dado al traste con la evolución lógica de la figura.

Y ello es algo que debemos constatar, por más que se intente tergiversar con posiciones analíticas un punto de vista que hacía ya mucho tiempo que había sido abandonado por el propio Derecho romano.

Abundando un poco en cuanto llevamos expuesto, PUGLIESE ([43]) ha venido a señalar cómo según algunos romanistas italianos, especialmente RICCOBONO y ALBERTARIO ([44]) tal extensión (y deformación) del uso resultaría ser obra de los justinianeos (que es opinión, como hemos visto, bastante extendida), quienes habían sustituido la distinción cualitativa de los derechos por una distinción meramente cuantitativa.

Más cercana sin embargo a su verdadero semblante, nos resulta la tesis de otros romanistas que, como PAMPALONI, BONFANTE o GROSSO ([45]), se han esforzado en discernir varias fases en la progresiva extensión del uso, admitiendo que algunas se hayan producido ya en época clásica, mientras que otras, como es lógico, hay que atribuirlas a los justinianeos.

---

disciplinas que el instituto ha recibido de las fuentes romanas transmitido por los compiladores justinianeos.

[42] CASTILLO DE SOTOMAYOR. «De usufructu». Lyon 1723. cap. XXVIII. págs. 16 y ss.

[43] PUGLIESE. Ob. cit. págs. 76 y ss.

[44] RICCOBONO. «Sull'usus». en Studi per SCIALOJA. I. Giuffré. Milano 1905. págs. 582 y ss. y ALBERTARIO. «La valutazione quantitativa nel diritto giustinianeo e nelle legislazioni moderne». en RDC 1922. I. págs. 679 y ss. (reproducido también en «Studi». V. págs. 293 y ss).

[45] PAMPALONI. «Questioni di diritto giustinianeo». en RISG. 49 (1911) págs. 241 y ss. BONFANTE. «Corso». III. págs. 89 y ss. y GROSSO. «L'uso, l'abitazione e le opere dei servi». UTET. Torino 1939. pág. 7. y en «Valutazone quantitativa del regime giustinianeo del'usus». En «Studi et doc.». 5. 1939. págs. 133 y ss.

Y ha sido BARBERO quien ha puesto de relieve al efecto cómo no resulta paradójico afirmar, trastocando un resultado hecho a la medida de los respectivos valores lingüísticos, que en los términos «*uti*» y «*frui*», en el esquema técnico-jurídico del «*usufructus*», se ha llegado a invertir las significaciones originarias. Aspecto -resalta- no carente de importancia, pues sirve para ponerse en guardia respecto a las demasiado fáciles inducciones, frecuentemente portadoras de verdades ilusorias, constituidas a partir de los valores lingüísticos de los componentes de este instituto. (46)

Resultaría efectivamente un error considerar que, ya en el Derecho justinianeo, la distinción entre uso y usufructo se hubiese transformado de cualitativa en puramente cuantitativa. Por el contrario, permanecía una neta diferencia cualitativa entre los dos derechos, en cuanto que no sólo la facultad de uso continuaba pudiendo ser ejercitada directamente, sino también los frutos, de los que se permitía su percepción por parte del usuario, debiendo servir a su consumo directo y al de los suyos; se excluía por lo tanto cualquier disfrute indirecto y cualquier almacenamiento de los mismos para el consumo de años sucesivos; y no se limitaba necesariamente su disfrute a sólo los frutos naturales. (47)

Con todo lo que acabamos de contemplar sí podemos darnos cuenta de que, en el Derecho intermedio, se genera una notable confusión al respecto y, como ya habíamos indicado, la lógica evolución de los derechos hacia una caracterización típica, muchas veces se diluye o llega a desaparecer en aras de planteamientos que, a todas luces, debían haber quedado ya olvidados, por arcaizantes.

Y a toda esta confusión no es ajena, desde luego, y como acertadamente ha puesto de relieve RAMS (48), la importantísima y poco clarificada disputa entre el Papa de Aviñón Juan XXII y los espiritualistas franciscanos, representados por GUILLERMO DE OCCAM, de la que trasciende no sólo una visión subjetivista de la titularidad de los derechos reales, punto de arranque, sin embargo, de lo que parece ser (o parecía) el concepto de derecho subjetivo, sino también de un deliberado oscurecimiento, planteado por ambas partes en disputa, de la que ya de por sí no era una nítida distinción entre uso y usufructo y de sus equívocas acepciones, tal y como hemos destacdo anteriormente.

El significado evangélico de la pobreza, practicado por SAN FRANCISCO DE ASIS, pese a haberse ido debilitando desde que se produjo el hecho de su muerte, sirve de apoyatura, a la vez que como regla de vida de la Orden, para dar una dimensión nueva a los «*iura in re aliena*», que se hallan cada vez más desperdigados del dominio.

Los franciscanos, en contra de los benedictinos o de los cistercienses, no quieren ser propietarios de sus monasterios; tales inmuebles pertenecen a la Iglesia, a la Santa Sede. Prefieren, por el contrario, amparados en este ideal de pobreza, la libertad de movimientos que les procura el uso de los bienes cedidos por los particulares y que quedan por lo tanto fuera de las disposiciones canónicas, que afectaban a los bienes raíces, al no estar adscritos a los mismos.

Y es ésta la construcción doctrinal que convierte al derecho de uso, en la línea defendida por OCCAM, en un verdadero «*ius fruendi*», en un usufructo atenuado o limitado a parte de los frutos.

---

46 BARBERO. «L'usufrutto e i diritti affini». Giuffré. Milano 1952. pág. 39.
47 En este sentido vid. PUGLIESE. Ob. cit. pág. 719.
48 RAMS. Ob. cit. pág. 12.

No queremos, sin embargo, dejar pasar esta situación planteada en el seno de la Iglesia sin hacer algunas reflexiones más; sobre todo en estos momentos en los que ha cobrado actualidad el tema a partir de la publicación, en 1979, de una monografía que tenía por objeto analizar los orígenes de la noción de derecho subjetivo, manteniendo notables discrepancias con la tesis que mantiene MICHEL VILLEY, su más destacado representante, y que había otorgado a GUILLERMO DE OCCAM la paternidad de dicho concepto. Tesis, por otra parte, que ha estado notoriamente difundida y aceptada casi sin vacilación hasta ese momento.

En «Natural rights theories. Their origin & development» ([49]) RICHARD TUCK toma en consideración los orígenes del concepto, con un propósito que excede al mero ejercicio lexicográfico, al entender que el concepto de derecho en sentido subjetivo tiene el carácter de «thery-dependent», por lo que resulta imprescindible estudiar el papel que desempeñaba en las diferentes concepciones filosóficas, morales y políticas y, más concretamente, el ambiente cultural que iba a propiciar la delimitación del concepto.

Como resulta notorio, MICHEL VILLEY ([50]) había situado la génesis del concepto en esa polémica que sobre la pobreza se desarrolló en las primeras décadas del siglo XIV, y que enfrentó, como acabamos de contemplar, al papado con el sector más radical de la orden fransciscana, cuyos planteamientos fueron tan brillantemente defendidos por OCCAM.

VILLEY sostiene, por su parte, que la argumentación de OCCAM, que resultó definitiva de cara a la aparición del concepto de derecho subjetivo, como concepto autónomo y delimitado, no fue suficiente, sin embargo, para convertir a éste en el concepto central de la Filosofía del Derecho, hasta que los iusnaturalistas racionalistas subjetivicen definitivamente la vieja noción de Derecho natural.

La tesis de VILLEY (que TUCK no comparte), es conocida: el concepto de derecho subjetivo es un concepto histórico, y no meramente formal, un concepto que está vinculado inevitablemente a una determinada coyuntura histórica.

Dos serían pues las notas fundamentales del mismo:
a) aplicación del poder coactivo del derecho a una facultad del sujeto.
b) la idea de poder individual.

Es decir, que para VILLEY la noción de derecho subjetivo resultaría de la asociación de dos ideas, la idea de derecho en sentido objetivo y la idea de poder individual.

En su opinión el concepto de derecho subjetivo es incompatible con el Derecho natural clásico de raíz aristotélica. Ni la moderna idea de propiedad romana, ni la noción de derecho subjetivo, son propias de la Roma clásica; y ello aun cuando en Roma se cuente con nociones que resultan inequívocamente individualistas, tales como la noción de «dominio» o de «poder», o la propia de «libertad» del individuo, tales nociones no son concebidas como derechos de los individuos.

Pese a todo, nos es necesario reconocer que, con anterioridad a OCCAM, sólo encontramos gérmenes de la noción de derecho en sentido subjetivo; aun cuando en el curso de la Alta Edad Media habría de asistirse a un lento proceso de subjetivación del concepto de «ius»; proceso que puede explicarse por el

---

[49] Cambridge University Press. 1979.

[50] En «Estudios en torno a la noción de derecho subjetivo». Selección y presentación a cargo de Alejandro GUZMAN. Ed. Universitarias de Valparaiso. 1976.

juego conjunto de tres factores: la influencia del cristianismo y su defensa de los valores de la persona humana, los deslizamientos en el lenguaje vulgar desde la concepción objetivista del «*ius*» a otra noción más subjetiva y más próxima al concepto de poder, y por último, el desorden y la inestabilidad de la época que favorece reacciones de carácter individualista.

Para que estos gérmenes se desarrollen y se alcance una noción elaborada y coherente de derecho subjetivo, era preciso el concurso de la Filosofía. Y este concurso se produce con la filosofía nominalista, que gravita en torno al individuo y lo convierte en el centro de interés de la ciencia del Derecho. Una ciencia del Derecho que ya no se preocupa tanto por hallar la armonía y el equilibrio (la justicia objetiva propia del derecho natural aristotélico y escolástico), como por describir las cualidades jurídicas del individuo, el ámbito de sus facultades, en definitiva, sus propios derechos.

Es sabido que SAN FRANCISCO había establecido la regla de la pobreza evangélica, si bien no llegó nunca a definir la misma en términos jurídicos. En la práctica, los seguidores de SAN FRANCISCO eran poseedores de bienes de importancia.

Tradicionalmente el papado (representado por los pontífices INOCENCIO IV y NICOLAS III), había recurrido a una ficción que permitía superar la discordancia entre la regla franciscana y la práctica, lo que permitía dejar a los franciscanos sus bienes, sin que ello suponga que se apropien de nada. Los bienes permanecían a disposición de los franciscanos, quienes tenían sobre ellos el «*usus facti*», mientras que su propiedad se atribuía a la Santa Sede.

JUAN XXII, sin embargo, rechaza la fórmula conciliadora anterior, con el propósito de forzar a los franciscanos a tomar el título de propietarios.

La aportación de JUAN XXII a la configuración del concepto de derecho subjetivo es relevante, al colocar al término «*ius*» en el centro de la controversia. En su opinión, pretender que los franciscanos no tienen derechos es una ficción; decir que tienen el uso sin tener la propiedad, ni el usufructo, ni ningún otro tipo de «*ius*», resulta técnicamente inadmisible. Entiende que el uso estable y asegurado de los bienes por parte de los franciscanos constituye un auténtico «*ius in re*», «*ius*» que no puede separarse de la propiedad.

Para VILLEY, JUAN XXII procede como un buen romanista al ofrecer un entendimiento del término «*ius*» en su sentido romano; el término «*ius*» designaría un bien, un valor, una prerrogativa que viene dada por la justicia (la parte justa); el término «*ius*» estaría ligado a la noción de justicia (nuestros actos sólo son justos si se fundan sobre «*iura*»); de aquí que si se niega a los franciscanos los «*iura*», estaríamos atribuyéndoles una actuación contraria a la justicia, una actuación injusta.

GUILLERMO DE OCCAM discrepa abiertamente de los planteamientos papales. Su tesis central es que los franciscanos, y, en definitiva, JESUCRISTO y los Apóstoles, tienen el uso sin tener el derecho. Su argumentación se expresa en el texto «Opus nonaginta dierum», donde formula un nuevo concepto del «*ius*», que anticipa en cierta medida lo que durante siglos terminará denominándose derecho subjetivo.

Cuando OCCAM habla de «*ius*» no se refiere a los bienes que corresponden a cada cual según la justicia, sino al poder que se tiene sobre un bien. Y este poder sería concedido por la ley positiva, y del que nadie puede ser privado sin causa o sin su consentimiento; un poder que va reforzado por una sanción y que en última instancia, consiste esencialmente en poder actuar ante los tribunales.

El objetivo de OCCAM consiste en diferenciar «derecho» y «uso de hecho». Para ello retoma, aunque con significado diferente, la distinción de SAN AGUSTIN entre *«ius poli»* y *«ius fori»*. El primero es una facultad reconocida por el Cielo de disfrutar los bienes y consumirlos; ni CRISTO ni los franciscanos han renunciado a él. Por su parte, el *«ius fori»* es una potestad que surge de la ley positiva humana, que implica la sanción pública y que ofrece la posibilidad de recurrir para su garantía a la sanción creada por el Estado.

OCCAM reserva el nombre de verdadero *«ius»* a este *«ius fori»*, entendiendo que es a él al que renuncian los franciscanos.

En la idea de OCCAM, las notas de la noción de derecho subjetivo serían las siguientes:

a) Sólo hay derechos subjetivos jurídicos, es decir, creados por la ley positiva humana.
b) Todo derecho subjetivo va acompañado necesariamente de la *«potestas vindicandi»*.
c) Los derechos subjetivos son renunciables.
d) La noción de derecho subjetivo implica la noción de soberanía sobre una determinada esfera de la vida personal.

Por el contrario, RICHARD TUCK considera que con el redescubrimiento del DIGESTO en la Alta Edad Media, aparece una nueva formulación de la teoría de los derechos subjetivos.
En particular, AZZO DE BOLONIA aclaró este concepto sobre la base de la noción de derecho positivo (*«ius ad rem»*) y sobre la distinción entre *«dominium»* y *«ius»*. Lo característico de este concepto de derecho es que consiste siempre en una reclamación a otras personas sobre algo que, en ocasiones, el titular del derecho posee y en otras, sin embargo, no; y que en ocasiones el titular del derecho está en condiciones de garantizar, mientras que en otras el control de la reclamación depende de terceras personas.
El primer esbozo de una teoría de los derechos activos como crítica a la concepción de los derechos pasivos de AZZO, se remonta a la obra de ACCURSIO, con su crítica a la tajante distinción de ambos términos, al considerar que todos los derechos son derechos activos, desde el momento en que los concibe como propiedad de su titular.

Para TUCK la argumentación desarrollada en la Baja Edad Media por JUAN XXII apunta las primeras manifestaciones de las teorías de los derechos naturales. Y ello es así porque, por un lado JUAN XXII identifica el uso con la propiedad, al sostener que todas las relaciones entre el hombre y el mundo material eran ejemplos de propiedad; de este modo, en opinión de TUCK, defiende la identificación entre el *«ius»* y el *«dominium»*, comenzando la propiedad su expansión hacia todos los rincones del mundo moral del hombre.
Por otro lado, JUAN XXII reivindica el carácter «natural» de la propiedad, que encuentra apoyo en la Ley Divina y en el dominio que tiene Dios sobre la tierra; ello conduce a sostener que el origen de ese derecho no se encuentra en las convenciones humanas.

A diferencia de VILLEY, TUCK no cree que la aportación de GUILLERMO DE OCCAM sea especialmente relevante.
En primer lugar, la identificación defendida por OCCAM entre *«ius»* y *«potestas»* no era original de él, sino que formaba parte de la teoría accursiana de los derechos activos.
En segundo lugar, el intento de reintroducir un *«ius»* a usar cosas que no fuera *«dominium»* resultaba, en opinión de TUCK, desesperado y poco

convincente.

Por último, no se entiende muy bien por qué OCCAM limita la noción de «*ius*» a las instituciones judiciales humanas, lo cual parecía implicar que el hombre natural no podía tener verdaderos «*iura*».

La conclusión de TUCK es que la concepción sostenida por JUAN XXII condujo a pensar que el hombre natural, considerado aislada e individualmente, tien un control sobre su vida que correctamente puede ser descrito como «*dominium*» o propiedad; se trata de un hecho básico sobre la naturaleza humana, en el que deben basarse las relaciones sociales y políticas.

La aplicación de los conceptos legales accursianos y postaccursianos a esta concepción de la naturaleza del hombre, condujo directamente a una teoría política fuertemente individualista basada en los derechos naturales de los individuos, derechos que eran concebidos como propiedad de sus titulares, los cuales ejercían un control absoluto sobre los derechos, pudiendo enajenarlos, transferirlos,...

En opinión de TUCK, JEAN GERSON y su discípulo SUMMENHAT fueron sin lugar a dudas los primeros en elaborar una teoría de los derechos naturales de esas características. A ellos remonta la concepción «posesiva» de los derechos, que ha resultado tan influyente en siglos posteriores.

Y tras el breve paréntesis humanista, en el que el interés se centra en la ley positiva y en las acciones civiles, empieza con GROCIO un nuevo florecimiento de la teoría de los derechos naturales.

En cuanto al derecho de habitación, se manifiesta, según ha hecho notar ASTUTI ([51]) una tendencia generalizada a considerarlo como una obligación de carácter personal, que se diferencia del «*usus*» y de la «*habitatio*» como derechos reales («*qædam habitandi facultas*»). Al ser pues algo personal, se refuerza indudablemente el carácter instransferible del mismo. Y así, decía BARTOLO que «*ita ut qui habet talem facultatem non possit domumlocare, quia est concessio personalis*», lo que genera que el personalismo de la atribución y la duración de la misma queden unidos al goce propiamente dicho. ([52]).

En el Derecho intermedio francés, POTHIER se refería exclusivamente al derecho de habitación, constituyendo la materia en cuestión un apéndice al «Traité du Droit Douaire» ([53]), y ocupándose de las dos especies que viene a considerar del derecho de habitación: la «*coutumière*» y la «*conventionnelle*».

La «*cotumière*» se consideraba como el derecho que la ley municipal concede a una viuda... para habitar durante su vida, o al menos durante su viudedad, en una de las casas de la sucesión de su marido ([54]), punto éste que

---

[51] ASTUTI. Voz «Abitazione». en Enciclopedia del Diritto. I. pág. 93.

[52] En este sentido RAMS. Ob. cit. pág. 25.

[53] POTHIER. «Œuvres». Annotées et mises en corrélation avec le Code civil et la législation actuelle par M. BUGNET. Videcoq, père et fils-Cosse et N.Delamotte. Paris 1846. T.VI. pág. 485.

[54] Ibidem. pág. 485.

representa una innegable ventaja para la viuda y que, sin embargo, no fue reproducido por el Code, salvo en el caso de comunidad (artículo 1.465).

En cuanto a la extensión del derecho, se determinó en las costumbres de Péronne y Ribemont. (55)

En lo que se refiere a la habitación convencional, se especifica que se puede convenir «por contrato matrimonial, que la mujer tendrá su habitación en alguna de las tierras (châteaux) o casas de su marido, en el supuesto de que ella sobreviva». (56)

DOMAT, por su parte, en una cita ya clásica y que ha sido recogida en innumerables ocasiones, dejaba sentado el principio de que la habitación «es para las casas lo que el uso para los demás fundos» (57), lo que va a conducir a que autores como LAURENT, por poner un ejemplo significativo, identifiquen la habitación con el derecho de uso (58), trayendo a colación opiniones como las expresadas por GARY. (59)

Todo ello nos lleva a insistir en lo que señalábamos al comienzo de este punto: que el derecho intermedio ha marcado la desarticulación de los derechos de uso y habitación, porque el funcionalismo que se les reconoce, queda constreñido a la cobertura de necesidades inmediatas y perentorias del titular y su familia.
Como se demuestra de forma palpable en las definiciones de DOMAT, se hacen propios no sólo los frutos imprescindibles para la subsistencia y se ocupan las habitaciones necesarias, con lo que viene a cerrarse un proceso de disolución de la potencial autonomía institucional de estos derechos en el marco más amplio del usufructo que se inicia con la Glosa. (60)

Del mismo modo, en nuestra legislación de Partidas (Partida III, Tít. 31, Ley 20) se establecía que:

---

55 «Le droit d'habitation que les coutumes accrdent à une veuve dans une des maisons de la succession de son mari, comprend généralement tout ce qui fait partie de cette maison; c'est pourquoi la coutume de Péronne, art. 141, dit que la femme doit avoir la maison avec les jardins et fossés pour sa demeure. Celle de Ribemont, Tit. 9, art. 91, dit, avec toutes les aisences et commdités, fut-ce hors la maison, pourvu qu'elles aient été destinées à l'aisence et commodité d'icelle, comme caves, greniers, celliers et autres». POTHIER. Ob. cit. págs. 489-490.

56 POTHIER. Ob. cit. pág. 495. Haciéndose en esta página y en las siguientes (hasta la página 498 inclusive) un análisis de las seis especies de derechos que pueden establecerse.

57 DOMAT. «Les lois civiles dans leur ordre naturel». I. Livre I. Titre XI, section II, article 1. Paris s/f. pág. 103: «l'habitation est pour les maisons ce que l'usage est pour les autres fonds».

58 LAURENT. «Principes de Droit civil français». T.VII. BC&Cíe. Bruxelles-Paris 1878. pág. 119: «No hay más que una diferencia de nombre entre los dos derechos, al menos cuando el uso tiene por objeto inmuebles. La habitación es necesariamente un derecho inmobiliario, mientras que el uso puede ser mobiliario o inmobiliario».

59 La cita es del mismo LAURENT: GARY, l'orateur du tribunat, réprduit cette proposition: «L'habitation, dit-il, n'est autre chose que l'usage d'une maison. Toutes les règles relatives à l'usage sont donc applicables à l'habitation». El entrecomillado es también suyo.

60 Vid al respecto RAMS. Ob. cit. pág. 18.

> «de tal otorgamiento como este, non se puede aprovechar del tan lleneramente aquel a quien es fecho como el usofructo. Porque este ha el uso tan solamente, non puede esquilmar la cosa, sinon en lo que oviese menester ende para su despensa, asi como sile otorgan uso en alguna huerta, que deve tomar de la fruta o de la ortasliza lo que oviere menester para comer el e su compaña, mas non para dar ende a otri, nin para vender».

resultando evidente la diferenciación puramente cuantitativa entre el derecho de usufructo y el de uso.

Y ésta es también la idea imperante en los pensamientos de ALTTHUSIUS y DONELLO. (61)

Para finalizar este punto, queremos constatar que los Derechos germánicos han conocido instituciones jurídicas asimilables al uso, y, análogamente a lo que sucedía con el derecho helenístico (donde encontramos junto a la χρεσιξ, comprensiva de un derecho a los frutos, la ενοικησιξ, referida sólo a los edificios) conocemos varias «*Nutzungsrechte*» referidos a clases de cosas determinadas, concediendo además posibilidades singulares de utilización. (62)

Debe hacerse notar que, al igual que con los antiguos griegos, la doctrina jurídica estaba poco desarrollada entre los pueblos germánicos del alto medievo.

Sin embargo, pese a todo cuanto acabamos de exponer, nos es justo reconocer que, en este tiempo del Derecho intermedio, precisamente por influencia del Derecho germánico, de los canonistas y de la práctica, la tutela posesoria se extendió fuera del campo de los derechos reales. (63)

---

61 DONELLO. en «Commentariis iuris civilis». I.X.c.24. Venezia s/f. y ALTTHUSIUS. «Dicacologicæ». Venezia 1753. Lib. III. cap. XXIV. n° 35. p. 94:
«Commodum huius usus, est in iis, quæ ex re sirviente, secundum eius conditionem, percipere potest usuarius, tantum scilicet, quantum sibi et suis ad usum et utilitatem quotidianam sufficit; extra necessitatem, sufficientiam consumptionem, usus nudus non extenditur, nisi domini voluntas modum utendi certum statuisset, vel alias nullus rei usus esse potest».

62 Vid PUGLIESE. Ob. cit. pág. 715, nota 2, donde también indica que de tal particularidad deriva el § 1.090 del Código civil alemán.

63 Vid BONFANTE. «Instituciones...». cit. pág. 369.

2.1. El uso y la habitación según los juristas británicos.

Una cuestión que nos ha parecido de especial interés, sobre todo después de lo que, hasta ahora, hemos tenido ocasión de destacar, y de donde se deducía, si no con claridad, sí al menos con cierto sentido, cuál era el origen de los derechos de uso y habitación, es la posición, ciertamente particular, que han mantenido los juristas británicos.

De entrada, es puesto de manifiesto por BACON ([64]) que, a pesar de ser el usufructo el que más se acerca al uso por el nombre, ello no es así, porque lo que más se parece al uso es el fideicomiso.

Y este es, sin lugar a dudas, el sentido que se comparte por distintos autores británicos, entre los que podemos destacar como más significativos a BLACKSTONE ([65]), SANDERS ([66]) o SPENCE ([67]), y que no deja de tener su parte de razón, además de lo interesante que resulta tal aserto.

Lo que sí se evidencia como un hecho cierto y comprobado, es que el fideicomiso presenta semejanzas chocantes con el uso inglés, de donde se explica que, en las citas dadas por HOLDSWORTH ([68]), se determine que la noción de fideicomiso había sido trasplantada desde el Derecho romano a Inglaterra, hacia final del reinado de Eduardo III, por las prácticas de los religiosos extranjeros para eludir los estatutos de mano muerta.

Sucede, por tanto, al igual que con otras muchas instituciones, que se ha producido una recepción del Derecho romano y de la Glosa a través del culto clero de la época, y que va a sufrir una peculiar transformación dentro del Derecho inglés. No por ello podemos dejar de reconocer, sin embargo, un mismo origen y un intento de fundamentación sobre las mismas bases, aunque se haya variado el punto de vista mantenido tradicionalmente.

Estas dos instituciones a que estamos haciendo referencia, en sus comienzos, no obligaban más que a la conciencia, y a las dos les fue dada finalmente en Roma una sanción jurídica por el *Prætor fideicomissarius*, y en Inglaterra por el Canciller. ([69]) Del mismo modo, en ambas instituciones se toma en consideración la propiedad, según el derecho estricto, pero por razones bien diferentes: en Roma, en virtud de la regla *«semel heres semper heres»*; en Inglaterra, porque la situación del que usa no tendría sentido alguno sin el derecho de propiedad (lo que se denomina *«legal property»*) del *«feoffee to use»*.

Hay que añadir, además de esto, que la asimilación entre el uso y el

---

[64] BACON. «Reading upon the Statutes of Uses». London 1806. pág. 19.

[65] BLACKSTONE. «Commentaries on the Laws of England». London 1811. vol.II. págs. 327 a 328.

[66] SANDERS. «An Essay on Uses and Trust on the nature and operation of conveyances at common law». London 1844. vol.I. pág. 8.

[67] SPENCE. «The Equitable Jurisdiction of the Court of Chancery». Philadelphie 1846-1850. vol.I. pág. 436: «it is quite clear that they are derived from the fideicomisum».

[68] HOLDSWORTH. «A History of English Law». London 1923. vol.IV. pág. 410. nota I.

[69] Vid al respecto GIRARD. «Manuel élémentaire de Droit Romain». Paris 1924. pág. 972.

fideicomiso no era nada fácil a partir de JUSTINIANO, al haberse llegado al convencimiento de que la reforma que introdujo este emperador, había suprimido la diferencia entre las figuras del fideicomiso y del legado ([70]). Por lo cual no debe desconocerse el mérito, aunque no se comparta, de esta posición que había obviado tales dificultades intrínsecas en una búsqueda de un acercamiento institucional.

No obstante, por otros autores se ha comparado el derecho del que usa, al que tenía en Roma el propio titular de un usufructo. En este sentido se ha pronunciado GILBERT ([71]) al establecer que «el origen del uso viene de un título de Derecho romano que reconoce una posesión usufructuaria distinta de la sustancia de la cosa misma; esta concepción ha sido aplicada al uso por los eclesiásticos, los cuales eran maestros en Derecho romano».

Hay que reconocer entonces que la idea de un derecho viajero que pertenece a una persona sobre la propiedad de otra, y que ha sido incorporada en el derecho de usufructo, se aplica con bastante exactitud a un caso donde el uso fue aplicado: la hipótesis del «*settlement*» o fundación de familia; y esta es al menos la opinión puesta de manifiesto por ESCARRA. ([72])

---

[70] «Instituciones». II.20.3. «Estimamos preciso equiparar unos a otros a fin de que nada los diferenciase, completando el régimen de los legados con normas propias de los fideicomisos, y a la inversa».

[71] GILBERT. «The Law of Uses and Trust». London 1811. pág. 3: «The original of uses was from a tittle under the civil law, wich allows of an "usufructuary possession", distinct from the substance of the thing itself; and it was brought over to use from thence by the clergy, who were masters of the civil law».

[72] ESCARRA. «Les Fondations en Angleterre». (Etude de droit comparé). Paris 1907. pág. 52.

2.2. Posible origen germánico del derecho de uso.

He aquí, nuevamente, otra posibilidad, que vamos a pasar de inmediato a comentar, y que hemos querido traer a colación precisamente porque reviste un especial; pese a que se ha manifestado contrario a la misma la opinión doctrinal más generalizada.

Ha sido HOLDSWORTH [73] quien ha dicho al respecto que fue el gran jurista norteamericano HOLMES quien primeramente asignó a los usos y a los *«trust»* un origen germánico, haciéndoles derivar del *«salman»*. [74]

Efectuó tal acercamiento basándose en la idea fundamental que resulta común a las dos instituciones, y que consiste -siempre según HOLDSWORTH- en «el reconocimiento del deber que incumbe a la persona a la que se le ha transferido una propiedad a la vista de ciertos fines, de realizar estos fines». [75] Todo ello encontraría su origen en las prácticas y costumbres de las antiguas tribus germánicas, puesto que, entre los Germanos, al igual que sucede con toda sociedad que haya progresado lo suficiente como para tener un sistema jurídico, por muy rudimentario que éste se considere o resulte, la necesidad de una institución que permita realizar semejantes «actos de confianza» (*«trust»*), es algo que se deja sentir.

De este modo, indica BACON [76] que el uso no es más que una especie de confianza general cumplida por un hombre, que prefiere fiarse de la conciencia de otro que del derecho que posee sobre su propio patrimonio. Esta especial confianza, fundada en cualquiera de las razones que el propietario consideraba válidas, constituye un hecho social que ha existido y existirá siempre en toda sociedad organizada, y sin que resulte una manifestación al margen del ordenamiento jurídico, que debe, por el contrario, salvaguardar esta explicitación clara de la autonomía de la voluntad.

La institución se hallaba contenida en el antiguo Derecho germánico bajo el nombre de *«Salman»* [77] o *«trehuand»* o *«affatomie»*; siendo esta *«affatomie»* de la ley Sálica, en líneas generales, una especie de adopción del heredero: *«adoptare in hereditate»*. Venía por tanto a constituir una adopción del donatario como heredero y, habiéndose producido determinadas

---

[73] HOLDSWORTH. Ob. cit. T.I. pág. 410.

[74] HOLMES. «Early English Equity». (Law Quaterly Review. vol.I. 1885) reproducido en «Select Essays in A.A.L.H.» II. págs. 707 y ss.

[75] HOLDSWORTH. Ob. cit. pág. 410.

[76] BACON. Ob. cit. pág. 415.

[77] La palabra Salman deriva, probablemente, de la palabra Sala, que quiere decir transferencia, y es así que las autoridades germánicas la aplican a todo intermediario, por intervención del cual tenga lugar una transferencia (Vid al respecto CAILLEMER. «L'Execution Testamentaire». 124.n.2). Esta palabra no se encuentra empleada frecuentemente antes del siglo XII (Ibidem).

También en GOFFIN, «The Testamentory Executor». pág. 24; se encuentra en la ley sálica (1.46 *«De hac famirem»*) a propósito de la transmisión de la propiedad.

Puede asimismo consultarse la Tésis de BUNNAG: «De l'Execution Testamentaire en Droit Anglais». Paris 1930.

circunstancias, un franco ([78]) transmitía su patrimonio a un tercero, el «*salman*», que de este modo pasaba a adquirir la posesión con la carga de designar o adoptar un heredero. ([79])

El «*salman*», al igual que ocurre con el «*feoffee to use*», poseía los bienes enajenados de esta forma «*ad opus*», en interés del beneficiario indirecto, llegando a convertirse verdaderamente en un ejecutor de su autor, con lo que el conjunto de la operación resultaba, en definitiva, una especie de sustitución fideicomisaria; y que se ha generado a través de un derecho de uso, basado en la especial confianza que concurrió en su formación.

No entramos en mayores precisiones sobre esta orientación tan particular que, como ya habíamos indicado anteriormente, no goza de la opinión general. Tan sólo, por ello, queremos destacar que durante la Edad Media (siglos XII y XIII principalmente), una de las características del «*common law*» consistió en la división fundamental de los bienes: de una parte, los «*chattels*», protegidos y por ende recuperables mediante acciones personales; y, de otra, los «*hereditaments*», protegidos y recuperables por acciones reales.

En estas dos ramas del derecho, la historia fue muy diferente y, en lo que a los «*chattels*» concierne, se pudo observar cómo al principio podían ser legados por testamento. Por ello el «*salman*» del Derecho germánico se transformó en un «*executor*». Así al menos lo ha significado el propio HOLDSWORTH ([80]) y así nos parece también a nosotros.

La cuestión, como puede comprobarse, tiene, pese a todo, considerable interés.

---

[78] Debemos tener presente que la «*affatomie*» pertenece al Derecho franco, esto es, germánico, mientras que el «*feoffement to use*» lo es del Derecho inglés.

[79] Vid POLLOCK y MAITLAND. «The History of English Law before the time of Edward I». Cambridge 1898. págs. 228 y ss.

[80] HOLDSWORTH. Ob. cit. vol.III. págs. 26 a 29.

PRECISIONES CONCEPTUALES

No hemos dejado de destacar, al comienzo de este trabajo, las dificultades que acarreaba la conceptualización del derecho de uso. Dificultades que se habían suscitado en la evolución del instituto y en su posterior recepción.

Ahora bien, si considerásemos que el derecho de uso, en su concepto originario, fue el de una simple utilización de la cosa, sin posibilidad de apropiarse de los frutos, la distinción entre «*uti*» y «*frui*», adscribiendo éstos al derecho de usufructo, no tendría por qué plantear problema alguno. Pero a esta posición, en su momento ya puesta de relieve por DE MARTINO [81], se había anticipado, poniendo coto, VENEZIAN, al determinar que no se podía pretender creer que el Derecho romano excluía de un modo absoluto o en general toda apropiación de frutos, cualquiera que fuese su clase [82]. Y lo justifica en forma gráfica al advertir que es imposible separar en dos zonas distintas la actividad que puede ejercerse sobre una cosa, atribuyendo a una el uso y a la otra el disfrute. Se usa para disfrutar y se disfruta mediante el uso, pero como consecuencia de una actividad usuaria ejercida por otro. [83]

Esta postura de VENEZIAN nos merece una cierta atención porque, en el fondo, no se encuentra muy alejada del problema lingüístico que ya había destacado BARBERO.

Consideremos entonces, si es que vamos a detenernos en los aspectos semánticos, que la idea de disfrute es una derivación de la idea de frutos («*frui*»). Lo que se trata de buscar sería la diferencia existente entre uso y usufructo, pero sin dislocar en dos contrapuestos el término «*frui*», esto es: en frutos y en disfrute..

Si, por el contrario, no queremos entrar ni detenernos en tales aspectos, podemos obviarlo simplemente en función del contenido de ambas figuras.

Para dejar zanjada esta cuestión, que sí nos parece sin embargo importante, hemos de insistir en cómo el propio VENEZIAN [84], a renglón seguido, viene a establecer la matización siguiente: disfruta de la casa -escribe- el que habita en ella, del caballo el que lo monta y cabalga en él, así como del fundo quien recoge sus frutos; pero sin que la utilidad que la casa procura a quien la habita ni la que rinde el animal de cuya fuerza nos servimos, engendre la figura jurídica de adquisición de frutos, aun cuando se incluyan en el concepto económico de renta y como tal deban computarse.

Se están confundiendo, a nuestro entender, las ideas fructíferas y las de disfrute, que juzgamos diferentes.

Mantenemos que la idea de frutos es consustancial al derecho de uso y que éste lleva aparejado el disfrute de algo, pero como una facultad que puede ser material o intelectiva y, por supuesto, en modo alguno privativa de tal derecho,

---

[81] DE MARTINO. Ob. cit. pág. 349.
[82] VENEZIAN. Ob. cit. pág. 818.
[83] Ibidem.
[84] VENEZIAN. Ob. cit. pág. 818.

ni tampoco del de habitación en su caso.

El disfrute puede consistir en una satisfacción moral (como sucede por el hecho de contemplar un cuadro, abstraerse ante un paisaje o escuchar un concierto), material (habitar en una vivienda de lujo, conducir un automóvil de marca), o participar de ambas (el supuesto, por ejemplo, de celebrar en casa algún acontecimiento con los amigos íntimos).

El disfrute, por tanto es más todavía que algo material una cuestión intelectual, y, como hemos dejado entrever, un sentimiento propio de los seres humanos que no puede adscribirse a derechos ni a facultades jurídicas concretas. No es privativo de los derechos subjetivos, sino que necesita de la consciencia, siendo por ello pertenencia de las capacidades intelectivas; sin que pueda sustraerse, en muchos casos y como resulta evidente, a su contenido material.

En resumen, disfruta de una casa quien la utiliza (para fines de semana o por temporada), quien la habita, el precarista y quien, como propietario o arrendador, percibe las rentas o se satisface de su dominio. También disfruta del caballo su propietario y el poseedor o el comodatario que lo utilizan, se sirven de él y se aprovechan de su fuerza.

De entre los ejemplos primeramente suscitados sólo disfruta en sentido técnico, esto es, percibe frutos, quien tiene el derecho de uso sobre un fundo; excepción hecha, naturalmente, del caso concreto del arrendador, aunque éste por título distinto.

La introducción del contenido amplio en el término disfrute era la sutil diferencia para reconocer que existe un derecho de uso infructífero, lo cual, y ya de entrada, rechazamos para nuestro ordenamiento jurídico positivo; porque una cosa es usar («derecho de», que es en definitiva un derecho real), y otra diferente utilizar («facultad de»), que cabe en el arrendamiento, en el precario y fundamentalmente en el comodato («...para que use de ella...» determina, en el sentido claro de utilizar, el artículo 1.740 de nuestro Código civil), entre otros, y que pertenecen, no lo olvidemos, a relaciones obligatorias.

Considerando entonces una opinión que ya había sentado BARBERO, al decir que el hecho de que el «uso» comprende tanto el *uti* como el *frui*, nos percatamos de que hoy resulta no ya una opinión común, sino unánime. No podía ser de otra manera en base al texto legislativo, en este caso concreto el artículo 1.021 del Código civil italiano, que habla explícitamente del poder que tiene el usuario de «recoger los frutos, si la cosa es fructífera».

No es unánime, sin embargo, el conocimiento de que el uso, más allá de una limitación de carácter cuantitativo, comporta también una limitación en cierto sentido «cualitativa».

Pero una y otra -según su opinión, que sólo en parte compartimos- deben admitirse, aunque la segunda pueda resolverse en una limitación cualitativa de los «objetos susceptibles» de derecho de uso. [85]

Es claro que cabe plantearse, precisamente en base a la redacción del artículo 1.021 [86], la posibilidad del derecho de uso sobre cosas infructíferas, al

---

85 BARBERO. Ob. cit. pág. 43.
86 «Chi ha il diritto d'uso di una cosa può servirsi di esa e, se è fruttifera, può raccogliere i frutti per quanto occorre ai bisogni suoi e della sua famiglia.

menos en el Derecho italiano; pero ésta es una cuestión de la que nos ocuparemos más tarde, especialmente cuando nos refiramos al contenido.

Volviendo de nuevo a esta temática conceptual, decía WINDSCHEID que, en opinión de BECHMANN, la esencia del uso consistía precisamente en que excluía la propiedad sobre los frutos, pero no su consumo [87], con lo que estaba reconociendo la consustancialidad fructífera del derecho. Y a esta opinión se había adherido incluso SCHEURL [88], aunque, según precisa el propio WINDSCHEID, todas estas determinaciones del concepto no conducen a la explicación de las fuentes, que era la preocupación de autores que, como BECHMANN, recorrían en largo camino en ayuda de la presunta voluntad del concedente.

Por ello nos resulta válido, en principio, el concepto que del derecho de uso ha establecido, por ejemplo, BONFANTE, cuando lo define como el derecho de utilizar las cosas ajenas y también (por lo menos en el Derecho justinianeo) de percibir los frutos con arreglo a las propias necesidades. [89]

Encontramos la determinación de los «frui» no de manera imprecisa, sino en la medida de unas necesidades concretas; y esta es una significación que ya le brinda uno de sus rasgos distintivos, puesto que quien utiliza la cosa no sólo no puede enajenar su derecho, sino tampoco el ejercicio del mismo, porque el contenido del uso (su condición al menos de derecho personalísimo) sería alterado. [90]

Pero los textos romanos -continúa BONFANTE- en algunos casos interpretaron el uso de un modo un poco más extenso. Por ejmplo, si a alguno le fue legado el uso de una casa puede, habitando en ella con su familia, alquilar las habitaciones superfluas. [91]

La reflexión que nos merece este último párrafo salta a la vista: ya era posible distinguir a través de dichos textos dos derechos diferentes, el de uso de una casa y el de habitación.

Sólo si no se habitaba toda la casa, podía darse lugar al derecho de uso, consistiendo el «uti» en el hecho de habitarla, y el «frui» en las rentas obtenidas por el arrendamiento de las piezas necesarias.

Posteriormente se configuró, ya con JUSTINIANO, el derecho de habitación como un derecho diferente, reconociendo al poseedor, como acabamos de poner de manifiesto, la posibilidad de alquilar.

El «uti», indica RAMS, no puede relacionarse con un mero uso, como el simple empleo de las cosas, en cuanto son capaces de proporcionar utilidad al beneficiario del mismo: hay que advertir, que lo que ciertos autores vienen señalando como contenido jurídico caracterizante del mero uso, no se resolvía

---

I bisogni si devono valutare secondo la condizione sociale del titolare del diritto».

[87] WINDSCHEID. Ob. cit. pág. 745. nota 6.

[88] SCHEURL. «Zeitschrift für geschichtliche Rechtswissenschaft». vol.XV. Berlín 1850. pág. 19.

[89] BONFANTE. «Instituciones...». cit. pág. 337.

[90] Ibidem.

[91] Ibidem.

en el Derecho romano a través de un derecho real, sino con la creación de relaciones típicamente obligatorias. (92)

Por eso, este mismo autor, refiriéndose al artículo 524.1º del Código civil español, destaca cómo la norma parece sugerir, y así parece ser que lo ha entendido una gran parte de la doctrina patria, que el derecho de uso sólo debería recaer sobre cosas fructíferas y, es más, que se configura normativamente como un verdadero derecho a los frutos, limitado subjetivamente por las necesidades del usuario. (93)

En otro sentido, diferente del de esta última puntualización y surgido, por la lógica de su propio derecho, de la doctrina italiana, se había definido también como derecho real de goce, que comporta la facultad de usar y disfrutar (94) de la cosa de modo directo (95) para la satisfacción de una necesidad actual del usuario (96), y no para conseguir todos los beneficios provenientes de la cosa y destinados a las necesidades futuras, o con ánimo de lucro.

El Código civil italiano de 1865, bajo la influencia del Código francés, brinda acogida al concepto del derecho de uso tal y como se había recibido en la doctrina dominante del Derecho común; esto es, como el derecho de recoger los frutos dentro de los límites de las necesidades del titular y de su familia. El Código de 1865 acentuaba, manifiesta DE MARTINO, la facultad de aprovechamiento de los frutos, dejando en la sombra, por considerarla obvia, la de utilización de la cosa.

El Código vigente en la actualidad en Italia ha seguido, sin embargo, la tradición, limitándose a formular la norma con una mayor precisión técnica, mencionando ya la facultad de usar la cosa y la de aprovecharse de los frutos. (97)

Con una significación bien diferente lo encontramos en el Código civil español, aunque se haya venido considerando tradicionalmente la figura como un apartado del superior derecho de usufructo.

Tal dependencia conduce a que le hayamos contemplado como una disminución del superior derecho de usufructo, y sin que ni siquiera pueda resultar aprovechable la disgresión como la que, para el Derecho francés, habían establecido COLIN y CAPITANT, al decir que podía tratarse de:

a) Una variedad del usufructo: si se establece en beneficio de persona determinada.

b) una servidumbre real: si se establece en beneficio de un fundo, lo que equivaldría a un derecho limitado. (98)

---

92 RAMS. Ob. cit. pág. 15.

93 Ibidem. pág. 21.

94 DE MARTINO. Ob. cit. pág. 351.

95 No se excluye la posibilidad de un «*facere*» a cargo del propietario para hacer posible y fácil el uso de la cosa. En este sentido Sent. della Cass. de 17 de febrero de 1955 (Foro it. Rep. 1955, voz «Usufrutto». n. 20).

96 En el mismo sentido, también QUARANTA-PREDEN, en «Commentario» de DE MARTINO. L.III. Pem. Roma 1972. pág. 556

97 Vid DE MARTINO. Ob. cit. pág. 350.

98 Vid COLIN y CAPITANT. «Curso elemental de Derecho civil». Inst. Ed. Reus. Madrid 1923. Ed. anotada por Demófilo DE BUEN. T.II. vol.II. págs. 758 y 759.

Aunque como tal derecho indicaba VENEZIAN (en una posición ciertamente de acuerdo con su idea, por la que volvía al tratamiento distorsionado y, en este caso, unilateral del derecho de uso), puede estar separado del *«fructus»*; «y el usuario, sin tocar a los frutos y sin la intervención de otra persona, puede obtener de la cosa las demás utilidades que de ella sea capaz». [99]

Con todo esto, como vemos, lo único que podemos deducir con claridad es que, dentro de los Derechos codificados, las orientaciones son variadas respondiendo, en gran medida, a sus propios planteamientos positivos y sin que exista un acuerdo general sobre su alcance y contenido.

Así pues, para centrarnos ya en la consideración del derecho de uso en el Derecho español, vamos a comenzar con algunas reflexiones, como las que hizo COSSIO, y que servían para delimitar, si no el concepto, sí al menos su configuración y contenido: la idea de las servidumbres personales y la idea de la proximidad al derecho de alimentos. [100]

1. Autores españoles.

Dice COSSIO que, junto al derecho de usufructo, que agota todas las posibilidades del uso y disfrute de una cosa, el Código civil y la realidad jurídica admiten otras figuras de derecho real [101], que implican formas de utilidad o disfrute más o menos limitadas: piénsese por ejemplo, en el derecho de balcón, consuetudinariamente admitido en algunas ciudades españolas, para la contemplación de determinados espectáculos y desfiles, o el de hacer suyos algunos, entre los diversos frutos que produce una finca. Lo que ocurre es que en tales supuestos, la figura constituida participa más bien del carácter de las servidumbres personales, y en otros casos, ofrece características que la aproximan más bien a la copropiedad que al usufructo. Existen, sin embargo, dos figuras clásicas, como son éstas de los derechos de uso y habitación, que se nos ofrecen como parcelas de usufructo, limitadas, no por la capacidad de uso o

---

[99] VENEZIAN. Ob. cit. págs. 73 y 74.

[100] La dirección contraria a la autonomía formal y material del derecho de uso, ha servido de base, entre nosotros, para que la doctrina dominante, siguiendo como el propio precepto (artículo 524.1) pautas francesas, construye un concepto del derecho de uso enteramente vicario del usufructo, sin más independencia que la que le presta la mera presencia de normas propias que sólo obedecen, según esta orientación, a un respeto del legislador por las formas y tipos tradicionalmente admitidos de derecho real: calificándolo como un derecho real de deicidido carácter alimentista. (PROUDHON)

No ofrece hoy la menor duda que la doctrina mayoritaria al tiempo de la codificación francesa no desconocía que el esquema formal de los artículos 625 y ss. del Código civil francés no respondía a los esquemas que tuviera el derecho de uso en el Derecho romano (en contra DE MARTINO, vid supra), y que incluso en la práctica se constituían derechos de uso sobre cosas que no tenían finalidad alimentista, en el sentido amplísimo de nuestro artículo 142.1 del Código civil, e incluso sobre bienes infructíferos por naturaleza. RAMS. Ob. cit. pág. 21.

[101] También nuestra legislación hipotecaria, en expresión conocida, reconoce en el artículo 2 de la Ley la posibilidad de «otros cualesquiera reales», precepto desarrollado en los artículos 7 y siguientes del Reglamento y que han dado lugar a la célebre disputa de si nuestro sistema es de *«numerus clausus»* o *«apertus»* respecto de los derechos reales.

reproducción de la cosa objeto de tales derechos, sino por las necesidades familiares de su titular y que se inspiran en ideas próximas al derecho de alimentos. (102)

En su configuración afin al derecho de usufructo, señalan DIEZ PICAZO y GULLON que el uso se caracteriza porque el usuario no sólo no posee la facultad de usar de las cosas sobre las que recae su derecho, sino también la de hacer suyos los frutos con las siguientes limitaciones:

En primer lugar, sólo disfrutará de ellos en la medida de su propia necesidad y la de su familia (artículo 524.1º del Código civil) aunque ésta aumente durante la vida del derecho real. No es admisible, pues, un enriquecimiento del patrimonio del usuario como en el usufructo.

En segundo lugar, los frutos que se perciben deben destinarse siempre al consumo directo. El usuario disfruta para consumir (artículos 526 y 527 del Código civil), esto es, disfruta para satisfacer una necesidad y no puede obtener beneficios más allá; éste es el límite de su derecho. (103)

Vistas, como significativas, estas dos opiniones, vamos a continuar con algunas otras acerca del tratamiento que, ya de una manera más amplia y general, se ha dado por nuestra doctrina al derecho de uso, con el fin de intentar precisarle conceptualmente.

Dentro de una línea que pudiéramos denominar clásica de pensamiento, es posible destacar la opinión de BURON GARCIA, quien, enfrentando las figuras del uso y del usufructo, viene a reconocer también su profunda semejanza, y para ello no duda en recurrir a la fórmula acuñada en las «Instituciones» (104) que lo habían definido como *«ius alienis utendi salva rerum substantia»*.

Naturalmente, si se hubiera circunscrito a esta sola expresión, no aportaría nada más allá de lo que se determina en esta frase concreta, que lo configuraba simplemente como el derecho de utilizar una cosa ajena con limitación a las necesidades del usuario y de su familia.

Para nuestro modo de pensar, la introducción del concepto disturbador de utilización, hace que rechacemos de plano tal primera definición, porque, ni da su dimensión verdadera, ni, creemos, puede considerarse exacta.

De idéntica naturaleza que el usufructo -continúa sin embargo BURON-, puede hoy definirse mejor diciendo que es un derecho real constituido sobre una cosa ajena que confiere la facultad de percibir sus frutos en lo que basten a las necesidades del usuario y de su familia, aunque ésta aumente.

Esto basta, según él, para fijar sus analogías y diferencias con el usufructo. Guarda conformidad con éste en ser derecho real y hallarse constituido en cosa ajena; pero se diferencian en las facultades que confiere al sujeto. (105)

---

102 COSSIO Y CORRAL. «Instituciones de Derecho Civil». T.II. Civitas. Madrid 1988. pág. 264..

103 DIEZ-PICAZO y GULLON BALLESTEROS. «Sistema de Derecho civil». Vol.III. Derecho de cosas. Tecnos. Madrid 1981. págs. 465 y 466.

104 «Instituciones». pár. 1º, Tít. IV, Lib. 2º.

105 BURON GARCIA, «Derecho civil español». Imp. y Librería Nac. y Ex. de Andrés Martín. T.II. Valladolid 1900. págs. 329 y 330.

Estas precisiones de BURON no dejan de ser acertadas pero pecan, a nuestro entender, de excesivamente conservadoras. Hay en ellas atisbos claros de que se reconoce la esencialidad fructífera del derecho de uso, pero que, sin embargo, no se atreven a formular; y así, de un modo un tanto impreciso se da cabida a un derecho «que confiere» una determinada facultad. Facultad, por tanto, que forma parte del contenido del derecho, y derecho cuyo alcance no se concreta.

Falta pues la determinación clara de que no es una facultad lo que se concede, sino que es el derecho mismo el que constituye tal posibidad frucífera.

JAEN, por su parte, se pronuncia por una explicación parecida ([106]), aunque ciñéndose todavía más a la concepción romana primitiva porque, pese a reconocer después la evolución del derecho, no deja de constatar como específica y definitoria la facultad de «usar» ([107]).

También, en un sentido análogo, lo hace DE BUEN al entender que, en el concepto más estricto, «uso es el derecho de consagrar una cosa a los fines que pueden ser logrados, sin apropiarse los frutos de la misma. De ello se deduce que el usuario no podrá transmitir su uso a otro, pues eso sería aprovechamiento, pero no uso de la cosa» ([108]); habiendo considerado BORRELL que «no debería facultar para percibir los frutos de la cosa, sino limitarse a utilizarla según su naturaleza, pero en la mayoría de los casos este derecho sería ilusorio si no le acompañase el de aprovechamiento más o menos de dichos frutos». Por lo que venía a reconocer como fundamento de opinión, que «tanto el Derecho romano como el Código civil permiten al usuario participar de los frutos que produce la cosa usada». ([109])

MARICHALAR, por su parte, y en una aproximación que tampoco se aleja de los planteamientos clásicos, se fija en la diferencia del aprovechamiento de los frutos necesarios ([110]), al igual que lo hace FERNANDEZ ELIAS.

GARCIA MARTINEZ se ha preocupado de construir un cuadro de símiles y diferencias con el derecho de usufructo ([111]).

Dejando para otro momento las diferencias, he aquí las semejanzas que ha destacado:

---

[106] JAEN. «Derecho civil». Librería Gral. de Victoriano Suárez. Madrid 1928. pág. 247: «Los derechos de uso y habitación tienen la misma naturaleza jurídica que el usufructo, diferenciándose únicamente en su extensión. El uso, sólo da derecho al uso de la cosa, no al disfrute total, por lo cual los romanos le llamaron *nudus usus*. Rigurosamente, por tanto, el usuario no debe tener derecho sobre los frutos de las cosas objeto del uso, ampliándolo los romanos en el sentido de que tuviere el disfrute para sus necesidades y las de su familia».

[107] Más tarde haremos hincapié en algunos aspectos que nos parecen interesantes de destacar al respecto de estas cuestiones de puntualización, como es el paso del «uso» al «abuso» y su plasmación normativa.

[108] DE BUEN. «Derecho civil español común». Reus. Madrid 1931. págs. 271 y 272.

[109] BORRELL Y SOLER. «Derecho civil español». T.II. Bosch. Barcelona 1955. pág. 570.

[110] MARICHALAR. «Recitaciones del derecho Civil de España». T.III. Hijos de Reus, editores. Madrid 1916. pág. 133: «para fijar, por consiguiente, la diferencia, definiremos el uso diciendo ser el derecho de usar la cosa ajena salva la sustancia, y tan sólo en lo que directamente pueda utilizar la persona; no puede, por consiguiente, aquel a cuyo favor se establezca esta servidumbre aprovecharse de los frutos de la cosa sino en cuanto sean necesarios para su manutención, la de su familia y compañía, ni vender ni donar parte alguna de los productos de la cosa, ni aun arrendarla, porque tal facultad sólo se le concede al usufructuario».

[111] GARCIA MARTINEZ. I. Ed. F.Domenech S.A. Valencia 1942. págs. 216-217.

Se parecen estos derechos (también queda, por tanto, incluido el derecho de habitación):

a) En que son reales, ya que en ellos se dan el elemento interno, de facultad directa sobre la cosa, sin intermediario, y el externo, de ser respetados por todos, por ser oponibles «erga omnes».

b) En que los dos son «iura in re aliena».

c) En que al extinguirse tiene que restituirse al propietario la cosa disfrutada y en caso de no ser posible, se ha de satisfacer su importe o su equivalente.

d) En que el propio Código civil dice que a falta de pacto, el uso y la habitación se regirán por las mismas disposiciones que el usufructo.

Finalmente, siguiendo con la doctrina española, y en lo que respecta a los autores más actuales, señalaremos que para ESPIN CANOVAS la precisión se centra en la concepción que nuestro Código civil, recogiendo la ampliación que ya introdujo el Derecho romano para la utilización limitada de los frutos en favor del usuario, regula para el derecho de uso, limitando el usufructo a las necesidades del usuario y de su familia ([112]), lo que puede conducir a confusión respecto de la figura del usufructo limitado, aunque, naturalmente, sus regímenes jurídicos sean diversos. Y ya había puesto de manifiesto CLEMENTE DE DIEGO que el usuario tiene derecho a pedir la posesión de la cosa o que le sea entregada, pues esto es condición de su disfrute ([113]). No obstante, y sin que, de entrada, neguemos tal posibilidad, esta precisión puede ser motivo de serias dificultades sobre todo si, como tendremos ocasión de contemplar, coexisten en un mismo fundo derechos de uso y usufructo, o incluso en el supuesto de que tal coincidencia se produjera.

DIEZ-PICAZO y GULLON, cuya opinión ya hemos tenido ocasión de constatar, sin llegar a hacer un estudio detallado del derecho de uso, precisan (y lo mismo hay que entender respecto del de habitación) que está legitimado para constituirlo «el propietario, pero también el titular de cualquier derecho real de goce amplio sobre la cosa (usufructuario, enfiteuta)» ([114]); lo que resulta ser, a nuestro juicio, de suma importancia.

Destacamos también las posiciones mantenidas por ALBALADEJO ([115]) en sentido parecido a como lo había propugnado DE BUEN ([116]), al inspirarse en la naturaleza jurídica del usufructo para considerarlo un usufructo limitado, y de LACRUZ-SANCHO ([117]), que, de modo semejante, se ocupan del derecho común, prestando especial atención a las instituciones forales.

La doctrina extranjera, por su parte, no ha resultado ser tampoco unánime en el reconocimiento de los derechos de uso y habitación, y ese mismo confusionismo que acusábamos en nuestra doctrina y que tan fácil nos es de constatar, late también en destacados autores de fuera de nuestras fronteras.

---

[112] ESPIN CANOVAS. «Manual de Derecho civil español». Vol.III. ERDP. Madrid 1981. pág. 347.

[113] CLEMENTE DE DIEGO. «Instituciones de Derecho Civil español». Imp. de Juan Pueyo. Madrid 1930. pág. 422.

[114] DIEZ-PICAZO y GULLON. Ob. cit. págs. 382-383.

[115] ALBALADEJO. «Derecho civil». T.III. vol.II. Ed. Bosch. Barcelona 1983. págs. 89 a 94.

[116] DE BUEN. Ob. cit. págs. 271-272.

[117] LACRUZ-SANCHO. «Elementos...». cit. T.III. vol.2º. págs. 60 a 68.

Ya hemos tenido ocasión de comprobar orientaciones contrapuestas entre los autores fundamentalmente italianos, pues bien, para dar una idea más completa de todo ello, iniciamos un recorrido *«ad exemplum»*, con el fin de volver, finalmente, a reflexionar sobre el tema central de este punto en que ahora nos encontramos: la búsqueda de un concepto válido entre tanta opinión contradictoria.

2. Autores franceses.

Entre estos autores también se plantean, con relación fundamentalmente al derecho de uso, diversos significados: desde considerarlo como un usufructo parcial o limitado, «usufructo limitado a las necesidades del usuario y de su familia» ([118]), «como usufructo parcial» ([119]) o como una figura diferente surgida en todo caso, lo que nadie discute tampoco, a través del Derecho romano. (Así atestiguan los MAZEAUD que «el uso no comprendía en primer término más que el *«usus»*; pero se acabó por admitir que el usuario tenía derecho a algún fruto de la cosa»). ([120]) Y podía resaltarse un aspecto puntual y de sumo interés, ya que como ha indicado GAUDEMET, la relación del uso con el usufructo se dio hasta el punto de admitirse en el mismo la acción *«communi dividundo»*, aunque esto se haya producido, y así se pone de manifiesto, como resultado de una anomalía. ([121])

Es evidente que en la concepción primitiva romana, que sobradamente conocemos, representa una desmembración del derecho de propiedad, comprendiendo únicamente el *«ius utendi»* ([122]), por lo que MARTY y RAYNAUD se han mantenido en la postura simplista de considerar, en base a este postulado, que el uso es diferente del usufructo por su extensión menor, siendo este carácter el que mejor pudiera diferenciarles. ([123])

Para AUBRY y RAU cabría hacer una puntualización, pese a que inciden en un planteamiento diferenciador, basado en criterios distintos. Vienen a señalar cómo a pesar de que el artículo 625 (del Code) dice que «el derecho de uso se establece de la misma manera que el usufructo, no se encuentra sin embargo en el Código ningún ejemplo de uso legal». ([124])

---

[118] BONNECASE. «Elementos de Derecho civil». T.I. Ed. José Mª Cajica. Puebla. Méx. 1945. pág. 667.

[119] AUMAITRE. «Traité élémentaire du droit civil». Paris 1885. pág. 231.

[120] MAZEAUD. «Lecciones de Derecho Civil». Parte 2ª. vol.IV. Ed. Jdcas. Europa-América. Buenos Aires 1960. pág. 404.

[121] GAUDEMET. «Étude sur le régime juridique de l'indivision en droit romain». Récueil Sirey. Université de Strasbourg. Paris 1934. pág. 174: «Por una anomalía digna de destacar es PAULO quien, después de haber rehusado admitir la acción *communi dividundo* para las servidumbres, autoriza sue empleo para el uso (D.10,3; D.10,1: *Si usus tantum noster sit, qui neque venire neque locari potest, quemadmodum divisio potest fieri in communi dividundo indicio, videamus...*). Parece que para el usufructo, por lo que PAULO haya admitido aquí el empleo de la acción de partición. El comienzo del texto: *si usus tantum*, hace suponer que acababa de hablar del usufructo en un pasaje que los Compiladores no han utilizado».

[122] COLIN y CAPITANT. Ob. cit. pág. 759.

[123] MARTY y RAYNAUD. «Droit civil». les biens. T.II. vol.II. Ed. Sirey. Paris 1980. pág. 713.

[124] AUBRY & RAU. «Droit civil français». T.II. ed. Librairies techniques. Paris

Finalmente, entre otras muchas opiniones vertidas y que no se apartan, en líneas generales, de las tendencias que acabamos de contemplar, nos parece interesante poner de manifiesto que para BAUDRY-LACANTINERIE «el uso confiere, como el usufructo, a la vez que el derecho de servirse de la cosa, el de percibir los frutos, pero todo en la sola medida de las necesidades del usuario» ([125]); volviendo CARBONNIER a su sentido de dependencia respecto del usufructo, ya que «se trata -según él- de usufructos reducidos (artículos 625 y siguientes del Code) y que al igual que dicho derecho, suponen una desarticulación de la propiedad, si bien rudimentaria, cuya constituibilidad sólo puede derivar de la voluntad particular (convención y sobre todo testamento)». ([126])

3. Autores italianos.

Antes de comenzar a analizar someramente la posición de los autores italianos, posición que ya en parte conocemos, hay que puntualizar que su derecho positivo brinda unas posibilidades bien distintas de las de nuestro Código civil. Así, no es de extrañar cómo ha sido puesto de relieve por DE MARTINO que la realidad del derecho y el límite de las necesidades actuales basten para distinguir el derecho de uso de figuras afines, como ocurre en el caso del legado de tomar del fundo lo que sea necesario, que constituye un derecho de crédito, o las rentas vitalicias y simples que no están adecuadas a las necesidades del beneficiario.

Del concepto del uso, la doctrina dominante extrae la individualidad del mismo. La jurisprudencia ha confirmado además el principio en todo su rigor: el uso no puede adquirirse o perderse por partes, no puede corresponder en común sobre la misma cosa o más personas, por cuotas ideales, y por consiguiente no puede constituirse condominio sobre la propia cuota ideal o en una parte ideal de la propia cuota ([127]). Objeto particular del uso... no pueden ser todos los bienes, sino solamente aquéllos capaces de producir una utilidad directa al titular del goce.

Este mismo autor, a renglón seguido, indica cómo no es absolutamente necesario que se trate de bienes fructíferos, pues basta con que de algún modo ofrezcan una utilidad. Pueden ser inmuebles y muebles, maquinarias, instrumentos, animales, etc; quedando, por el contrario, excluída la posibilidad del uso que tenga por objeto el dinero o prestaciones que no sean «*in natura*», derechos de crédito, de autor, privativos industriales, empresas, etc. ([128]) Aunque tiene, en opinión sustentada por RICCI, contactos con el de suministro, a título de alimentos, toda vez que ambos se contraen a las necesidades, y con el usufructo en cuanto uno y otro tienen por objeto la percepción de los frutos;

1961. pág. 713.

[125] BAUDRY-LACANTINERIE, CHAVEAU. «Traité théorique et pratique du Droit civil». des biens. 2ª ed. Librairie de la Société du recueil gral. des lois et des arrêts. Paris 1899. pág. 499.

[126] CARBONNIER. «Derecho civil». T.II. vol.I. Bosch. Barcelona 1961. pág. 193.

[127] DE MARTINO. «Usufrutto, uso, abitazione». L.III. en «Commentario» de SCIALOJA-BRANCA. Bologna-Roma 1978. pág. 351.

[128] Ibidem. pág. 353.

pero su índole es completamente distinta de los alimentos y del usufructo. [129]

Abundando todavía en su contenido, insiste GALGANO en la diferenciación existente con el derecho de usufructo «sólo por la limitada medida de la facultad de disfrute que se atribuye sobre la cosa»; [130] posición que no resulta novedosa, puesto que su consideración de usufructo limitado, ya se había señalado con anterioridad (incluso RAVA había determinado, en su momento, lo que había de entenderse por familia, a los efectos de conocer las necesidades de la misma). [131]

TRABUCCHI también lo califica como «una especie de usufructo limitado» [132], sin que se siente un criterio definitorio en algunos autores que, como es el caso de TRIMARCHI, prefieren dejar tan sólo constancia de su diferenciación, determinada desde un punto de vista cuantitativo [133]; o incluso del propio BRUGI, cuando puntualiza que «el límite de la necesidad sirve para conferir aspecto determinado al uso... y que apenas se rebasa aquél, se entra en el usufructo verdadero, del que aquél es, desde luego, modificación». [134]

Tales afirmaciones son distintas de lo que ya tuvimos ocasión de contemplar en BARBERO, que destacaba no sólo el límite cuantitativo, sino también el cualitativo.

Cuantitativamente, se manifiesta de inmediato en el hecho de que el titular del uso... puede hacer suyas «no todas» las utilidades de la cosa, sino sólo en la medida necesaria y suficiente... Cualitativamente, aunque menos explícito, resulta sin embargo del hecho de que el usuario no puede hacer suyas «toda clase de utilidades», sino sólo aquéllas susceptibles de empleo «directo e inmediato» en las necesidades admitidas para ser satisfechas. [135]

Volviendo a la opinión de RICCI [136], el problema esencial ha radicado en la necesidad, que representa siempre un término relativo. Para calcularla no puede prescindirse del individuo a quien la necesidad se refiere. Ahora bien, la condición social del individuo y el género de vida a que esté habituado, concurren a mantener o disminuir las necesidades del individuo y de la familia. Es, por tanto, imprescindible atender a las condiciones y a los hábitos del usuario y de su familia, para medir sus necesidades. (De manera análoga sucede, no lo olvidemos, con el habitacionista).

GNOCCHI, después de hacer hincapié en el sentido restringido con el que considera que se manifiesta frente al usufructo, acaba por determinar que, al

---

[129] RICCI. «Derecho civil teórico y práctico». vol.I. La España moderna. Madrid. pág. 410.

[130] GALGANO. «Diritto privato». Cedam. Padova 1981. pág. 155.

[131] RAVÀ. «Istituzioni di diritto privato». Cedam. Padova 1983. Aunque en el sentido en que se pronunció, por razón de su tiempo, y en lo que concierne fundamentalmente a los hijos, ha quedado obsoleto. (Vid. por ej. pág. 384: «Tra i figli si comprendono certamente i legittimi e gli adottivi. Si fa questione circa i figli riconosciuti».

[132] TRADUCCHI. «Istituzioni di diritto civile». 28 edic. Cedam. Padova 1986. pág. 499.

[133] TRIMARCHI. «Istituzioni di diritto privato». Giuffrè. Milano 1983. pág. 584: «Quien tiene el derecho de uso de una cosa puede servirse de ella y, si es fructífera puede recoger los frutos, pero la recogida de los frutos encuentra un límite cuantitativo...».

[134] BRUGI. «Instituciones de Derecho civil». UTHEA. México 1946. págs. 245 y 246.

[135] BARBERO. Ob. cit. págs. 43 y 44. El entrecomillado es suyo.

[136] RICCI. Ob. cit. pág. 417.

tratarse de un derecho personalísimo, no puede cederse ni arrendarse, poniendo de relieve una diferencia que ya había quedado patente: la de que el uso no se establece por la ley, sino exclusivamente por acto humano (sea éste contrato o testamento) ([137]); idea que también recoge GIANTURCO al hablar de actos *inter vivos*, a *título oneroso o gratuito, y testamento* ([138]). Abundando RAVA en que tal derecho no sólo no puede ser cedido, sino que tampoco puede cederse ni siquiera su ejercicio. Determina también que no cabe como figura legal, señala que, además de por actos humanos, es posible su constitución por prescripción ([139]) y que se extingue, al igual que el usufructo, por muerte de su titular.

Todo ello ha conducido a que TORRENTE y SCHLESINGER acaben afirmando que «no pueden ser objeto de disposición testamentaria»; pero dejan a su vez planteada la interrogante de si es o no admisible la constitución del derecho de uso en favor de una persona jurídica ([140]), cuestión en la que más adelante entraremos.

(Esto mismo podemos plantearnos respecto del derecho de habitación, en punto a la sede física de tales personas).

4. Derecho alemán.

En el Derecho alemán, ha dicho PLANITZ, se recibió el concepto romano de las servidumbres que, al ponerse en contacto con los derechos de aprovechamiento alemanes, tuvieron que perder gran parte de su pureza. ([141])

El número limitado de las servidumbres romanas, especialmente de las servidumbres personales, fue abandonado: todo aprovechamiento voluntario, aunque sólo fuese ventajoso para el propietario y no para el predio dominante mismo, podía formar el contenido de una servidumbre. ([142]) Así, dice HEDEMANN, las servidumbres personales limitadas se han mantenido históricamente dentro de fronteras reducidas.

En lo esencial, como puede deducirse, permanecieron restringidas a las relaciones particulares entre personas privadas.

Respecto de tales servidumbres podemos precisar, siguiendo las indicaciones de ENNECERUS, KIPP y WOLFF, que se diferencian de las prediales en que pertenecen a una persona individualmente determinada, y no a la que en cada momento sea propietaria del inmueble. El titular puede, por tanto, ser una persona singular, una pluralidad de personas (por ejemplo, una sociedad) o

---

[137] GNOCCHI. "Istituzioni di diritto privato». Ed. Ulrico Hoepli. Milano 1948. pág. 149.

[138] GIANTURCO. «Istituzioni di diritto civile italiano». G.BArbèra Ed. Firenze 1921. pág. 127.

[139] RAVÀ. Ob. cit. pág. 364.

[140] TORRENTE y SCHLESINGER. «Manuales di diritto privato». Giuffrè. Milano 1978. págs. 335-336.

[141] Tales derechos de aprovechamiento eran, por otra parte, desconocidos para su antiguo derecho y consistían en los derechos de aprovechamiento de los comarcanos sobre el «Allmende» y los de los propietarios inmobiliarios sobre la tierra de labor, origen de las servidumbres prediales.

[142] PLANITZ. «Principios de derecho privado germánico». Bosch. Barcelona 1957. pág. 135.

una persona jurídica, sin que de lugar a plantearse la disquisición que habíamos encontrado al efecto en la doctrina italiana. ([143])

Las normas de las servidumbres personales limitadas están copiadas, en lo esencial, de las reglas de las prediales. Así, puede ser contenido de ellas todo aquéllo y sólo aquéllo que puede ser contenido de una servidumbre predial.

Dice el § 1.090 del BGB, en su apartado 1º:

«Una finca puede ser gravada de forma que aquél en cuyo beneficio se establece el gravamen esté autorizado a aprovechar la finca en ciertos aspectos, o -de forma- que le corresponda otra facultad que pueda formar el contenido de una servidumbre predial (servidumbre personal limitada)».

Por consiguiente ha de distinguirse:

1. Las servidumbres de disfrute de un inmueble en relaciones singulares, mediante el uso, o mediante la percepción de frutos, sea bajo la concesión de la posesión o coposesión de la finca, como en el caso del derecho de habitación, sea sin concesión de la posesión.

2. Derechos consistentes en que no se pueden utilizar ciertos actos en el inmueble.

3. La exclusión de un derecho que la propiedad del predio sirviente otorga frente a otro inmueble.

Ahora bien, sólo en dos direcciones rigen principios particulares acerca de las servidumbres personales, a saber:

1. La servidumbre personal limitada es (y ello constituye un claro defecto) intransmisible como el usufructo. Su ejercicio puede también -y en eso difiere del usufructo- cederse a otro, sólo si la cesión es permitida por el propietario del inmueble (al respecto, el § 1.092).

(Tal permiso puede ser un contrato real, ya como parte integrante de la constitución de la servidumbre, ya como modificación posterior de su contenido o contenido meramente obligatorio y sin duda alguna un negocio unilateral).

2. La servidumbre personal limitada es intransmisible *«mortis causa»* como el usufructo (§§ 1.090 ap. 2, 1.061). Se extingue necesariamente con la muerte de la persona física, con la disolución de la persona jurídica que sea en cada caso titular de ella. ([144])

Refiriéndonos al derecho de uso, éste se trata, para WINDSCHEID, del derecho de usar de una cosa ajena; es decir, utilizarla para los fines que se pueden alcanzar con ella sin apropiarse de los frutos.

El derecho de uso se diferencia del usufructo no sólo por su extensión más restringida, sino también porque aquél se refiere al uso como tal, mientras que

---

[143] Vid ENNECERUS, KIPP, WOLFF. «Tratado de Derecho Civil». T.III. Derecho de cosas. vol.II. Gravámenes. Bosch. Barcelona 1937. pág. 58.

[144] Ibidem. págs. 59 y 61.

en el usufructo el uso se presenta sólo como elemento constitutivo de la utilidad de la cosa. (145)

Es un planteamiento que ya conocemos sobremanera.

GLÜCK, siguiendo la orientación pandectística, lo ha considerado también, en su momento, como una servidumbre personal, en virtud de la cual el usuario «tendrá derecho a usar plenamente de una cosa de otro y, según las circunstancias y la calidad del objeto, a apropiarse de los frutos de la cosa, en cuanto lo requiera la eficacia del derecho de uso o cuando el goce de los frutos esté comprendido en la destinación bajo la cual ha sido concedida en uso, sin que, no obstante, pueda el usuario transferir a otros su derecho». (146) Y aunque no había resuelto una formulación dogmática plausible, facilita el camino que debe seguirse en su caracterización, al proponer, como dice RAMS (147), la vía de análisis y verificación de supuestos concretos como método único por el que puede llegarse a ofrecer una perspectiva suficiente para el estudio de la institución, porque no cabe duda que a tal conduce el hecho de tomar, como parte esencial del mismo, la naturaleza y función económica que cabe reconocer al objeto sobre el que recae el derecho en la verificación y distinción de los efectos.

Por todo ello, lo que también podemos comprobar, dentro de este apartado, y con lo que concluímos el mismo, es que tampoco existe una idea clara de lo que constituye el derecho de uso, ni existe unanimidad al respecto. Para algunos autores tan sólo consiste en «usar» (= utilizar), para otros, en utilizar y percibir frutos. En definitiva, lo que hemos estado comprobando en cuantas aproximaciones doctrinales llevamos hasta el momento realizadas.

La terminología imprecisa que ha llevado a toda esta confusión sigue latente, y así, la palabra uso tiene dos acepciones:

    a) usar = utilizar. (Ejemplo: el comodato, que es préstamo de uso, para usar o utilizar las cosas prestadas).

    b) usar = derecho real de uso = posibilidad de obtener frutos de una cosa ajena.

    c) Como categoría ecléctica, que también cabe considerar, y que tiene una clara apoyatura en el Código civil italiano, tendremos: usar = utilizar, y a su vez, y siendo ello posible, facultad de obtener frutos de una cosa.

Por lo tanto queremos incidir en que, si hemos insistido en la esencialidad de la percepción (y por consiguiente de la producción) de frutos en el derecho de uso, es porque hemos llegado a ese convenciomiento, y porque históricamente así se ha decantado.

La posibilidad de establecer tal derecho sobre cosas infructíferas cabe en el BGB, y cabría en el Código italiano, por la condicionalidad con que se expresa

---

[145] WINDSCHEID. Ob. cit. pág. 743.

[146] GLÜCK. «Commentario alle Pandette». VII. Serafini-Cogliolo-Marinis. Milano s/f. pág. 403.

[147] RAMS. Ob. cit. pág. 18.

su artículo 1.021 (aunque hayamos dejado constancia de las opiniones encontradas que señalamos al respecto, lo que significa que, pese a la redacción del precepto, (y no hay que olvidar que existió una primera en 1865) no hay un reconocimiento pacífico de su alcance y contenido); pero nunca en nuestro Código civil, donde el uso supone, necesariamente, la producción de frutos. «Ad exemplum», los artículos que el mismo dedica a la materia.

Por lo tanto, el derecho de uso debe configurarse, en nuestro ordenamiento jurídico, como un DERECHO REAL EN COSA AJENA, QUE SE TRADUCE EN LA PERCEPCION DE FRUTOS BASTANTES A LAS NECESIDADES DEL USUARIO Y DE SU FAMILIA, AUNQUE ESTA AUMENTE, HACIENDO DEPENDER EN GRAN MEDIDA EL DERECHO DE LO QUE SE ESTABLEZCA EN EL TITULO CONSTITUTIVO.

DIFERENCIAS DEL USO CON EL DERECHO DE USUFRUCTO

En una apreciación simplista del problema, se había señalado por DE MARTINO que el derecho de uso se diferenciaba del usufructo «en un sentido estrictamente cuantitativo, precisamente porque el usuario tiene la misma facultad del usufructuario, pero sólo dentro de los límites de sus necesidades». [148]

Ahora bien, si tenemos en cuenta la autoridad de PUGLIESE [149] o de BARBERO, tal afirmación nos resulta inaprovechable, pese a que venga a constituir el punto de vista de romanistas destacados como RICCOBONO o ALBERTARIO y cuyas opiniones también hemos tenido ocasión de constatar. Del mismo modo, tampoco podemos compartir la disgresión que efectúa BRUGI, quien ve en el mismo límite cuantitativo la frontera entre los derechos de uso y usufructo, considerando a aquél como modificación de éste; pues tal precisión (que, como luego veremos, se halla extraordinariamente difundida) deja sin explicar, entre otras muchas cuestiones, la figura del usufructo parcial. [150]

WEIL, al referirse a la figura del uso en el derecho francés, observaba entre sus diferencias el carácter preponderantemente alimentario del mismo (lo que también puede ser extrapolado, naturalmente con las debidas matizaciones, al derecho de habitación), reiterando con ello su acentuado carácter personal y su extinción por causa de utilidad pública. [151]

Por su parte, para CARBONNIER, las diferencias podían reconducirse a los siguientes puntos:

Primero.- Ambito de constituibilidad: más extenso para el derecho de usufructo.
Segundo.- Ambito de susceptibilidad: más amplio para el usufructo con relación al uso, aunque ambos derechos sean cuantitativamente idénticos en cuanto a facultades.
Tercero.- Ambito de circulabilidad negocial: impedido para el uso, al contrario del usufructo.
Cuarto.- Ambito de circunstancias extintivas: toda vez que el abuso desencadena efectos diferentes en el usufructo y en sus formas reducidas. [152]

---

[148] DE MARTINO. Ob. cit. pág. 350. Vid también ALBANO (PESCATORE-ALBANO-GRECO), en «Proprieté». Commentario UTET. L.III. T.II. Torino 1968. pág. 267. Del mismo modo, GNOCCHI. Ob. cit. pág. 149.

[149] PUGLIESE. Cb. cit. págs. 723 y ss. En realidad, para este autor, el límite cuantitativo implica un límite cualitativo.

[150] En este mismo sentido vid también BARASSI. «I diritti reali limitati». In particolare l'usufrutto e le servitú. Giuffré. Milano 1947. págs. 183 a 185. nºs. 87 y 88.

[151] «Alors que l'usufruit est reporté sur l'indemnité d'expropiation, le droit de l'usager est éteint en cas d'expropiation pour cause d'utilité publique. L'usager reçoit alors une indemnité distincte pour compenser la perte de son droit». WEIL. «Droit civil». Les biens. 2ª ed. Dalloz. Paris 1974. págs. 526 y 527. nº 618.

[152] CARBONNIER. Ob. cit. pág. 193.

RICCI, que sigue en punto a estas mismas cuestiones la regulación positiva del Código italiano ([153]), establece que el derecho de uso es personal en el sentido de que sólo puede ejercitarse por el usuario; por lo tanto, ni puede arrendarse, ni cederse, ni enajenarse; del mismo modo, tampoco puede ser embargado ni hipotecado; viendo PUGLIESE una diferencia esencial en el diverso contenido de los derechos de uso y usufructo, dado que el usufructuario puede «no sólo servirse de la cosa, sino también disponer y realizar su disfrute», mientras que el uso constituye sólo algunas de las facultades del goce. Se trataría, por tanto, de un «derecho especial» frente al derecho general que representa el usufructo, que el propio PUGLIESE califica de «espejo fiel de la propiedad». ([154])

Ya entre nosotros, ha sido PLANAS ([155]) quien, sin dejar tampoco de atenerse al sentido cuantitativo, ha escrito que el usufructo constituye un disfrute total, mientras que el uso constituye un disfrute parcial de la cosa.

Lógicamente, desde su punto de vista, no deja de ser razonable tal manifestación, pero también puede hacérsele la misma objeción que cabe en todo planteamiento cuantitativo: la admisibilidad en nuestro ordenamiento de la figura del usufructo parcial que, nos parece, constituye, al menos en una gran medida, la dificultad insalvable a una precisión de carácter tan general.

BURON había determinado con mayor rigor que las diferencias que pudieran establecerse se debían:

En primer lugar, a los modos de constituirse: en el usufructo son la ley y la voluntad de los particulares y la prescripción, y en el uso (al igual que podemos anotar con respecto al derecho de habitación), procede de las dos últimas.

En segundo lugar, por los derechos y obligaciones que producen.

Y en tercer lugar, por los modos de extinguirse, ya que el uso (o la habitación en su caso), termina por abuso grave de la cosa. ([156])

Volviendo a GARCIA MARTINEZ, de quien ahora vamos a ocuparnos de constatar las diferencias a que hicimos mención con anterioridad, había señalado ([157]):

a) El usufructo nace de la voluntad o de la ley, puesto que hay usufructos legales, y en cambio no existen derechos de uso ni de habitación de carácter legal. ([158])

b) En que el usufructo es amplio y comprende el derecho de disfrute de la cosa usufructuada sin ninguna limitación, mientras que el uso da derecho a percibir de los frutos de la cosa ajena los que basten a las necesidades del usuario y de su familia, aunque ésta aumente; la

---

[153] RICCI. Ob. cit. pág. 411. En este mismo sentido puede también consultarse BIGLIAZZI-GERI. «Usufrutto, uso e abitazione». Giuffré. Milano 1979. págs. 301 a 304.

[154] PUGLIESE. Ob. cit. pág. 725.

[155] PLANAS Y CASALS. «Derecho civil español común y foral». T.I. Lib. Bosch. Barcelona 1925. pág. 614.

[156] BURON GARCIA. «Derecho civil español, según los principios...». T.II. Valladolid 1900. pág. 332.

[157] GARCIA MARTINEZ. Ob. cit. págs. 216-217.

[158] Pese a constituir esta afirmación un lugar común, ello no resulta en la actualidad totalmente cierto y, en su momento, tendremos ocasión de volver sobre el tema para ocuparnos con cierta profundidad.

habitación lo da a ocupar en casa ajena las piezas necesarias para el habitacionista y las personas de su familia, pudiendo representarse los tres derechos por tres círculos concéntricos, siendo el de mayor radio el usufructo, el intermdio el uso y el de menor radio la habitación. (159)

c) El usufructo es enajenable e hipotecable, y el uso y la habitación no, porque son de carácter personal, aunque su esencia sea la de los derechos reales.

d) Que el uso (y la habitación), además de extinguirse por las causas del usufructo, se pierden por abuso grave de la cosa, aunque la jurisprudencia aprecie estas cuestiones con benignidad, dado que no es bastante para conceptuar abuso grave la falta de reparaciones en la cosa (o en el edificio).

Ya en la actualidad, y con un punto de vista completamente diferente al que acabamos de traer a colación, puntualiza DORAL GARCIA DE PAZOS que nuestro Código civil, al dar por supuesto el concepto de estos derechos en el artículo 523, presenta algunas dificultades (primeras dificultades) de exégesis:

Si le es aplicable el fundamento general *«salva rerum substantiam»*, lo que se desprende del artículo 527.

Si el título de constitución puede modificar y en qué medida el esquema general que el precepto supone pero no describe. (160)

Entendiendo que, de la lectura atenta del precepto, se desprende:

1º. Que el derecho de uso (y el de habitación), son derechos independientes, autónomos, respecto del usufructo, lo que confirma el artículo 528.

2º. Que el uso y la habitación difieren entre sí.

Y señala RAMS, a la vista de los antecedentes y la evolución del derecho de uso, que éste puede ser entendido como un «derecho real de goce» en cosa ajena, sin injerencias de tercero, incluído a estos efectos el propietario de la cosa objeto del derecho que menoscaben o hagan imposible el goce directo, que se concede de forma estrictamente «personal» al usuario, para que obtenga de la cosa cuantos servicios sea capaz de aprovechar para la satisfacción directa y sin inmediación de sus necesidades personales y familiares, incluso haciendo suyos los frutos naturales o industriales que sea susceptible de producir, si bien la apropiación de frutos se limita, por regla, al límite del consumo anual posible por el ususario y su familia.

Estas notas caracterizadoras distinguen al uso del usufructo, pues para este

---

159 No aceptamos, sin embargo, de forma pacífica esta formulación, al menos en lo que al derecho de habitación se refiere. La comparación con los círculos concéntricos no deja de ser, pese a su aparente clasicismo, una disgresión que falsea la naturaleza jurídica de estos derechos, en una subordinación que no compartimos: usufructo como derecho «pleno», uso, como usufructo limitado y habitación, como forma reducida (especializada) del derecho de uso.

160 DORAL GARCIA DE PAZOS. «Comentarios al Código civil y legislaciones forales». Dirigidos por Manuel ALBALADEJO. T.VII. vol.I. Artºs. 467 a 529. ERDP. Madrid. pág. 463.

último no se requiere que el aprovechamiento sea directo, ni por supuesto se establece límite alguno en la obtención y apropiación de los frutos, dado que el único límite proviene de la obligación de conservar la forma, sustancia y destino económico de la cosa; tampoco existe duda alguna acerca de que el usufructuario puede enajenar la totalidad de los frutos de cualquier clase que produzca la cosa. [161]

De todas formas, sí podemos poner de manifiesto cómo parte de la doctrina ha reaccionado frente a la simplificación técnica que suponen las tendencias meramente cuantitativas para la diferenciación de los derechos de uso y habitación respecto del de usufructo.

Se evidencia, igualmente, que nos encontramos ante figuras jurídicas cuyo tratamiento estructural no puede efectuarse de espaldas a los elementos configuradores del usufructo. Así aconteció con el Derecho romano clásico, en el justinianeo, en el derecho común y en el moderno, no obstante el carácter innegable de derechos afines al usufructo, se perfilan el uso (y consecuentemente también el derecho de habitación), como categorías jurídicas institucionales autónomas, que cumplen una función de goce en cosa ajena cada vez más fácilmente diferenciables del usufructo. [162]

Y en esta misma línea, el propio DORAL [163] refiere que los textos normativos de los Códigos francés, italiano de 1865 y español, no se inspiran en el Digesto, ni en la Constitución XIII «De usus et de habitatione» de JUSTINIANO, ni en la casuística que tales fuentes proporcionaban, sino en el más puro derecho común que generalizó tan sólo aquellos supuestos del derecho justinianeo que resultaban útiles para sus formas y medios de vida, muy distintos de los romanos por cierto. Continuando RAMS cómo resulta indiferente para el actual tratamiento del uso, el que en sus orígenes no diera derecho a los frutos, como afirmaba RICCOBONO [164] y muchos otros modernos romanistas que le siguen, y que este derecho sea obra de interpolaciones de TRIBONIANO o, por el contrario, que diese lugar a derecho sobre los frutos ya en la época clásica, «porque si para algo sirve el texto codificado es precisamente para declarar este derecho del usuario a los frutos y en qué medida puede proceder para su apropiación, lo que lo distancia de los orígenes históricos de la institución y pone de manifiesto la interrupción brusca de su evolución operada en la Alta Edad Media». [165]

Estas son, al menos, algunas de las diferencias que a «grosso modo» señala

---

[161] RAMS. Ob. cit. pág. 24.
[162] Ibidem. pág. 20.
[163] DORAL. Ob. cit. pág. 463.
[164] RICCOBONO. Ob. cit. págs. 3 y 4.
[165] RAMS. Ob. cit. pág. 22. Es muy interesante destacar este tipo de afirmaciones, donde no se parte, precisamente, de un «culto a los materiales», sino de realidades tangibles acuñadas por el derecho positivo.

En efecto, la «última ratio», el contenido final de las figuras que analizamos, no son fruto de una evolución pausada y constante, sino de una regulación positiva que les ha concedido un contenido distinto o, por lo menos, en gran medida diferente, al que tuvieron en su origen. Por otra parte, la brusca interrupción provocada en la Edad Media ha servido, a nuestro entender, de justificación a que no se considere en ellas una vinculación originaria que hubiera evitado su evolución a través de los Códigos; situación que tampoco era del todo necesaria, dado que la propia Codificación, muchas veces, prescinde de situaciones anteriores poniendo coto a un continuismo que no considera necesario.

la doctrina en lo tocante al problema, pero cabría aun hacer algunas otras precisiones, por lo que vamos a distinguir:

a) Diferencias con el usufructo en general.

Según determina el artículo 491.1º del Código civil, el usufructuario debe formar, con citación del propietario o de su legítimo representante, inventario de los bienes sobre los que recae su derecho, haciendo tasar los muebles y describiendo el estado de los inmuebles. Y debe realizar tal inventario porque el artículo 480 le ha concedido unas amplísimas facultades, como las de arrendar, enajenar su derecho o aprovechar por sí mismo la cosa usufructuada.

¿Está obligado entonces el usuario a realizar también inventario de las cosas sobre las que se ha constituido su derecho?

Si contemplamos el artículo 525 vemos que se aclara, por opuesto, el conjunto de facultades que concedía al usufructuario el artículo 480, y las que no se conceden al usuario. Pero habiéndose suscitado la cuestión del aprovechamiento por sí mismo, nos lleva directamente a una doble interpretación:

a) El usuario puede aprovechar por sí mismo las cosas dadas en uso, porque lo no prohibido debe resultarle permitido y el artículo 525 nada dice respecto de tal aprovechamiento. Por ello también parece claro que, al igual que usufructuario, deberá entonces formar inventario en los mismos términos que para éste viene a fijar el artículo 491.1º del Código civil.

De igual manera le será de aplicación el artículo 497, por el que, además, podrá evitarse una de las causas de extinción de su derecho y que resulta inexistente para el usufructuario, cual es el abuso grave de la cosa (artículo 529); pero no cabe la aplicación del artículo 498, porque la facultad que en él se concede está expresamente vedada cuando se trata del usuario.

Insistiendo aun más, podemos considerar si cabría extender también al usuario la obligación de prestar fianza, que para el usufructuario recoge el artículo 491.2º del Código.

Con respecto a estas cuestiones, entiende LACRUZ que, por aplicación de las normas del usufructo al usuario (y también hay que hacer la salvedad del habitacionista en su caso), debe otorgar inventario y prestar fianza.

Cuando el titular del derecho no otorgue inventario o no haga descripción de los inmuebles, evidentemente administrará los bienes el dueño, pero no creo -añade LACRUZ- que -si la falta de otorgamiento se debe a noluntad del usuario o habitacionista- pueda haber ningún sustitutivo para su goce, que es personal (artículo 525): no podría pedir, por ejemplo, que se diera en arriendo el inmueble y se le entregaran las rentas, o que se percibieran los frutos y se liquidase el importe de la venta.

No prestando fianza ni pudiendo prestarla, se plantea el problema de cómo puede conciliarse el carácter personalísimo del derecho con la administración ajena y acaso el disfrute por equivalente. Es de suponer que el administrador percibirá los frutos y entregará al usufructuario los que le correspondan.

Dado el carácter personalísimo del disfrute, piensa el propio LACRUZ que, al menos sin conocimiento del dueño, en ningún caso se puede dar en arriendo el inmueble objeto del derecho de habitación, ni venderse los bienes muebles infructíferos, de los cuales sólo se entregarán al usuario, bajo caución juratoria, los que precise para su uso: los restantes, mientras no los afiance, los conservará el dueño sin derecho a usarlos. (166)

En lo que respecta al artículo 495, son tales las limitaciones que se ponen al usufructuario que, de no ser distinto su régimen jurídico, podría equipararse al derecho de uso o al de habitación, y esto es, pese a todo, lo que parece indicar el artículo: entrega de bienes necesarios para su uso y que se le asigne habitación para él y su familia. Pero el párrafo 3º de este mismo artículo resuelve la posible duda al hablar de bienes que pueden venderse, y el usuario, es claro, no tiene tal facultad.

Finalmente, aun podríamos insistir en nuestra regulación positiva, mediante la contemplación del párrafo 3º del artículo 494, que consagra el derecho del propietario a retener como administrador los bienes objeto de usufructo, mientras no haya sido prestada la fianza o en el caso de que el usufructuario se halle dispensado de la misma, lo que también parece, en principio, aplicable al derecho de uso.

b) El usuario no puede aprovechar por sí mismo las cosas dadas en uso. Con este sentido podemos reconducirnos de nuevo a la opinión ya expuesta de RAMS, de que el usuario tiene derecho a los frutos de la cosa, limitados a sus necesidades propias y familiares.

En nuestra personal opinión consideramos igualmente que, a la vista de lo establecido en nuestro propio Código civil, podría fundamentarse que el usuario no puede aprovechar por sí mismo las cosas sobre las que recae su derecho. Y podemos basarlo:

1º. En que si bien el artículo 480 del Código establece las posibilidades del usufructuario, el 525 por su parte, que resulta ser su antagónico, sólo *ad exemplum* indica lo que no puede hacer el usuario (ni tampoco, por supuesto, el habitacionista), pero siempre teniendo presente, esto es contemplando, el contenido del 480.
Además, el artículo 524 del Código civil dice textualmente que el uso «da derecho a percibir de los frutos de la cosa ajena...», mientras que el artículo 467 indica claramente que el usufructo da «derecho a disfrutar los bienes ajenos»; y, salvo que otra cosa se disponga en el título constitutivo, con la obligación de conservar su forma y sustancia, porque es claro que el usufructuario entra en posesión de los mismos.

De todo ello se deduce que el usuario no debe hacer inventario de los bienes, porque ni los posee ni puede serle de aplicación el artículo 497.

¿«Quid» entonces en cuanto al abuso como causa de extinción del uso?
La pregunta, por obvia, debía saltar de inmediato ante los asertos que acabamos de formular. Pues bien, el abuso consistiría precisamente en reclamar mayor cantidad de frutos de los necesarios para el consumo del usuario y de su familia, solicitándolos abusivamente muy por encima de sus necesidades, porque, el ser un derecho personalísimo, implica que está también basado en la confianza.
Por otra parte, no debemos perder de vista que no existe abuso si las necesidades consumen la totalidad de los frutos que la cosa produzca (artículo 527 del Código), aunque, qué duda cabe, ello de lugar a un régimen distinto en

---

166 LACRUZ en LACRUZ-SANCHO. cit. págs. 62 y 63.

cuanto a los deberes y obligaciones del usuario.

2º. Por las mismas razones que se aduce, el usuario tampoco estaría obligado a prestar fianza (en contra LACRUZ).

El dueño conservará tales bienes sin derecho a usarlos, porque ello es de todo punto improcedente según esta última argumentación, y, es más, dada esa incapacidad del usuario de entrar en posesión de los bienes (aunque el aspecto posesorio haya que dejarlo matizado entre el hecho y el derecho de la posesión y la tolerancia), habría que llegar a plantearse si no sería el concedente quien debiera garantizar al usuario la percepción de los frutos necesarios.

Podría admitirse siempre, salvo que el derecho se estableciera por retención, esto es, que el propietario enajenare sus bienes reservándose el derecho de uso sobre los mismos.

Pese a ello, negamos esa posibilidad por su no exigencia en el derecho de alimentos, con el que el derecho de uso guarda ciertas concomitancias; aunque hemos de reconocer que se trata de una posibilidad interesante, sobre todo si se refiere a inmuebles inscribibles, por la carga que supondría para estos en caso de su transmisión a terceros.

La cuestión que acabamos de suscitar, pese a parecer una interpretación extremista de la propia letra del Código y que no parece estar muy de acuerdo con su encaje social ([167]), no es, sin embargo, baladí. La consideración posesoria, que nos resulta hasta cierto punto desorbitada, sí se ha tenido en cuenta en otros ordenamientos jurídicos que han girado en la órbita de nuestro movimiento codificador.

Por ello, en lo que se refiere al Derecho comparado, podemos hacer algunas indicaciones al respecto.

Las disposiciones, por ejemplo, del Código civil argentino, como así ha sido puesto de relieve por PEÑA GUZMAN ([168]), contemplan dos supuestos:

El que el usuario (o habitacionista en su caso) tengan la posesión de la cosa, situación en la que debe hacer inventario y prestar fianza.

El de que no tenga tal posesión, en cuyo caso ambas operaciones son ya innecesarias. ([169])

El Código civil de la República de Venezuela recoge también en su artículo

---

[167] Lo que tampoco quiere decir que no sea factible. Adviértase que nos hallamos ante un derecho real (unos derechos) que implicaría una relación directa con la cosa, lo que no impide sin embargo que se realice a través de quien, en ese momento, sea propietario de la misma.

[168] Vid PEÑA GUZMAN. «Derecho civil». Derechos Reales.III. TEA. Buenos Aires 1975. págs. 159 y 160. § 1579.

[169] Señala el Código civil argentino, en su artículo 2.976, lo siguiente:

«El usuario que tiene la posesión de las cosas afectadas a su derecho y el que goza del derecho de habitación con la posesión de toda la casa, deben dar fianza, y hacer inventario de la misma manera que el usufructuario.

Pero el usuario y el habitador no están obligados a dar fianza ni hacer inventario si la cosa fructuaria queda en manos del propietario, y su derecho se limita a exigir de los productos de la cosa lo que se anecesario para sus necesidades personales y las de su familia, o cuando reside sólo en una parte de la casa que se hubiere señalado para habitación».

627 (¹⁷⁰) la obligación del inventario y de la fianza. De lo contrario, señala KUMMEROW (¹⁷¹), el usuario (y el habitacionista), no podrán tomar «posesión» de los bienes (¹⁷²).

El propio Código hace la interesante salvedad de la dispensa por parte de la autoridad judicial de la caución «según las circunstancias», que deben entenderse en aquellos casos en los que no se da tal posesión.

Por su parte, el Código civil de Chile (artículo 813), seguido por el de Colombia (artículo 872), exonera de caución tanto al usuario como al habitador, pero éste, por razones obvias, debe realizar inventario; y esa misma obligación le corresponde también al usuario cuando su derecho se constituya sobre cosas que deben restituirse en especie. (Se da aquí la posibilidad de un aprovechamiento absoluto de las cosas, que nos recuerda al mutuo, naturalmente, con algunas matizaciones importantes, sobre todo en cuanto a su finalidad). (¹⁷³)

El Código brasileño, al remitirse pare el derecho de uso (artículo 745) y para el de habitación (artículo 748) a las disposiciones del usufructo, siempre que éstas no resulten contrarias a su naturaleza, viene a determinar la obligación de inventariar y prestar fianza, también salvo excepciones. (¹⁷⁴)

Cuando acabamos de exponer resulta igualmente aplicable a los Códigos mexicanos, donde se remite a la legislación especial del usufructo todo aquello que no sea contrario a la naturaleza de los derechos de uso o de habitación. (¹⁷⁵).

3º. Al hablar el artículo 500 de nuestro Código civil de las reparaciones ordinarias, entendemos que debe referirse exclusivamente al supuesto del derecho de usufructo, dado que el usufructuario «está obligado a hacer», mientras que el usuario sólo lo estaría «a los gastos de cultivo, a los reparos

---

170 Artículo 627:
«El derecho de uso o de habitación no podrá ejercerse sin caución previa y formal inventario de los muebles, y descripción del estado de los inmuebles, como en el caso del usufructo. Podrá, sin embargo, la autoridad judicial, dispensar de la obligación de la caución según las circunstancias».

171 KUMMEROW. «Compendio de Bienes y Derechos Reales». (Derecho civil II). Tercera ed. Ed. y distrib. «Magon». Caracas 1980. pág; 463.

172 El entrecomillado es suyo.

173 Artículo 813:
«Ni el usuario ni el habitador estarán obligados a prestar caución.
Pero el habitador es obligado a inventariar, y la misma obligación se extenderá al usuario, si el uso se constituye sobre cosas que deban restituirse en especie».

174 Y reflejo de ello son los siguientes preceptos:
Artigo 729:
«O usufrutuário, antes de assumir o usufruto, inventariará, à sua custa, os bens, que receber, determinando o estado em que se acham e dará caução, difejussória ou real, se lha exigir o dono, de velar-lhes pela conservação, e entregá-los findo o usufruto».
Artigo 731:
«Não são obrigados à caução:
I. O doador, que se reservar o usufruto da coisa doada...».

175 En este sentido puede consultarse el artículo 1.053 del Código civil para el Distrito Federal (que reproduce el contenido del Código español), y que es seguido, entre otros, por los Códigos civiles de los Estados de Colima (artículo 1.049), Durango (artículo 1.039), Jalisco (artículo 1.153), Michoacán (artículo 971) y Zacatecas (artículo 357).

ordinarios de conservación...», esto es, a contribuir a los mismos sin realizar nada; y sólo cuando, a tenor del artículo 527, consumiera todos los frutos.

Mientras que el usufructuario aprovecha por sí mismo, el usuario debe contribuir excepcionalmente como aporte al trabajo de un tercero, ya sea propietario o poseedor.

Y no puede aducirse en contra de lo que acabamos de exponer el artículo 528, porque la generalidad de sus términos nos resulta desaprovecjable en estos casos.

4º. En lo que respecta al artículo 529, insistimos en que no es óbice para que tal abuso se produzca, en el supuesto de haberse establecido el derecho de uso mediante título constitutivo, cuando no se corresponde a la confianza que el constituyente depositó en el usuario.

Para el caso de haberse reservado este derecho el transmitente, por defraudar las legítimas expectativas del transmisario.

5º. Finalmente, y como nota también a destacar, señalamos que, a tenor de lo establecido en el artículo 1.564 de la Ley de Enjuiciamiento Civil ([176]), «serán parte legítima para promover el juicio de desahucio los que tengan la posesión real de la finca a título de dueños, de usufructuarios o cualquiera otro que les dé derecho a disfrutarla y sus causahabientes».

Según la Sentencia del Tribunal Supremo de 9 de junio de 1954, la acción de desahucio requiere, por su naturaleza y finalidad, que quien la ejercite tenga la posesión real de la finca por título que le de derecho a disfrutarla.

No es necesario pues que el actor justifique la propiedad de la finca, sino únicamente la posesión. Y así, tal y como ha establecido la Sentencia de 3 de marzo de 1965, también del Supremo, la acción para desahuciar está atribuida al propietario titular real de la posesión mediata de la finca, y no sólo a él, sino también al poseedor inmediato, sea usufructuario, arrendatario o simplemente tenedor real con título para ello.

Por todo lo cual resulta evidente que el usufructuario, aunque sea parcial, puede ejercitar el desahucio (téngase presente que tal juicio constituye materia de los arrendamientos y que el usufructuario puede arrendar su derecho, y no sólo por eso, sino por expresa disposición legal).

Ahora bien ¿y el usuario?.

Es claro que de los términos amplios del artículo 1.564 de la Ley de Enjuiciamiento Civil resulta difícil deducir, en esta hipótesis en que ahora nos estamos manejando, que tal derecho le correspondía, puesto que carecería de un requisito importante, subrayado por la propia ley y manifiestamente señalado por la jurisprudencia: la posesión de la finca.

En último término, como tampoco puede arrendar ni traspasar a otro su derecho, la posibilidad del juicio de desahucio le estaría igualmente vedada (y en esto se diferencia claramente del habitacionista). ([177])

---

[176] Artículo que no ha sufrido alteración alguna tras la profunda reforma llevada a cabo por Ley 10/92 de 30 de abril.

[177] Una diferencia esencial respecto del apartado anterior, en el que considerábamos que el usuario podía, por sí mismo, aprovechar las cosas dadas en uso, que es, creemos, la forma más habitual del ejercicio de este derecho, consistiría en que, en tal caso, cabría la posibilidad de ejercicio de la acción de desahucio, pese a que se trate fundamentalmente de un juicio arrendaticio, porque el usuario puede encajar dentro de ese título aleatorio que la ley denomina como «cualquiera otro que les dé derecho a disfrutarla» o de esa determinación jurisprudencial que se concreta en un «tenedor real con título para ello».

b) Diferencias con el usufructo limitado.

Es frecuente la consideración del derecho de uso como un usufructo limitado. Ya lo contemplamos entre nosotros, por ejemplo, en ESPIN ([178]) resultando una idea tradicionalmente mantenida por innumerables autores, tanto franceses como italianos, y como hemos tenido ocasión de exponer reiteradamente a lo largo de estas líneas; pero, a fuer de simplistas, esta asimilación es inaceptable por cuanto la realidad de las figuras viene a demostrarnos una significación bien diferente.

No obstante, para poder determinar tal diferencia, es preciso que establezcamos dos posibilidades antagónicas:

1. **El usufructo limitado subjetivamente no es un verdadero usufructo.**

Si sostenemos esta aseveración, podríamos acercarnos, bajo ciertas matizaciones, al contenido y al propio concepto del derecho de uso. Pero, en todo caso, estaríamos ante una problemática que, posiblemente derivada del título constitutivo, nos conduciría ante hibridaciones o figuras intermedias, más semejantes quizá al propio usufructo que al derecho de uso. ([179])

Ahora bien ¿se puede llegar a la formulación de un usufructo limitado?.

Nuestro Código civil es bastante explícito en la admisión de la figura en el artículo 469, donde efectivamente se consagra el usufructo parcial («parte de los frutos de la cosa»). Pero si esa parcialidad, que parece indicar un sentido objetivo, se subjetiviza (por ejemplo, si aparece limitado a las solas necesidades del usufructuario y de su familia), deberíamos hallarnos, según esta tesis, ante un claro y determinado derecho de uso.

Es decir, que la subjetivización llevaría a desnaturalizar el usufructo convirtiéndolo en un derecho de uso.

Tal subjetivización podría llevarse a cabo en el título de su constitución, siendo clara la voluntad del constituyente que ha de primar, por interpretación lógica, sobre el contenido literal del derecho que concede. Es decir, primaría la *«assignatio»* sobre el *«nomen»*, configurándose un derecho de uso.

Así pues, según este punto de vista, si el usufructo está limitado subjetivamente en su alcance y contenido, necesariamente estaremos en presencia de un derecho de uso y nunca ante un auténtico usufructo.

2. **El usufructo limitado subjetivamente es un verdadero usufructo.**

Esto es, que pudiendo existir, dentro de nuestro ordenamiento, usuarios con o sin posesión (las dos versiones tienen cabida en él, tal y como acabamos de exponer), lo que ácilmente podría determinarse en el título constitutivo de este derecho, además de las diferencias que se han señalado respecto del inventario y la fianza, a realizar y llevar a efecto por el uno y no por el otro, podría añadirse esta nueva: la posibilidad o no de ejercitar el juicio de desahucio contra terceros.

[178] ESPIN CANOVAS. Ob. cit. pág. 347.

[179] Esta es, al menos, la solución que apunta VENEZIAN y en cuya problemática ahondaremos al tratar del título constitutivo.

En este otro punto resulta lógico que haya que mantener la posición claramente antagónica: además, lo permite perfectamente el propio Código civil (artículo 469), por lo que vendría a resultarnos indiferente el que se condicione por datos objetivos o por motivaciones de índole puramente subjetiva.

Argumentando «*a contrario*», cuando el usufructo se determine por datos subjetivos, estaremos ante un verdadero usufructo, y no podremos recurrir a las reglas interpretativas porque es claro:

a) Que el constituyente quiso constituir (y constituyó) un verdadero usufructo. De ahí que, entre otras cosas, lo nombre como tal.

b) Porque la limitación objetiva que parece dar a entender el Código puede cuantificarse por voluntad del constituyente, que al referir el derecho a las necesidades que pueden paliarse (las del usufructuario y su familia, que es el ejemplo que estamos manejando), no deja de precisar su alcance con mayor claridad y mejores garantías para el usufructuario.

(Así, por ejemplo, si se constituye un usufructo parcial basado en datos objetivos, estamos, o podemos estarlo, ante un contenido desigual.

La quinta parte de los productos de una finca, o lo que produzca la quinta parte de esa misma finca, sobre la que se constituye el derecho, consistirá en una cantidad X en años en los que se recoja una cosecha normal, en una cantidad muy superior ante una cosecha extraordinaria y exigua en años de carestía. Mientras que si se concreta a las necesidades del usuario, éstas seguirán siendo las mismas, o sufrirán un aumento proporcional en el supuesto en que la familia aumente. La reducción, en el supuesto inverso, será también proporcional.

En igualdad de circunstancias sus necesidades, por ejemplo 8, lo serán igualmente ante una cosecha abundante o en un período de carestía).

c) Porque, desde el momento en que se establece un derecho de usufructo, se le está sometiendo a un régimen jurídico amplio, del que no goza el derecho de uso; y hay que entender que eso es, precisamente, lo que sabe o quiere el concedente: establecer el derecho sobre parte de sus bienes (que no tienen por qué ser fragmentarias), con la posibilidad de que el concesionario pueda arrendarlas, cederlas, etc.

Dos problemas, sin embargo, suscita esta posisición:

1. En cuanto a la posesión de la cosa.

Si el usufructo es parcial (por ejemplo, ha quedado establecido sobre la mitad de un inmueble), no hay problema ninguno; pero si lo referimos cuantitativamente respecto de los frutos que se produce, su posesión resultará a todas luces variable. Unas veces deberá ser poseedor de la totalidad de la finca, otras sólo de la mitad o de la cuarta parte, etc. (Y llegados a este extremo es donde mejor cabría adoptar esa equiparación de usufructo parcial y derecho de uso, con la que no estamos, sin embargo, de acuerdo).

La solución, nos parece, deberá pasar por una posesión aproximada, esto es, fija, a la producción normalmente esperada; con la obligación, por parte de la propiedad, de entregar cantidades complementarias si se producen situaciones de carestía (salvo si con ello se merma el contenido de otros derechos), y, por parte del usufructuario, de devolver o no recoger el exceso si la cosecha, por ejemplo, fue abundante.

Con esto lo que se logra es, sencillamente, dotar al derecho de seguridad jurídica, sobre todo si existen derechos simultáneos concedidos sobre el propio inmueble (posibilidad de otro u otros usufructos parciales, etc.)

Y en cuanto a la posibilidad de ejercicio del juicio de desahucio, consideramos que, en tales casos, cualquiera de los usufructuarios estaría facultado para su ejercicio, en beneficio de los demás cotitulares de derechos.

2. En cuanto a la transmisión, cuando se base el usufructo en una cantidad fija de frutos.

Creemos, al igual que en el apartado anterior, que la solución ha de pasar por estar el usufructuario facultado para transmitir lo mismo que pueda poseer; esto es, la porción, determinada, que en condiciones de normalidad garantiza la cantidad o el aprovechamiento a que tiene derecho.

Después de estas consideraciones, es nuestra personal opinión que el usufructo limitado, ya lo sea objetiva o subjetivamente, si se constituye como tal usufructo, SERA SIEMPRE USUFRUCTO, ESTANDO SOMETIDO AL REGIMEN JURIDICO DE ESTA FIGURA, Y NO DESNATURALIZANDOSE POR EL HECHO DE QUE SU CONTENIDO SE DETERMINE EN FORMA SEMEJANTE AL DEL DERECHO DE USO.

En definitiva, será la voluntad del constituyente la que clarifique si nos hallamos, o no, ante un auténtico usufructo; y aunque no hay, porque no puede haberla, prevalencia del *«nomen»* sobre la *«assignatio»*, parece clara la voluntad del constituyente, al nombrarlo, de constituir un usufructo, con su régimen jurídico propio y las consecuencias que le son características.

PECULIARIDAD DEL DERECHO DE HABITACION.

Con el Derecho justinianeo alcanza la habitación carta de naturaleza como un derecho real autónomo (Constitución Cod. 3,33,13 del año 530), y, como indica RAMS, faculta para habitar la casa por el titular del derecho con su familia, ceder en arrendamiento las partes sobrantes o el edificio entero a un tercero, acercando más este derecho real de nuevo cuño al usufructo que al uso: «*habitatio magis usuifructui quam usui assimilatur*»; además este derecho no se extinguía por la «*capitis deminutio*», ni por el no uso, (D. 7,8,10 pr. y D. 4,5,10), lo que le confería una dimensión excepcional. ([180])

Para VENEZIAN la habitación, en su consideración actual ([181]), no se distingue del derecho de uso precisamente por las peculiaridades que asumió en la legislación justinianea, sino que se dice comúnmente (y en este sentido también DEMOLOMBE, AUBRY & RAU, PACIFICI-MAZZONI) que tal distinción es sólo nominal.

Así tanto el Código francés como el italiano establecen que se trata de un único derecho que toma tal denominación cuando se refiere a una casa o parte de ella ([182]). Pero el uso de una casa comprende aprovechamientos distintos de los de la habitación; así -dice- el usuario puede montar en ella el oficio que ejerza y usar los almacenes y tiendas para el comercio propio: la habitación se limita a satisfacer las necesidades del alojamiento y no son admisibles aquellos aprovechamientos cuando sólo se haya concedido el derecho a la habitación. ([183])

No obstante, en lo que concierne a nuestro Derecho, ya había sido

---

[180] RAMS. Ob. cit. pág. 24.

[181] VENEZIAN. Ob. cit. pág. 826.

[182] Unicamente, apostilla el propio VENEZIAN, hay una diferencia formal en el Código italiano al señalar el contenido de la habitación, al que se refiere en el artículo 1.022 (artículos 632 y 633 del Código civil francés), distinto del que señala el contenido del uso de un fundo (artículo 1.021; 630 del Código francés), pero que guarda exacta correspondencia, salvo aquella adición que lleva a apreciar la necesidad de la habitación "según las condiciones" del titular. Tal diferencia no existe en el Código civil francés.

Al uso y a la habitación les es común el precepto recogido por el artículo 1.023 del Código italiano, que amplía los beneficios de tales derechos a los hijos que nazcan después de comenzar su ejercicio, por la lógica de la propia figura, aunque se trata de un precepto distinto, ya que se establece formalmente de otro modo, al recogido por el artículo 630 del Código francés y por el 632. Son, sin embargo, comunes las disposiciones acerca de los deberes del usuario y del habitacionista (1.025 del Código italiano y 626, 627 y 637 del francés) y sobre la intransmisibilidad de ambos derechos (artículo 1.024 del Código italiano; 631 y 634 del francés). (El artículo 625 del Código francés se refiere a la extinción de estos derechos y a su constitución. La norma existía en el Código italiano de 1865, sólo en cuanto a su extinción, en el artículo 529; precepto que no se recoge en el Código del 42).

En nuestro Código, también son comunes al uso y a la habitación las disposiciones por que han de regirse (artículos 523 y 528), intransmisibilidad (artículo 525), obligaciones del usuario y del habitacionista (artículo 527) y extinción de ambos derehos (artículo 529). Sólo su respectivo contenido ofrece regulación diferente (artículos 524 y 526).

[183] VENEZIAN. Ob. cit. pág. 827.

señalado por CASTAN, precisamente en las notas a la obra de VENEZIAN ([184]), que tal distinción no resultaba clara, puesto que nuestro Código, a diferencia de lo que hace el italiano, no dice que «el que tenga derecho de habitación de una casa, podrá habitar en ella con su familia» (artículo 1.022, antiguo 522), sino que «la habitación da a quien tiene este derecho la facultad de ocupar en una casa ajena las piezas necesarias para sí y para las personas de su familia» (artículo 524.2º).

Además, la idea de un derecho fructífero en el uso nos ha de llevar a reconsiderar, en su momento, la postura de VENEZIAN.

El habitante -ha dicho BRANCA- (que no debe confundirse con el inquilino, que indudablemente carece de un ¡ius in re!) tiene la facultad de habitar el apartamento pero circunscrito a sus necesidades personales y familiares. ([185])

WINDSCHEID ([186]) puntualizaba cómo ya en Derecho romano se contenía, al referirse al derecho de habitación, la máxima de que si a alguno le ha sido legada una *«habitatio»*, del derecho que le ha sido concedido, no puede ni juzgarse del todo según los principios del usufructo, ni totalmente según los del derecho de uso; el titular tendría la facultad de habitar, e incluso de alquilar, pero no de ceder gratuitamente la habitación, y no perdería su derecho el no uso (ni por *«capitis deminutio»*).

Ahora bien, la aplicabilidad actual de estas disposiciones al caso del legado de una habitación (*Wohnung*), de una habitación libre (*freie Wohnung*), no podrá ser impugnada en cuanto que su fundamento radica, sin duda, en la naturaleza alimentaria, por la que se regula tal concesión en el moderno Derecho alemán.

También con relación a esta misma figura de la habitación que estamos considerando, dicen ENNECERUS, KIPP y WOLFF, que constituye el contenido de una servidumbre personal limitada, consistente en el derecho de habitar un edificio o una parte del mismo. Para el caso de que al propietario de la finca gravada quede reservado el derecho a vivir también en ella, se aplican únicamente los principios desenvueltos en los parágrafos 1.090 a 1.092. Cosa distinta sucede cuando el edificio o la parte del edificio se cede para la vivienda exclusiva de una persona. En este sentido dice el § 1.093:

«Puede también ser constituido como servidumbre personal limitada el derecho de aprovechar como habitación un edificio o una parte del mismo, con exclusión del propietario. Se aplican oportunamente a este derecho las disposiciones existentes para el usufructo en los parágrafos 1.031, 1.034, 1.036, en el parágrafo 1.037 párrafo 1º, y en los parágrafos 1.041, 1.042, 1.044, 1.049, 1.050, 1.057 y 1.062.

El titular está autorizado a recibir en la vivienda a su familia, así como a las personas necesarias para el servicio adecuado a su clase y para la asistencia.

Si el derecho está limitado a una parte del edificio, el titular puede coaprovechar las instalaciones y dispositivos destinados al uso común de los habitantes».

El derecho exclusivo de habitación se asemeja al usufructo; y principalmente cuando se concede sobre la totalidad del edificio puede, con

---

184 CASTAN TOBEÑAS, en VENEZIAN. Ob. cit. pág. 827. nota (b).
185 BRANCA. «Instituciones de Derecho privado». 6ª ed. Ed. Porrúa. México 1978. pág. 221.
186 WINDSCHEID. Ob. cit. pág. 743.

frecuencia, ser dudoso si la intención de las partes se encaminaba a constituir usufructo o una servidumbre personal limitada. Si fuera usufructo, el titular tendría no sólo el derecho de habitar por sí el edificio, sino además el de arrendarlo y cederlo a otro para que lo habitase. En la duda, no se ha de suponer que fuese ésta la intención de las partes.

El Código reconoce su analogía con el usufructo, por cuanto remite la regulación del derecho de habitación a algunas normas importantes del mismo. Y así:

En caso de duda, el derecho de habitación se extiende también a las pertenencias que corresponden al concedente.
El titular del derecho de habitación adquiere un derecho real a la posesión del lugar habitable.
Entre el titular del derecho de habitación y el propietario del inmueble media, como en el usufructo, una relación legal de obligaciones.
En cuanto a lo demás -concluyen-, el derecho exclusivo de habitación es tratado plenamente como las otras servidumbres personales limitadas. Especialmente, tampoco puede ser cedido su ejercicio a un tercero, sino cuando la cesión es permitida. Termina con la muerte del titular, o bien (como ocurre frecuentemente) se concede a varios (cónyuges) en mano común, finalizando con la muerte del último. ([187])

Volviendo a nuestro sistema, dice DORAL que el legado de habitación presenta utilidad en la garantía de la vivienda de las hijas solteras, la viuda, parientes sin alojamiento... fines que han de tenerse en cuenta al elegir la fórmula más acorde ([188]), con lo que, entre otras cosas, no deja de estarse reconociendo la enorme trascendencia práctica de la figura, en contra de lo que podíamos contemplar respecto del derecho de uso.

Por su parte ALBALADEJO mantiene que la vivienda puede ser objeto de un derecho de uso -«*domus usus*»-, consistente en configurar sobre ella un derecho independiente de habitación, artículo 524, o un derecho atípico de habitación, derecho a utilizar un local para fines distintos de la vivienda ([189]); pero tales apreciaciones, y es nuestra personal opinión, deben ser matizadas con la propia esencia de la figura y en consonancia con la idea fructífera del derecho de uso.

Así, cabría el uso sobre una vivienda cuando el usuario percibiera una parte (o la totalidad) de la renta. En cuanto a la idea de utilizar un local para fines distintos de la vivienda, no es, por supuesto, ni nos parece que lo sea, derecho de uso, y sólo basa su esencia habitacionista en el título constitutivo, que aquí se reconoce de forma implícita por ALBALADEJO, pero con una dimensión amplia que no podemos compartir. ([190])

DORAL insiste, finalmente, en que cabe establecer en el testamento el

---

187 ENNECERUS, KIPP y WOLFF. Ob. cit. págs. 64 a 66.
188 DORAL. Ob. cit. pág. 463.
189 ALBALADEJO. Ob. cit. pág. 88 ed. 1975.
190 Efectivamente no habría inconveniente en el reconocimiento de un derecho de utilización sobre una casa, que es lo que aquí se propugna, si el uso se planteara en nuestro derecho a través de una solución infructífera. Ahora bien, tal y como ha de entenderse, esto es, en su sentido limitado y harto restringido, pese a que nos pese, tal posibilidad escapa a su consideración como posibilidad del derecho en sí.

legado de uso referido a una casa y el uso de las demás cosas (191). Sólo lo consideramos admisible a través de la concepción fructífera que defendemos.

Hay algunos autores que estiman, como en su momento lo ha hecho DEMOLOMBE (192), que la codificación francesa -idea, por otra parte, que resulta perfectamente trasladable a las codificaciones italiana de 1865 y española, según ha mantenido RAMS (193)- borra toda diferencia entre el uso y la habitación, siendo ésta sólo una especie del género.

Sin embargo, la referencia a la habitación no es otra cosa que una concesión a la tradición histórica, pero carente de verdadero y propio contenido.

En opinión de este último autor, tal había sido la intención del legislador: crear un *«usus habitationis»* que no tuviera una posición intermedia entre el usufructo y el uso, sino alineada con este último. Y así GARCIA GOYENA (194) había señalado que era imposible conservar las sutilísimas distinciones o diferencias de las leyes Romana y de Partida entre el uso de una casa y la habitación, cuando en sencilla razón, según su criterio, deben ser y son una misma cosa: «La habitación no es otra cosa que el uso de una casa; son pues aplicables a la habitación todas las reglas relativas al uso» dice Mr. GARRY en el discurso 48; y antes lo había dicho ULPIANO, siguiendo a PAPINIANO en la ley 10, título 8, libro 7 del Digesto: *«Effectu quidem idem pene esse legatum usus et habitationis».*

El resultado -continúa RAMS-, fue muy otro, debió ser pero no fue; del *«usus domus»* se pasó a la creación de un nuevo tipo de derecho: una especie de *«usus domus habitando causa»,* pero no se cayó en la cuenta de que lo que ULPIANO pone en boca de PAPINIANO es que la habitación, en cuanto a sus efectos, «es casi lo mismo que el legado de simple uso» pero no afirma que sea lo mismo.

Esto, que podía entenderse así aproximadamente en el texto del artículo 632 del Código francés, se descarta en el 633, y de forma sumamente explícita en nuestro artículo 524.2º: «...da a quien tiene este derecho la facultad de ocupar en una casa ajena las piezas necesarias...» (195).

Todo ese complejo legislativo, consiguió llevar a cabo la creación de un derecho que se apartaba en su contenido del que ya estableciera el Derecho justinianeo, configurándolo de una manera mucho más restringida y que ha llevado a consagrar al derecho de uso como un derecho de mayores proporciones que la habitación.

El propio BARBERO, al establecer una comparación entre ambas figuras, está en condiciones de señalar que «no puede desconocerse una diferencia de contenido. Puesto que el derecho de habitación se deriva una limitación de índole cualitativa ulterior a aquéllas que ya tiene el uso respecto del usufructo. Quien tiene sobre una casa el derecho de uso puede, según su destinación, disfrutarlo de cualquier modo que no suponga un producto de utilidad por la vía del cambio (goce indirecto). De esta forma podrá habitarla así como, eventualmente, usarla como local destinado a negocio o almacén. Tal empleo de

---

191 DORAL. Ob. cit. pág. 463.
192 DEMOLOMBE. «Cours de Code Napoleón». T.X. Paris s/f. par. 753. pág. 674.
193 RAMS. Ob. cit. pág. 25.
194 GARCIA GOYENA. «Concordancias, Motivos y Comentarios del Código Civil Español». I-II. Imp. Soc. Tip. Ed. Madrid 1852. Reproducido por Ed. Base. Barcelona 1973. pág. 416 en que se estudia lo referente al artículo 472.
195 RAMS. Ibidem. pág. 25.

la casa y de cualquier otro que no esté dirigido a satisfacer la necesidad de alojamiento está seguramente prohibido al titular de la simple habitación». (196)

Se está por ello concibiendo la restricción del derecho a una estricta finalidad de alojamiento que cumple, en orden a la vivienda, un destino semejante al de los alimentos, al igual que sucedía con el derecho de uso, aunque no en todos los supuestos.

A pesar de todo, el planteamiento de BARBERO sería válido de acuerdo con la legislación positiva italiana, pero resulta inaplicable al derecho nacional donde, repetimos, se carece de una condicionalidad como la establecida a estos efectos por el artículo 1.022.

Sin embargo, parte de nuestra doctrina ha admitido (y creemos que equivocadamente) tal delimitación. (En este sentido, LACRUZ, DORAL o ALBALADEJO, entre otros), porque tal parece la interpretación que, de forma estricta, concuerda con la necesidad de subvenir a las necesidades del habitacionista.

La sentencia de 23 de marzo de 1925, por su parte, al reducir al habitacionista a las estrictas piezas necesarias «para no menoscabar sin razón el derecho de dominio de la heredera», ofrece, como se ha dicho, una línea de separación clara entre el derecho de uso y el derecho de habitación; y en esta línea profundiza tal diferencia el nuevo artículo 1.407 del Código civil. (197)

La orientación restrictiva que venimos contemplando, se ha dejado sentir en la jurisprudencia, extendiéndose al aspecto puramente formal del derecho, concorde con su naturaleza de derecho real.

La sentencia de 30 de noviembre de 1964 exige para su creación, y al igual que sucede con los demás «*iura in re aliena*», un modo, esto es, la existencia de un acto formal y relevante de concesión. De otra forma puede darse lugar, bien a una cesión en precario, bien a otros derechos de carácter personal, nacidos de relaciones puramente obligatorias, pero no a un derecho real ejercitable «*erga omnes*».

Frente al derecho de uso, y precisamente por el carácter exclusivamente inmobiliario de la habitación, ésta presenta la característica de que hay que considerar en mayor medida las posibilidades de realizar inventario y otorgar fianza. Indica PEÑA cómo tratándose de la habitación el remedio del artículo 495.1º (entrega bajo caución juratoria), concilia los intereses en presencia, aunque tal caución juratoria puede bastar no sólo para la habitación, sino también para el uso de determinados bienes muebles. (198)

Por su parte, la Ley 423.1 de la Compilación de Derecho Civil Foral de Navarra, recoge tal posibilidad, y no sólo para el derecho de habitación, sino también para el de uso, al establecer que lo dispuesto en la Ley 410 (en esta Ley, además de explicitarse la posibilidad de un derecho de usufructo sobre bienes infructíferos, jamás un uso, se determina que la garantía consistirá en la devolución de una cantidad igual de bienes a la recibida, cuando se trate de bienes consumibles, sobre los que tiene poder de disposición), tan sólo les será aplicable si así lo hubiera ordenado el constituyente o comprendieran también

---

196 BARBERO. Ob. cit. págs. 50-51.
197 Vid RAMS. Ob. cit. pág. 26.
198 PEÑA BERNALDO DE QUIROS. «Derechos reales. Derecho hipotecario». Sec. Public. de la Univ. Compl. de Madrid. Fac. de Dº. Madrid 1986. pág. 284, nota 65.

bienes muebles; en este último caso, se exigirá inventario salvo dispensa del constituyente.

PUGLIESE, finalmente, venía a reconocer que los puntos que distancian al derecho de habitación del derecho de uso son esencialmente dos:
Que la habitación no comprende ningún derecho a los frutos y, en segundo lugar, que el derecho del «*habitator*» está limitado a sus necesidades y a las de su familia, mientras que el uso se extiende a toda la cosa, cualquiera que sea la medida de las necesidades del usuario [199].
Naturalmente, con las reservas y matizaciones pertinentes, podríamos admitir esta segunda diferencia. Respecto a la primera no existe problema alguno.

La habitación constituye por tanto un DERECHO REAL SOBRE UNA CASA AJENA QUE CONCEDE LA UTILIZACION DE LAS PIEZAS DE ESTA NECESARIAS PARA EL ALOJAMIENTO DEL TITULAR Y DE SU FAMILIA. [200]

Para terminar este capítulo, quisiéramos también señalar que la regulación de estos derechos se halla formada, en primer lugar, por el título de su constitución; en segundo lugar, por sus normas específicas señaladas en el Código civil; y en tercer lugar, y según determina el artículo 528, habrán de regirse por las normas del usufructo, siempre que no se opongan a lo ordenado en el Capítulo II.

No obstante, no debe interpretarse el precepto con demasiada amplitud, en detrimento de una regulación específica que pudiera adecuarse mejor a las propias figuras.

Así lo ha entendido, por ejemplo, el Código portugués, que en su artículo 1.490 modera la utilización de las normas del usufructo sólo en los supuestos en que tales preceptos no contravengan la naturaleza de los derechos de uso y habitación. [201]

---

199 Vid PUGLIESE. Ob. cit. pág. 746, n° 192.
200 En parecidos términos RAMS da una definición descriptiva excesivamente amplia. Vid Ob. cit. pág. 26.
201 Artigo 1.490 (Aplicação das normas do usufruto).
  «São aplicados aos direitos de uso e de habitação as disposições que regulam o usufruto, quando conformes à natureza daquels direitos».
También, y en este sentido, el C.c. del Brasil y los mexicanos, ya contemplados.

CONSTITUCION

Nuestro Código civil, a diferencia de lo que establecía la Compilación de Navarra (en la ya mencionada Ley 423.1), no regula los modos de constitución del uso ni de la habitación; quizá porque al haber establecido en el artículo 529 sus modos de extinción con relación al usufructo (excepción hecha de la causa específica que constituye el abuso grave), se esté implícitamente refiriendo su constitución a la de la figura matriz. La remisión genérica del artículo 528 abona precisamente esta puntualización que RAMS se ha encargado en su momento de matizar. (202)

Así pues, al remitir su constitución a las fuentes creadoras del usufructo, a tenor de lo que se dispone en el artículo 468 del propio Código, hemos de convenir en que éstas están integradas, en primer lugar, por la ley; en segundo lugar por la voluntad de los particulares, ya se manifieste en actos *«inter vivos»* o en disposiciones *«mortis causa»*; y, en tercer lugar, por la prescripción.

No obstante, conviene también que señalemos que una de las diferencias cualificadoras entre los derechos de uso y habitación y el derecho de usufructo radicaba, como ya hemos tenido ocasión de contemplar reiteradamente, en que mientras que éste último podía constituirse legalmente, tal cosa no sucedía con los otros derechos; quizá motivado por el carácter personalísimo que les es inherente. Pero esta diferencia pudo mantenerse hasta la modificación que, con relación al derecho de familia, introdujeron las reformas de 1981 en los artículos 90.B), 96 y 1.407.1º del Código civil.

Puede sin embargo dejarse un cierto margen de duda al respecto, tal y como ha señalado RAMS, pero para nosotros los supuestos son claros (tan sólo cabría precisar que el «uso de la vivienda familiar» de los artículos 90 y 96 no es, en nuestra personal opinión, tal derecho de uso, sino utilización de la vivienda, lo que le asemeja más al derecho de habitación. Volvemos entonces a la vieja polémica del *«uti»* y del *«frui»* y de hecho se mantiene doctrinalmente que el «frui» de una vivienda consiste en el disfrute de la misma (el *«domus usus»* a que hacía referencia ALBALADEJO), aunque tal posibilidad fructífera es lo que consideramos extraño a la idea que del uso ha determinado nuestro

---

202 RAMS. Ob. cit. pág. 51: «Sin negar, por mi parte, fuerza alguna a este argumento generalizado sobre todo en sus aspectos finales y prácticos, no creo que coincida con la idea que el legislador de 1888 tenía al respecto; me parece que la ausencia responde a un simple olvido, favorecido por la pauta que empleara, para este concreto punto, el Proyecto isabelino con mejor técnica que el Código vigente. En aquél la remisión a la disciplina del usufructo, como supletoria de la específica del uso y habitación, no se formula en términos generales, sino que se explicita con referencia a preceptos concretos de su régimen (artículo 471 del Proy.) y no se manifiesta regla alguna ni para la constitución ni para la extinción; los redactores del Código, por su parte y siguiendo parcialmente las pautas del Proyecto, al querer dejar constancia explícita de que estos derechos pueden perderse por el abuso grave en el goce de la cosa -contrariamente a lo previsto en el usufructo (artículo 520 C.c.)- se sintieron obligados a hacer referencia a las formas ordinarias de extinción, para que sirviera de pie al tratamiento de la extraordinaria sin caer en la cuenta de que no se había hecho mención a las posibles formas de constitución, ya que no se puede considerar con valor de tal el contenido del artículo 523 que, aunque dedicado al título constitutivo, bien es verdad, se refiere exclusivamente a la posible modificación voluntaria del contenido del derecho».

derecho positivo). (203)

Al igual que sucede en el derecho de usufructo, los derechos de uso y habitación pueden estar sometidos a condición, término y modo, como determina el artículo 496 del Código civil.

Visto lo cual, pasamos entonces a contemplar cada una de las formas de constitución de estos derechos, aunque, por consideraciones debidas a lo que nos parece un mejor tratamiento, creemos conveniente desglosar de entre los géneros alguna de las especies, por la trascendencia que a nivel práctico nos pueda suscitar.

1. Por actos «inter vivos» y «mortis causa». Trascendencia del título constitutivo.

Haciendo un tratamiento conjunto de los derechos de uso y habitación hay que tener presente que en la formación de los mismos influyen diversas situaciones, que son las que van a dar su exacto contenido, dado el ámbito en que actúa la autonomía de la voluntad. Ahora bien, esta autonomía se ha de manifestar de manera diferente según se opere el nacimiento de los mismos; y así debemos considerar en este primer apartado, dos formas de constitución: por concesión y mediante retención (a esta última vamos no obstante a dedicarle, por su relevancia, epígrafe aparte).

Entendemos, además, que las dos formas sólo son posibles en la constitución «inter vivos», y, como resulta evidente, la primera de ellas lo es también «mortis causa».

A la hora de hablar de la constitución por concesión, tampoco podemos hacerlo en un solo apartado, ya que lo más lógico nos resulta dividirlo en dos subapartados: por concesión propiamente dicha y por acuerdo de voluntades.

a) Por concesión propiamente dicha.

En este punto todo se hace depender de la voluntad del constituyente, quien fijará el alcance y extensión de los derechos que otorgue sin que, creemos, pueda desnaturalizar las figuras. Se tratará entonces de derechos de uso o de habitación según sea la voluntad de su establecimiento, aunque tengan un desarrollo diferente al que, supletoriamente, establece la ley.

Una cuestión puntual se nos suscita sin embargo con relación al artículo 529, ya que el abuso grave de la cosa y de la habitación, que puede producirse, puede no resultar motivo apreciable de extinción si existe voluntad contraria al respecto; esto es, voluntad unilateral del constituyente de no resolver los derechos aun habiéndose producido tal contingencia. Entendemos que ello se llevará a afecto cuando, sobrevenido el abuso, el mismo no se considere por quien puede utilizarlo a efectos de resolución. Un acuerdo previo, por otra parte, equivaldría a fomentar o a potenciar precisamente tal abuso.

No deja tampoco de resultar extraño que tratándose de derechos personalísimos y, pese a ser por su semejanza con el usufructo, generalmente vitalicios, puedan al igual que éste resolverse por el constituyente (204), lo que

---

203 Vid RAMS. Ob. cit. pág. 52.
204 Decía PEÑA BERNALDO DE QUIROS, en «Notas sobre las adquisiciones «a non

lleva a la anómala, hasta cierto punto, conclusión de que, siendo derechos tan limitados, en los que el beneficiario no puede ir más allá de lo que estrictamente le ha sido concedido, pueda incluso quedar sometido a la incertidumbre del tiempo por el que le ha sido otorgado, convirtiendo en especialmente penosa la situación del usuario o del habitacionista. Y no puede deducirse otra cosa del número 6º del artículo 513.

Nos parece que sería deseable desterrar para estos preceptos la aplicación de tal precepto, con el establecimiento de unos plazos que borrasen toda incertidumbre.

Volviendo a este mismo artículo, en su punto 1º, queremos hacer una observación: Estos derechos se extinguen por muerte del beneficiario, como sucede por regla general con el usufructo, a no ser que se establezca en forma sucesiva con los límites del artículo 781; esto es por muerte del titular (como decían TORRENTE y SCHLESINGER), lo que no deja de resultar injusto. No lo es en el usufructo, donde el usufructuario puede hacer y deshacer con su derecho y éste no está, en definitiva, vinculado a circunstancias personales (no entramos en las motivaciones por las que pueda concederse ni, por supuesto, en los usufructos legales), pero sí resulta en el uso o en la habitación porque, fallecido el titular ¿qué ocurre con las personas de su familia?. Podemos argüir que se trata de derechos personalísimos, por lo que los familiares del titular ni pueden ni deben influir en los mismos, pero ello no es así porque la familia determina las necesidades y fija la extensión cuantitativa y cualitativa de estos derechos, deviniendo beneficiaria de los mismos.

¿Resulta entonces justo privarla de todo en el momento en que se ha producido el fallecimiento del titular del uso o de la habitación?. Quizá convendría, a nuestro entender, arbitrar un sistema de prórroga, sea ésta voluntaria o judicial, en cuanto a las percepciones, en el supuesto del uso, o en cuanto a la permanencia, en el supuesto de la habitación, a semejanza de lo que sucede en los arrendamientos urbanos, donde los familiares más próximos que hayan convivido con el arrendatario y siempre el cónyuge viudo (se da por supuesta la convivencia), pueden subrogarse en los derechos de aquél (no contemplamos, como es obvio, el supuesto de la excepción a la prórroga forzosa, ni tampoco el pago de precio o merced).

La dificultad de esta determinación no debe ser óbice para que se mantenga la situación que, incluso, puede desestimarse, si así lo aconsejan las circunstancias. Es decir, que habrá casos en que podamos, sin más, adecuarnos a la legalidad y supuestos en los que tal aplicación pueda repugnar un mínimo sentido de justicia.

b) Por acuerdo de voluntades.

No hay inconveniente en considerar en este apartado que la autonomía de la voluntad resulta, además de concordante, la que determina el alcance y extensión de los derechos y establece su regulación. No creemos entonces que, como a veces se ha mantenido, el uso o la habitación se desnaturalicen porque

---

domino» del usufructo y uso sobre muebles y de la prenda». (RCDI 1952. pág. 741), que «para la adquisición del usufructo es requisito que el disponente tenga poder de disposición relativo al usufructo: nemo dat quod non habet. En concordancia con esto, el artículo 513, nº 6 del Código civil, establece que el usufructo se extingue «por la resolución del derecho del constituyente»: resolutio iure dantis, resolvitur iuris concessum...»

tal regulación modifique el contenido legal (subsidiario) de los mismos.

Por otra parte, la resolución de estos derechos por abuso grave de la cosa o de la habitación puede cobrar aquí menor virulencia, si los interesados han precisado lo que tuvieren por conveniente al respecto. Pero es difícil pensar que tal previsión se haya realizado puntualmente, y, a pesar de la confianza que parece generarse en este supuesto, hay que tener presente toda posible actuación ilícita, de abandono o negligencia grave y de abuso por parte del beneficiario.

En cuanto a la constitución «mortis causa» no plantea mayores dificultades, estableciéndose según lo que la voluntad del constituyente determine en el título de constitución. Ni siquiera el carácter revocable de la misma puede servir de diferencia especial toda vez que, aunque lo hayamos criticado, cabe la resolución unilateral, en cualquier tiempo, de la constitución «inter vivos». En el primero de los supuestos, los derechos no llegarían a nacer, y en el segundo, cesarán en su ejercicio. Esta es quizá su nota más relevante.

Volviendo a la constitución voluntaria de los derechos que nos ocupan, en el supuesto normal de que se realice mediante la voluntad unilateral del constituyente, y más concretamente cuando ello se refiere al derecho de uso, se preguntaba VENEZIAN hasta dónde podía llegar la voluntad privada en su regulación.

Podría manifestarse -dice- con toda libertad cuando se atempere a los requisitos exigidos para la constitución del derecho de uso, y asimismo aun cuando no se desenvuelva dentro del contenido que le está señalado, no puede llegar hasta suprimir las causas necesarias de su extinción. La propia ampliación del uso puede ser tal que lo acerque extraordinariamente al derecho de usufructo y habrá que acudir entonces a la interpretación del título para deducir si lo que ha querido concederse, en vez de un derecho de uso de más amplio contenido que el normal, es un derecho corriente de usufructo o un derecho de usufructo limitado, restringido y designado con el nombre de uso. [205] Porque resulta evidente que tal título constitutivo puede regular el uso distintamente a como lo hace la ley. Así, puede ampliarlo hasta el extremo de facultar al usuario para realizar actos propios y peculiares del derecho de usufructo, como sería el caso de usar el fundo con la posibilidad de vender los productos del mismo, o la de quedar autorizado para dar en arrendamiento la casa, y permitirle el disfrute en mayor medida de la que requiera la satisfacción de sus actuales necesidades (como por ejemplo el derecho de cobrar toda la renta que exija el sostenimiento de la familia, o el de percibir todo el grano que necesiten los obreros de su establecimiento). Y puede, asimismo, restringirlo, prohibiendo la satisfacción de algunas necesidades o mediante el señalamiento de cantidades determinadas. [206]

De cómo se resuelve esta cuestión de hecho depende el que, posteriormente, y para los extremos regulados en el título de manera expresa, haya que aplicar el régimen legal de uno u otro tipo de derecho. Desde luego -afirma VENEZIAN- habrá incompatibilidad con la naturaleza del uso si el titular está facultado para arrendar o ceder su derecho; y cuando estas facultades le hayan sido expresamente concedidas, no cabe duda de que se está

---

205 VENEZIAN. Ob. cit. T.II. pág. 828.
206 Vid Ibidem. pág. 827.

ante la constitución de un derecho de usufructo, modificado accidentalmente. (207)

No obstante, no podemos extraer consecuencias precipitadas. El hecho de que no exista una cláusula en el título constitutivo que amplíe el contenido del uso hasta asimilarlo al del usufructo, no basta para reputarla imposible jurídicamente y como no puesta en un acto de última voluntad, en razón a que «por la íntima afinidad que existe entre ambos tipos de derechos, aunque el concedido haya sido designado arbitrariamente con el nombre de uso y existan algunas de las cláusulas peculiares de éste, no es lícito interpretar la voluntad del constituyente en el sentido de que se otorgó el derecho de uso, y eliminar otras disposiciones que se hallan en oposición con el mismo, si del conjunto del acto puede llegarse a inducir la voluntad de constituir un verdadero usufructo». (208)

Esta opinión, como es lógico, la aceptamos con reservas; fundamentalmente por las precisiones que llevamos a cabo en el artículo anterior. VENEZIAN defiende aquí un tipo de derecho de uso (y lo mismo hay que decir de la habitación) peculiar, pero más semejante al usufructo que al propio uso, que se desnaturaliza. Y podríamos llegar a aceptarlo si alcanzásemos a vislumbrar dónde se produce el cambio de régimen jurídico, o en qué momento se sufre esa alteración que hace que se concedan a los titulares unos derechos de contenido amplio o de espectro reducido. Pero consideramos insalvable esta posición.

En nuestro Derecho, a la hora de afrontar los problemas derivados del título constitutivo, hemos de comenzar con la referencia obligada de dos artículos del Código civil, en liza: los artículos 523 y 525, referidos a los derechos de uso y habitación, y no sólo al uso, como hasta aquí hemos contemplado.

El artículo 523 (209), a juicio de COMAS (210) aparece consignado según sus términos por una equivocada interpretación de la Base Duodécima de la Ley formulada para la redacción del Código, considerando que no puede suponerse que la Ley de Bases estuviera en oposición con lo que lógicamente corresponde. «Interpretarla, como se ha hecho, para que por usufructo se entienda lo que quiere el constituyente y se repute uso y habitación lo que también designe con este nombre el que establezca estos derechos, equivale a declarar que el derecho positivo no tiene criterio alguno acerca de estas formas de propiedad, ni la más mínima confianza en su realidad jurídica y, por tanto, en la necesidad que respectivamente están llamadas a satisfacer».

Sin embargo, tal y como señala posteriormente «MUCIUS SCAEVOLA» (211), el artículo sólo debe considerarse como una aplicación al uso y a la habitación del principio de libertad estipulatoria, que se admite perfectamente.

---

207 VENEZIAN. Ob. cit. T.II. pág. 829.
208 Ibidem.
209 Es, como señaló OYUELOS (en «Digesto. Principios, doctrina y jurisprudencia referentes al Código civil español» T.II. Cuerpo del Derecho Español. Madrid. pág. 414), y más recientemente MARTINEZ ZURITA (en «Del Usufructo, del Uso y de la Habitación». Nereo. Barcelona 1962), una reproducción de la Ley 34, Título XVII, Libro 50 del Digesto, y está copiado a la letra del artº 470 del Proyecto de 1851 y del 524 del Proyecto de 1882.
210 COMAS. «La revisión del Código civil español». Parte 2ª. Imp. del Asilo de Huérfanos del Sgdº Corazón de Jesús. Madrid 1902. págs. 432 y 433.
211 MUCIUS SCAEVOLA. «Código civil comentado y concordado extensamente y totalmente revisado y puesto al día». por Pedro DE APALATEGUI. T.IX. 5ª edic. Inst. Ed. Reus. Madrid 1948. pág. 475.

Así, los particulares podrán establecer en el uso y en la habitación, lo mismo que en el usufructo derivado de contrato, los pactos, cláusulas y condiciones que tengan por conveniente, siempre que no sean opuestos a «la ley, a la moral y al orden público».

Los contratantes podrán consignar en sus títulos cuantas condiciones estimen convenientes, pero sin alterar la esencia del uso o de la habitación; gozarán de facultad para modificar los requisitos accidentales de uno y otro derecho, mas no los esenciales, lo que constituyen la naturaleza e índole propias. Llamarán uso y habitación a lo que reviste tal carácter; pero ya sabemos que las figuras jurídicas no se califican por el nombre que se les atribuya, sino por sus elementos fundamentales (que a veces habrá que considerar, en situaciones de aproximación, por sus especiales regímenes jurídicos. Lo vimos al hablar del usufructo parcial y hemos de insistir de nuevo sobre ello).

En cuanto al artículo 525, GARCIA GOYENA apoya la diferencia establecida en el Proyecto de 1851 (^{212}), y que se recoge en el Código actual, relativa a las facultades del usuario y del usufructuario, diciendo: «Todo usufructuario, sin distinción de personas, hace siempre suyos todos los frutos; es, pues, indiferente al propietario la persona del que ejerce este derecho. En el usuario todo es personal, y se amplía o limita el derecho según su condición, dignidad y familia: circunstancias que pueden variar aun después de haber principiado el uso, y no son adaptables al comprador, arrendatario o cesionario». (^{213})

Y aquí cabe hacer un inciso: es evidente que nos encontramos ante dos posiciones contrapuestas, cuales son las de dar o no primacía al artículo 523 o al 525.

Las posturas doctrinales son divergentes. Así, por ejemplo, encontramos cómo PEÑA BERNALDO DE QUIROS manifiesta explícitamente al tratar del artículo 523 lo siguiente: «Adviértase, sin embargo, que esta norma se aplica salvo que el título constitutivo disponga otra cosa». (^{214})

Por su parte RAMS viene a indicar que la configuración de las facultades y obligaciones del usuario y del habitacionista conforme al título constitutivo, no puede ser entendida de forma literal, y señala que la doctrina española, en punto a la transmisibilidad del uso, ha seguido la vía negativa, sentando como excepción la posición de DE BUEN, conocida por su especial permisividad. (^{215})

ALBALADEJO, por su parte, afirma, con respecto al derecho de usufructo, que «lo que sí conviene dejar sentado desde ahora es que la autonomía de la voluntad no autoriza, ni es ese el sentido del artículo 467, segunda parte (enteramente aplicable al artículo 523.1, apostilla RAMS), a que los interesados constituyan usufructos (derechos de uso y habitación, vuelve a precisar RAMS) con introducción de cualesquiera modificaciones en el prototipo legal». (^{216})

Ahora bien, nos preguntamos, ¿cuál es entonces el alcance de la autonomía de la voluntad? porque si no lo ciframos enmarcado en los límites contractuales ¿de qué puede servirnos?, ¿qué sentido tiene el título constitutivo

---

212 Este artículo es igual al 473 del Proyecto de 1851 y al 572 del de 1882.
213 GARCIA GOYENA. Ob. cit. pág. 417.
214 PEÑA BERNALDO DE QUIROS. Ob. cit. pág. 284.
215 Ver RAMS. Ob. cit. págs. 57 y 58.
216 ALBALADEJO. Ob. cit. pág. 11.

si no puede ir más allá del propio contenido legal?

Hay que aclarar que no compartimos la opinión de quienes rechazan la autonomía de la voluntad en estos derechos (al menos relativamente, dado que se trata de derechos reales), y no lo compartimos por dos motivos:

Primero: Tanto si nos encontramos ante la postura que predica el «*numerus clausus*» de los derechos reales, como si lo hacemos frente a la que mantiene el «*numerus apertus*», que parece permitir el artículo 7 del Reglamento Hipotecario, el resultado es el mismo; el título constitutivo lo será de derechos reconocidos como de uso o de habitación.

Segundo: Si no se admite la autonomía de la voluntad ¿cuál es la «*ratio legis*» de la expresa referencia a lo que determine el título constitutivo, tanto en el usufructo como en el uso y la habitación?.

Se trata de uno de esos supuestos en que una norma clara se dota de contenido diverso porque, de dejar libertad a la autonomía voluntaria, lo único que cabría no es que se desnaturalizasen tales derechos, sino que se construirían con un contenido diferente, al menos al prototipo legal, pero dentro de sus márgenes.

El Código civil, en efecto, está sentando unos tipos, pero lo hace (y estamos moviéndonos en un marco operativo muy estrecho) como derecho supletorio y subsidiario. Si no existe modelo, lo facilita; al igual que se ocupa de regular todo lo que los particulares no hayan previsto al respecto. Pero existiendo entonces el modelo de estos derechos, y siempre que reúnan los rasgos determinantes de los mismos, hay que admitir que nos encontramos ante derechos de uso o de habitación en su caso, aunque se aparten del modelo legal.

Se podría poner el ejemplo de un propietario que, al enajenar a otro su propiedad, reserve para sí su uso cubriendo con éste sus necesidades actuales. Variando éstas, y careciendo de otro tipo de medios ¿no le sería acaso lícito trastocar, a través de su derecho, la percepción de nuevas utilidades que le permitan cubrir las sobrevenidas?. Lo mismo hay que entender respecto de la habitación, sin que ello altere su significado de derechos personalísimos, porque, al estar en función de las necesidades, éstas se satisfacen, si bien no inmediata, aunque sí mediatamente.

LACRUZ, que sigue la posición ortodoxa al respecto, comenta, al referirse a la intransmisibilidad de estos derechos que «forma parte del «tipo» de derecho real, y supongo -añade- que la transmisión de un derecho de uso y habitación, aun autorizada en el título, encontraría dificultades para su inscripción en el Registro de la Propiedad, al estar prohibida expresamente la hipoteca del uso y la habitación, sin salvedad alguna». [217]

Consideraciones aparte sobre la no hipotecabilidad (y este aspecto deberá ser tratado en su oportuno momento), no nos resulta aceptable la intransmisibilidad basada en dificultades de calificación registral o de inscripción porque, en ese caso, estaríamos supeditando el contenido del derecho sustantivo a una regulación adjetiva, cual es la legislación del Registro de la Propiedad, es decir, a la Ley Hipotecaria y a su Reglamento. Sin embargo, sí hay que entender que es uno de sus obstáculos más serios, y que la transmisibilidad de un derecho personalísimo, de admitirse, necesitaría unas circunstancias tan particulares que se estaría al borde mismo de la desnaturalización. Y todo eso contando con que nuestro derecho positivo lo prohibe de plano.

---

217 LACRUZ en LACRUZ-SANCHO. Ob. cit. pág. 62.

2. Por prescripción.

Quizá uno de los problemas más importantes que pueden plantearse en la constitución de estos derechos radique, precisamente, en su constitución por prescripción; no es pues de extrañar que los tratadistas franceses se hayan ocupado fundamentalmente de precisar el alcance de esta forma constitutiva, reconocida de forma expresa por su artículo 625 ([218]), destacando dos posiciones: una, referente al tipo de posesión que se requería sobre las cosas para devenir adquirentes de los derechos, y otra, mantenida de manera unánime, que destacaba la frecuencia con que en la realidad se producían las situaciones de mera tolerancia o de pura beneficencia, para declararlas, como apostilla RAMS ([219]) incapaces de generar derecho alguno pese al tiempo que durase el aprovechamiento y la reiteración del mismo.

Tal división de criterios parte de que para cierto número de autores (AUBRY y RAU, BAUDRY-LACANTINERIE), es requisito esencial que se de una posesión directa por parte del usuario (no cabe duda de que ésta existe para el habitacionista), que conlleve el que puedan realizar todas las actuaciones que permite la posesión, puesto que, de no ser así, habría que aplicar el artículo 691 del Code, que no permite adquirir servidumbres por prescripción si éstas son continuas no aparentes. ([220])

Así pues, la posesión que el uso requiere ha de ser la que tal derecho proporciona al titular del mismo, o, como decía DEMOLOMBE, «la posesión del usuario es tan continua como posible». ([221])

Pero, como acertadamente ha venido a reconocer RAMS, juega en todo esto un papel equívoco el modelo justinianeo y sobre todo el derecho común del uso sobre cosa fructífera, en el que la posibilidad de coincidencia de las operaciones de apropiación de frutos por parte del propietario y usuario, pueden desdibujar la relación directa existente entre el usuario y la cosa objeto del derecho, hasta hacerla inapreciable como ejercicio de un acto posesorio, pues no es de esencia, sino todo lo contrario, la exclusión del propietario en la posesión. ([222])

La posición del usuario es entonces subordinada, pero solamente en cuanto al ejercicio del derecho que suele, por otra parte, ser perfectamente compatible con las actuaciones del titular dominical «que debe y puede ejercer el propietario que no es nudo propietario, sino un propietario limitado en la forma específica en que lo hace el uso y la habitación». ([223])

El concluir que la posesión que se requiere es la apropiada para con el ejercicio del derecho de uso o de habitación de que se trate, parece, como dice RAMS, un puro lugar común, carente de sentido teórico; pero si se examina desde la perspectiva de la amplísima gama que casuísticamente puede llegar a

---

218 Article 625:
«Les droits d'usage et d'habitation s'etablissent et se perdent de la même manière que l'usufruit».

219 RAMS. Ob. cit. pág. 55.

220 Article 691:
«Les servitudes continues non apparentes, et les servitudes discontinues, apparentes ou non apparentes, ne peuvent s'établir que par titres.

La possession même inmémoriale ne suffit pas pour les établir, sans cependant qu'on puisse attaquer aujord'hui les servitudes de cette nature déjà acquises par la possession, dans les pays où elles pouvaient s'acquérir de cette manière».

221 DEMOLOMBE. Ob. cit. T.VII. nº 106. págs. 647 y 648 y T.X. nº 760. págs. 681 y 682.

222 RAMS. Ob. cit. págs. 55 y 56.

223 Ibidem. pág. 56.

ofrecer, resulta ser un argumento incontestablemente sólido, y ello se evidencia en las escasas manifestaciones que ofrece la jurisprudencia. (224)

A pesar de lo que acabamos de exponer, entienden, tanto la doctrina como la jurisprudencia, que corresponde al juez de instancia, al fijar las cuestiones de hecho, investigar sobre el título por el que se posee como usuario o habitacionista.

Se piensa, por otra parte, que dada la finalidad de estos derechos, tan cercana a posiciones de beneficencia privada, que el hecho de usar una cosa o habitar un inmueble puede deberse a mera tolerancia del dueño y no al ejercicio de un derecho real sobre cosa ajena. En este sentido, contemplando la posibilidad exclusiva de la tolerancia y concediendo un amplio arbitrio judicial en la investigación de los hechos, se ha pronunciado la Sentencia del Tribunal Supremo de 30 de noviembre de 1964, al apreciar una mera cesión sin título específico, como precario. (225)

Aparte estas consideraciones, hay autores que como FALCON, con anterioridad a la publicación del Código civil, ni siquiera llegaba a plantearse mayores conjeturas, por la semejanza de estos derechos con el de usufructo, que se adquiría por prescripción. (226) Pero este punto de vista genérico no dejó de suscitar serias dudas a «MUCIUS SCAEVOLA», quien se preguntaba si la prescripción como fuente del usufructo lo sería también de los derechos de uso y habitación.

Declara el artículo 468 -dice este autor- que el usufructo se adquiere por prescripción; el 528 extiende a aquellos derechos las disposiciones propias del usufructo, y el 1.930, en su primer párrafo, dice que «por la prescripción se adquiere el dominio y los derechos reales», sin hacer excepción de ninguno. Y como el uso y la habitación se reputan derechos reales, es inconcuso que por la estructura legal y sus deducciones, la duda debe resolverse por una afirmación.

«El derecho de uso, como contracción del de usufructo, podría admitir la paridad, mas en el de habitación ya no es tan claro, porque revistiendo una naturaleza peculiar, la paridad tiende a difundirse, y casi mejor, a disolverse». (227)

A la vista pues de estas últimas precisiones, queremos hacer alguna reconsideración acerca de la actitud polémica que suscita tal forma de constitución.

A la luz de los diversos argumentos que se exhiben, y en atención a lo

---

224 Ibidem.

225 En su 6º CDO. se establece que «no existe documento alguno, ni se induce racionalmente de la prueba, la constitución de un derecho ral de habitación, sino el simple hecho de haber sido la vivienda entregada por favor... situación de gracia que es la esencia del precario». Igualmente los CDOS. 7º, 8º y 10º. vid Aranzadi. Rep. Jurisp. T.XXXI 1964. 5552.

226 FALCON. «Exposición doctrinal del Derecho Civil español, común y foral». T.II. Imp. de Fco. Núñez Izquierdo. Salamanca 1882. pág. 203.

227 MUCIUS SCAEVOLA. Ob. cit. pág. 476.

que dispone nuestro Código civil, no parece existir en principio duda de que la prescripción es forma de constitución de los derechos de uso y habitación; tal es, al menos, el tenor de los artículos que acabamos de contemplar, pero siempre que tengamos presente que, como manifestaba CASTAN siguiendo a DE DIEGO, «la esencia de la prescripción está en la posesión: éste es su fundamental requisito». [228]

DIEZ-PICAZO considera que la prescripción adquisitiva, esto es, la usucapión (precisamente tomando como base los razonamientos doctrinales que intentaron establecer la diferencia radical entre ambas figuras), se configura como un modo de adquirir la propiedad (así el artículo 609) y los demás derechos reales (a los que se refiere genéricamente el artículo 1.930), aunque reconoce que como tal modo de adquirir ha planteado siempre una serie de cuestiones que nunca han quedado debidamente resueltas, como, por ejemplo, si lo es originario (opinión mayoritaria) o derivativo. [229]

Hace ya bastantes siglos que BARTOLO señaló que la usucapión funciona «*favore possessionis*» y, como ha puesto de relieve NAENDRUP, es fundamentalmente un efecto de la apariencia jurídica. Significa que la apariencia jurídica se transforma en realidad jurídica cuando ha tenido una prolongada duración temporal. Es el final del camino que la posesión otorga... la continuada posesión debe transformarse en real titularidad. [230] Así, en esta misma línea, corrobora también HERNANDEZ GIL cómo la usucapión es una consecuencia necesaria de la protección dispensada a la posesión; [231] pero tal posesión debe reunir, además, requisitos determinados, con lo que no nos queda otro remedio que enfrentarnos directamente con la problemática a la que pretendíamos llegar:

1. Situaciones posesorias de estos derechos.

Del artículo 528 del Código civil no podemos deducir, dada su excesiva generalidad, que sean de aplicación a los derechos de uso y habitación «todas» las situaciones que se regulan para el derecho de usufructo, y menos aun a tenor del artículo 1.930 en su primer párrafo. La expresión «demás derechos reales» podría concretarse a los derechos reales susceptibles de adquirirse por prescripción, porque es claro que no todos los derechos reales pueden adquirirse por prescripción.

En lo que concierne a los derechos que nos ocupan, ya hemos mantenido la existencia entre ambos de una clara diferencia: la posesión existente en el derecho de habitación, de la que carece precisamente el usuario. «*Ergo*», si el derecho de uso carece de esta circunstancia, es claro que no puede prescribirse, por faltarle el primero y más esencial de los requisitos de la usucapión.

Así pues, el derecho de uso sería uno de los derechos reales que no pueden adquirirse por prescripción. (Además, el hecho de que sea personalísimo y cualificado por las necesidades del usuario y de su familia, dificultaría también la prescripción, dado que es extraño adquirir un contenido determinado que deba, después, resultar flexible y adaptable a tales necesidades; haciendo

---

228 CASTAN TOBEÑAS. «Derecho Civil español, común y foral». T.II. vol.I. Duodécima edición. Revisada por Gabriel GARCIA CANTERO. Reus. Madrid 1984. pág. 348.

229 DIEZ-PICAZO. «Fundamentos del Derecho Civil Patrimonial» vol.2º. Tecnos. Madrid 1986. pág. 584.

230 Vid Ibidem. págs. 585 y 586.

231 HERNANDEZ GIL. «Obras completas». T.II. «La posesión como institución jurídica y social». Espasa-Calpe. Madrid 1987. pág. 359.

quebrar la regla «*tantum praescriptum quantum possessum*»).

Nuestro Código civil, ha dicho DIEZ-PICAZO, parte de la idea general de la posibilidad de usucapión de todos los derechos reales, puesto que en el texto de la ley no existe ninguna cortapisa, pero la doctrina relativa al ámbito objetivo de la usucapión ha de concretarse en el examen pormenorizado de los derechos sobre los que puede recaer y es ésta una cuestión históricamente no bien dilucidada, por lo que es muy difícil llegar a unas conclusiones claras. Así, la duda sobre el carácter general de la regla y la posible existencia de limitaciones implícitas dentro de la misma, ha surgido en la doctrina y en la jurisprudencia y se ha planteado fundamentalmente en dos planos: el primero de ellos se refiere a la naturaleza mobiliaria o inmobiliaria de los derechos; el segundo, a la aplicación de la regla general a los diferentes tipos de derechos. (232)

No obstante su indubitado interés, no podemos entrar en estas cuestiones porque ello nos alejaría de la trayectoria principal que estamos tratando.

Hay que considerar, finalmente, que la posesión válida para la usucapión ha de ser en concepto de dueño (o de titular de los derechos reales de que se trate), con los caracteres conocidos de pública, pacífica y no interrumpida.

2. Título.

Según advierte CASTAN, título, para los efectos de la prescripción, es el hecho que sirve de causa a la posesión (233). Y en el mismo sentido establece HERNANDEZ GIL que es la causa o el fundamento de una atribución patrimonial, referidos al acto de donde procede y que la legitima. (234)

Tal título debe reunir los requisitos de:

JUSTO. Así lo requiere el artículo 1.952 de nuestro Código civil. Serán pues títulos justos los que producirían la transmisión y adquisición del dominio a no mediar un vicio o defecto que la prescripción está llamada a subsanar; teniendo por tanto eficacia traslativa, entre otros, la compraventa, la permuta o la donación. No siéndolo, sin embargo, el depósito, el comodato o el arrendamiento. (235)

VERDADERO. Esto es, con existencia real (artículo 1.953 del Código civil).

VALIDO. Que sea un título que bastaría para transmitir el derecho si el transmitente fuera propietario. Por ello DE BUEN (236) decía que «el único vicio del título que purga la usucapión es la adquisición del no propietario», a lo que habría que añadir también la propia apariencia jurídica que haya tenido una prolongada duración temporal. Con ello -dice DIEZ-PICAZO- se protege al titular aparente y, en especial a los adquirentes «*a non domino*». (237)

La doctrina, por otra parte, ha resuelto favorablemente la cuestión de que se trate de un título anulable.

---

232 Vid DIEZ-PICAZO. Ob. cit. págs. 596 y 597.
233 CASTAN. Ob. cit. pág. 353.
234 HERNANDEZ GIL. Ob. cit. pág. 441.
235 Vid CASTAN. Ob. cit. pág. 353.
236 En sus «Notas» al Curso de COLIN y CAPITANT. 2ª ed. T.II. vol.II. pág. 1004
237 DIEZ-PICAZO. Ob. cit. pág. 585.

PROBADO. Porque, a tenor del artículo 1.954, el justo título no se presume, sin que quepa la posibilidad de introducir el título *«pro derelicto»* entre los idóneos para la usucapión, según advierte HERNANDEZ GIL (238), pese a que haya que considerarlo entre los negociales o transmisarios. (239)

3. Posibilidad de mera tolerancia.

El artículo 444 del Código civil incluye entre los actos que no afectan a la posesión los «meramente tolerados», posteriormente recogidos en el artículo 1.942 del mismo cuerpo legal («no aprovechan para la posesión los actos de carácter posesorio, ejecutados en virtud de licencia o por mera tolerancia del dueño»), con la salvedad de que mientras el 1.942 se refiere a «actos posesorios», para el 444 son simplemente «actos».

Ahora bien, se pregunta HERNANDEZ GIL ¿de quién ha de proceder la tolerancia?.

En el sentido del artículo 444, que no contiene alusión alguna a un poseedor determinado, de cualquier poseedor en cualquier concepto. El artículo 1.942, sin embargo, se refiere al «dueño». Puede tratarse, en efecto, de titular dominical, y también de un poseedor en tal concepto en términos amplios. (240)

La mera tolerancia equivale a no oponerse a los actos que podrían ser impedidos. Lo normal sería que lo fueran. De ahí que, no impedirlos suponga tolerarlos. Hay, por tanto, una actitud de transigencia o condescendencia. Algunos autores hablan de beneplácito, pero no es necesario llegar a él para que haya tolerancia. (241)

Pero ¿qué sucede con la licencia?. ¿Los actos ejecutados en virtud de la misma son acaso distintos de los meramente tolerados? MANRESA engloba unos y otros en un mismo concepto, y, curiosamente, del hecho de que los artículo 444 y 1.942 subrayen que han de ser actos de «mera tolerancia», infiere la asimilación a ésta de los actos ejecutados con licencia. (242)

Si, no obstante, se formula de ésta un concepto predominantemente negativo basado en la no oposición, no se traduce en todos los casos en un consentimiento y no llega a comprender la licencia que presuponen siempre una autorización. Sin embargo nada se opone a que la tolerancia se manifieste a través de la licencia o revista su forma. La licencia es una declaración de voluntad de permiso o autorización; pero puede concederse en términos tales

---

238 HERNANDEZ GIL. Ob. cit. pág. 449.

239 Constituidos por los títulos *«pro emptore»*, *«pro donato»*, *«pro herede»*, *«pro legato»* y *«pro derelicto»*.

240 HERNANDEZ GIL. Ob. cit. pág. 394.

241 Ibidem. pág. 395.

242 «La idea es la misma. El artículo 444 forma la regla general; los 1.941 y 1.942 constituyenuna de sus más importantes y legítimas aplicaciones. De notar es que lo mismo el artículo 444 que el 1.942 hablan de «mera» tolerancia, como si quisieran separar la tolerancia de la mera tolerancia o como si no fuese lo mismo una cosa que otra. Además, el 444 no añade a los actos meramente tolerados los ejecutados en virtud de licencia o permiso. De ahí deducimos que, en efecto, la ley no quiere referir a toda tolerancia del dueño o poseedor, sino sólo a la mera tolerancia, y como tal considera la autorización, permiso o licencia en virtud de la cual se realizan o practican actos posesorios». MANRESA. «Comentarios al Código civil español». T.IV. 7ª ed. Reus. Madrid 1972. págs. 225 y 226.

que exprese una mera tolerancia. Será entonces una tolerancia preconstituida y formulada como licencia, (243) aunque MORALES MORENO ha señalado que la «licencia» se distingue de la «mera tolerancia» porque ésta no tiene más base que el beneplácito del sujeto tolerante, mientras que aquélla se apoya en un título contractual. No hay, por tanto, tolerancia, cuando media título, aunque el carácter de éste no potencie la usucapión. (244)

Sin embargo, para HERNANDEZ GIL, con este criterio de distinción marcado por el título contractual, se ha generalizado en exceso el concepto de licencia y se ha establecido una línea de separación demasiado radical con los actos de mera tolerancia, cuando es lo cierto que, aun siendo distinguibles, el artículo 1.942 los trata unitariamente.

Para ambas hipótesis establece que los actos ejecutados con licencia o por mera tolerancia no aprovechan a la posesión. Una distinción tan radical determinaría que los actos meramente tolerados no afectan siquiera a la posesión del tolerante (artículo 444), en tanto que los ejecutados en virtud de licencia podrían afectar a la posesión del concedente, aunque no a los efectos de la usucapión. (245)

Por todo ello, habría que entender que los actos de mera tolerancia, o ejecutados con licencia, tampoco pueden dar lugar al nacimiento de los derechos de uso y habitación que nos ocupan.

4. Consideración del precario.

Intimamente relacionado con cuanto acabamos de ver, nos encontramos con la posesión precaria, surgida en principio como una concesión y una liberalidad mediante la cual se lograba el asentamiento de grupos sociales en un territorio. (246) En su posterior evolución se establecen dos constantes: el precarista carece de posesión apta para la usucapión, pero se le protege interdictalmente. Las diferencias más representativas se constituyen entonces por la integración del precario en una figura contractual y el consiguiente debilitamiento de la situación posesoria del precarista.

Aparte su ulterior tratamiento, constituye entre nosotros un tema preferentemente de orden jurisprudencial, pero no sobre la base del artículo 1.750 del Código civil, sino como desarrollo de lo dispuesto en los artículos 1.564 y 1.565 de la Ley de Enjuiciamiento Civil. Así, según el artículo 1.565, están legitimados pasivamente en el juicio de desahucio, entre otros, cualquier persona que «disfrute o tenga en precario la finca, sea rústica o urbana, sin pagar merced, siempre que fuere requerida con un mes de anticipación para que la desocupe». Por lo que, para esta ley, la consideración que el precario merece es la de un disfrute de una cosa sin título ni derecho alguno.

Consiste por tanto en un disfrute gratuito, sin que la gratuidad refleje un ánimo de liberalidad que pudiera constituir un título. (247)

Ahora bien, para lo que nos ocupa, entre los temas que se han debatido en torno a esta figura del precario, se encuentran los que atienden a si es distinguible de los actos meramente tolerados y si el precarista puede utilizar los interdictos.

---

243 HERNANDEZ GIL. Ob. cit. pág. 396.
244 MORALES MORENO. «Posesión y usucapión». CSIC. Madrid 1972. pág. 121. Posición que parece compartir MARTIN PEREZ, en «Comentarios al C.c. y leg. forales» dirigidos por M. ALBALADEJO. T.VI (art°s 430 a 466). Edersa. Madrid 1980. Art° 444. págs. 208 y 209.
245 HERNANDEZ GIL. Ob. cit. págs. 396-397.
246 HERNANDEZ GIL. Ob. cit. pág. 398.
247 Ibidem. pág. 400.

La distinción entre los actos meramente tolerados y el precario es una cuestión de matices que, en la práctica, no resulta fácil de aquilatar. Si se considera que los actos de mera tolerancia suponen sólo una utilización parcial e intermitente de la cosa, mientras el precario incorpora el disfrute completo y duradero de la misma, cabría apreciar una diferencia ([248]), pero resulta arbitrario restringir la tolerancia a sólo un uso parcial y esporádico, porque es precisamente la tolerancia lo que cualifica el supuesto y no la cuantía o el alcance de la utilización. Y acudir al contrato de precario como subespecie del comodato para contemplar una relación contractual que se descarta en los actos de mera tolerancia, tampoco constituye una vía segura, porque, entre otras cuestiones, del propio artículo 1.750 del Código civil, el denominado contrato de precario no lo es tal. Como señala HERNANDEZ GIL, contractualmente no hay nada establecido; quedará exclusivamente el hecho de un uso no pactado ni determinable en orden al tiempo y al destino ([249]); luego del artículo 1.750 no surge, propiamente, un contrato de precario diferente de un acto de tolerancia atenido a una sola voluntad.

No obstante estos planteamientos, lo cierto es que se da una cierta confusión al respecto. Así, MORENO MOCHOLI entiende que es posible determinar un «precario de posesión» distinto del «precario de tenencia» ([250]), lo que nos llevaría a soluciones prácticas en orden a la usucapión no carentes de peculiaridades; porque, de establecerse tales hipótesis, nos encontraríamos ante dos precaristas: uno con título y otro sin título. Mientras el segundo seguiría siendo precarista, sin desnaturalizar la figura, el primero, mediante la usucapión ¿qué tipo de derecho consolidaría?.

No deja de parecer un contrasentido que se pueda adquirir y consolidar una situación de precario, que es, precisamente, para lo que serviría su título, además de quedar protegido por los interdictos.

DE DIEGO LORA escribe, en contra de esta posición, que «por mucho que el precario en el derecho español vigente llegue, gracias a la jurisprudencia del Tribunal Supremo, a equipararse al *precario dans* romano, para afirmar hoy que la situación de precarista es una situación posesoria, habría que eliminar necesariamente el artículo 444 del Código civil» ([251]), indicando, respecto de la oposición a la restitución de la cosa basada en la posesión precaria, que tal oposición... no puede estar basada en el precario mismo, ya que no sirve de título de posesión, sino de allanamiento. Por consiguiente, nunca podrá el precarista, porque no es poseedor, ejercitar el interdicto. Es un detentador carente de autonomía, ni de hecho, ni jurídica; su situación no puede ser llamada por ende posesión, porque la posesión para ser calificada de tal y gozar de la tutela jurídica del interdicto ha de ser una posesión independiente. ([252])

Para concluir entonces con esta controversia no nos queda sino poner de manifiesto, al igual que lo ha hecho HERNANDEZ GIL, que el precarista, en una estimación libre y vulgar, no es nada. Precario es todo lo carente de consistencia y de perspectivas de futuro.

---

248 Vid ibidem. pág. 401.
249 HERNANDEZ GIL. Ob. cit pág. 402.
250 MORENO MOCHOLI. «El precario». Bosch. Barcelona 1976. págs. 362 y ss. y 496 y ss. Aunque considera muy atenuada la diferencia por la asimilación del detentador al poseedor.
251 DE DIEGO LORA. «La posesión y los procesos posesorios». I. Rialp. Madrid 1962. pág. 49.
252 DE DIEGO LORA. Ob. cit. pág. 56, nota 40.

Pero resolver judicialmente que alguien es un precarista y que el precarista no es nunca poseedor -o es siempre poseedor- son cuestiones delicadas cuando se trasladan del lenguaje coloquial o del lenguaje de la ciencia al lenguaje de la sentencia. Si ésta se dicta en un juicio de interdicto, circunscrito al hecho de una posesión actual, sin efecto de cosa juzgada sobre la posesión definitiva, la certidumbre del despojo o la inquietación deben sobreponerse a la duda de si el precarista -en general y en caso concreto- tiene o no la posesión.

No hay pues contradicción entre la procedencia del desahucio del precarista por el poseedor real y el reconocimiento a aquél de la tutela interdictal. Porque el tema del desahucio es que el derecho a poseer corresponde al que lo promueve, mientras que en el interdicto sólo cuenta el estar poseyendo. (^{253}) Es decir, que, a efectos prácticos, en lo que nos interesa, el precarista, que tiene el «hecho» de la posesión (es decir, la detentación) sin título posesorio, jamás podrá adquirir por usucapión ni siquiera extraordinaria, ya se considere precarista de posesión o de tenencia. Y, por lo mismo, por la vía del precario nunca podrán adquirirse los derechos de uso y habitación.

5. Por retención.

El uso y la habitación rara vez se originan por negocio jurídico oneroso, ya que lo más frecuente es que surjan por vía de la reserva del derecho en el acto de disposición de un inmueble; bien sea por donación, bien por negocio «simulado» de compraventa en la que sólo se transmite la nuda propiedad (respuesta práctica generalizada frente a la desmedida presión fiscal sobre donaciones y sucesiones), bien por la constitución directa de uno de estos derechos en la adquisición de un inmueble por quien económicamente soporta el desembolso del precio pero no adquiere la propiedad, produciendo a la inversa los dos primeros supuestos. (^{254}) Los problemas y cuestiones que pueden derivarse de este medio de constitución son los mismos del usufructo y con las mismas soluciones, atemperadas al contenido de estos derechos. (^{255})

Por eso nosotros consideramos que una de las formas de constitución del derecho de uso, y fundamentalmente la de la habitación, consiste en la retención o reserva que de ellos hace la persona que transmite la propiedad de sus bienes. Y no sólo el propietario puede constituirlos, sino, y como ya hemos tenido ocasión de contemplar en la posición mantenida por DIEZ-PICAZO, también podrán llevarlos a efecto los titulares de cualquier derecho real de goce amplio, como sucede en el caso de usufructuarios o enfiteutas.

Con este planteamiento inicial nos surgen, sin embargo, algunas interrogantes, frente a las que podemos tomar dos posiciones:

a) Adscribirnos a la estricta legalidad del Código civil fundamentada (para el derecho de uso) en la legislación de Partidas (Ley 20, Título XXXI, Partida 3ª), por la cual el uso no puede arrendarse, y que es recogida en la actualidad por el artículo 525, ampliado al derecho de habitación.

---

253 Vid HERNANDEZ GIL. Ob. cit. pág. 405.

254 Aunque bien es verdad (RAMS) que la mayor parte de las veces se constituyen en estas operaciones usufructos, pero no es menos cierto que los más avisados se inclinan por el derecho de uso, no por el de habitación, dado que este derecho tributa en su constitución por el 75 por 100 del valor del usufructo (artº 52 Reg. del impuesto de transmisiones) proporcionando esta figura los mismos fines pretendidos. RAMS. Ob. cit. pág. 53, nota 2.

255 Ibidem. pág. 53.

b) Volver al punto de vista romano, tal y como hizo DE BUEN, y a través del cual el habitacionista podía arrendar, y no perdía su derecho aunque no usara de la habitación.

Sustentamos esta segunda opinión, por varias razones:

En primer lugar, también se trata de un punto de vista histórico que tanto podemos atacar, como defender y considerar nuevamente.

En segundo lugar, porque una cosa es arrendar el derecho y otra el contenido de ese mismo derecho. Por imposición legal no se pueden arrendar los derechos de uso y habitación, lo que nos resulta lógico, pero no ha de suceder lo mismo con su contenido. ([256])

Por otra parte, se trata de un precepto prohibitivo, de interpretación restrictiva, por lo que cabría especular alrededor de ese mismo contenido que comentamos; si bien nos resulta difícil, si no imposible de mantener, en el supuesto del derecho de uso.

Pero no sucede de idéntica forma con el derecho de habitación, donde nos encontramos una situación especial:

El propietario constituyente (también el usufructuario o el enfiteuta), se ha reservado ese derecho sobre la totalidad ([257]) o una parte de un inmueble. Creemos entonces que puede, sin mayores problemas, arrendar alguna pieza de la casa o la totalidad de la misma.

Y lo sustentamos:

a) Si el constituyente vive en el inmueble ocupando una parte, pese a las molestias que ello pudiera ocasionar, el admitir arrendatarios equivaldría al ejercicio de la industria doméstica del hospedaje, admitida por la legislación especial, con el único matiz de la cuantificación. Mas, por los problemas que de esta situación pudieran derivarse, creemos que no sería, desde luego, la mejor solución.

b) Ocupando la totalidad del inmueble, puede, sin ningún problema, arrendar ([258]).

---

[256] Entendemos que se trata, no obstante y como se ve, de una interpretación, como se ve, harto forzada, por la que se pretende cohonestar el sentido histórico con la realidad del Código, si es que ello resulta posible.

[257] Aunque no se prevea especialmente, cabe sin duda que se conceda un derecho exclusivo de habitación, esto es, un derecho que no se limite, como en el caso del artículo 524 apartado 2, a las piezas necesarias. Tal posibilidad se desprende del artículo 523, ya que, a tenor del mismo, las normas subsiguientes son meramente supletorias del título de constitución del derecho. En estos casos, puede presentarse también el problema de si se trata de derecho de habitación propiamente tal o de usufructo de inmueble habitable. La diferencia fundamental entre uno y otro es que, si se trata de usufructo, el titular puede arrendar su derecho (cfr. artículo 480), mientras que si se trata de habitación, el derecho no se puede arrendar ni traspasar a otro por ninguna clase de título (cfr. artículo 525). En la duda, no cabe sino proceder a interpretar la intención de las partes, dando más valor que a las palabras empleadas a su propósito en cuanto a los efectos. (PEREZ GONZALEZ y ALGUER, en nota II al «Tratado..» cit. de ENNECERUS..., T.III. vol.II. pág. 67). Como es lógico, no podemos estar de acuerdo con esta postura.

[258] También se observa que podría darse en usufructo, aunque expresamente se hubiera eliminado la potestad de arrendar y traspasar, porque nada obsta a que el usufructo se constituya con exclusión de ciertas facultades, toda vez que, también respecto

Habría que aplicar entonces a este arriendo la disposición concordante contenida en el artículo 480 del Código civil, y en los artículos 57 y 114 de la Ley de Arrendamientos Urbanos.

c) Aun sin ocupar el inmueble (caso sólo del constituyente anterior propietario que se ha reservado tal derecho), puede también darse en arriendo, que se resolverá tal y como acabamos de contemplar en el apartado b), porque aquél no pierde su derecho por la contingencia de no ocupar el inmueble. Además, es ésta una situación ventajosa para el constituyente y con una gran trascendencia práctica: Así, por ejemplo, en el supuesto en que, debiendo cambiar de domicilio por cualquier razón, el precio del arrendamiento le proporcionará unos ingresos con los que pueda afrontar su nueva situación, o que, aun siéndole innecesarios, tampoco tiene por qué renunciar a ellos al haberse reservado un derecho sobre un inmueble originariamente suyo, gravado en la actualidad con ese derecho real de habitación.

En todos los supuestos, la objeción que puede hacerse viene dada por la necesidad que cubre precisamente el derecho de habitación, y en el sentido con que la interpretemos (después de indagar, naturalmente, la intencionalidad con que ha sido constituida), podremos establecer un criterio como el que estamos sustentando o, por el contrario, reducirlo todo al estrecho marco legal en que la figura parece constreñirse. (259)

Finalmente, al tratar el problema concerniente al abuso grave, hemos de ser un tanto reticentes porque no conviene olvidar que, en este supuesto último, se ha trasladado la acción del constituyente al adquirente; al igual que, en el caso de la resolución, más que como tal resolución lo que contemplamos es un desistimiento. Pues bien, al operarse dicho traslado y no ser el constituyente quien pueda ejercitar la acción conducente al arrojo del habitacionista, se nos plantean dificultades de admisión, que hemos de establecer en dos supuestos específicos, aunque ambos de solución paralela:

1º. Producción de abuso grave en un inmueble ya enajenado. En este supuesto tal abuso equivaldría, por parte del constituyente, a una situación de evidente mala fe, pudiendo el adquirente ejercitar su acción con objeto de hacer salir al anterior propietario, ante la posibilidad de encontrar, al finalizar el derecho del habitacionista, un inmueble ruinoso e inhabitable que él adquirió en perfecto o buen estado.

2º. Producción del abuso en un inmueble que el constituyente se comprometió a vender, reservándose «ab initio» el derecho de habitación.

En este otro supuesto, consideramos que no cabe ejercitar acción alguna por abuso grave, ya que tal abuso se produce o se ha producido sobre un inmueble propio, y quien usa de lo suyo no abusa. Cabría, sin embargo, por

---

del usufructo, los derechos y las obligaciones del usufructuario serán los que determine el título constitutivo (cfr. artículo 470 pr.). Pero, como quiera que a su vez, las disposiciones establecidas para el usufructo son aplicables al derecho de habitación, en cuanto no se opongan a las reglas especiales del mismo (cfr. artículo 528), la cuestión corre el riesgo de perderse en los matices de una *"nimia suptilitas"*. Lo que en cualquier caso interesa por encima de toda calificación jurídica es la intención de las partes. (PEREZ GONZALEZ y ALGUER, en nota II, cit.... pág. 67).

259 Pese a ello, y como ha sido expuesto más arriba, por razones de comodidad y, sobre todo, de fiscalidad, no creemos conveniente forzar la interpretación hasta estos extremos, sobre todo si en el caso del constituyente anterior propietario, éste se reserva el usufructo del inmueble enajenado, que sería lo más lógico.

alteración de las bases del negocio, la posibilidad de resolución del mismo, previa la indemnización correspondiente para el adquirente futuro para quien se había generado una legítima expectativa de derecho.

6. Por consecuencia de adjudicación preferente.

Sin perjuicio de tratar con mayor profundidad lo referente a este aspecto en un ulterior desarrollo, conviene ahora poner de manifiesto que la Ley 11/1981 de 13 de mayo ha establecido, además de unos derechos de uso y habitación de perspectiva legal (con lo que se deshace una de las diferencias esenciales de estos derechos frente al derecho de usufructo) ([260]), una posibilidad de opción que, derivada de la admisión en nuestro ordenamiento jurídico de la figura de la adjudicación preferente, se concreta, precisamente, en tales derechos.

No es ahora el momento de analizar lo acertado o desacertado de tales preceptos, pero sí hemos de resaltar, en un somero análisis, que tal adjudicación preferente representa una opción en favor de uno de los cónyuges, para que por la vía de la disolución y liquidación de su régimen económico conyugal, pueda surgir a su favor un derecho de uso o de habitación sobre el local donde hubiese venido ejerciendo su profesión o sobre la vivienda que hubiese constituido su residencia habitual durante la vigencia del régimen económico que se disuelve y liquida.

Naturalmente y tal como se desprende del artículo 1.407 en relación con el 1.406, tales derechos sólo surgen si el cónyuge lo solicita, ya que con el mismo alcance puede optar por la propiedad de los referidos bienes.

---

[260] Ha señalado RAMS, en concordancia con lo que antes expusimos, que "la doctrina española era coincidente en la afirmación de que en nuestro ordenamiento no se encontraba ningún supuesto legal de creación de derechos de uso y habitación, pero no puede hoy sostenerse... no hay duda de que pueden originarse judicialmente... por lo que deben merecer la cualificación de derechos *ex lege*". en "Comentario del Código Civil". T.I. Ministerio de Justicia. Madrid 1991. Págs. 1382-1383.

Por ello no existe dificultad alguna en considerar, en lo referente al título constitutivo, junto a las formas de constitución *inter vivos*, *mortis causa* o por prescripción, ya vistas, la posibilidad de una *constitución legal* de los mismos.

IV
SUJETOS Y OBJETO

1. Sujetos.

El silencio de los textos legales en cuanto a quiénes pueden ser titulares de estos derechos, ha dicho RAMS, ha venido a favorecer la tendencia a aplicar, en este concreto punto, la regla de remisión específica contenida en el artículo 528 del Código civil y, en su consecuencia, a mantener que la disciplina de los sujetos de los derechos de uso y habitación es sustancialmente idéntica a la prevista para el usufructo. [261]

En líneas generales y en lo fundamental, considera este mismo autor, que ello es así, pero la afirmada autonomía de estos derechos se impone una vez más sobre lo escueto de sus normas, dando lugar no a meras especialidades, sino a características propias de su estructura que, en punto a los sujetos, y precisamente por su orientación finalista, no mantienen una idéntica disciplina. [262]

Por ello distinguimos:

a) La persona física como sujeto natural.

La persona física es el titular indiscutible y por antonomasia de estos derechos; y así lo ha sido históricamente. De este modo podría contemplarse el carácter personalísimo con que se configuraban y su antigua consideración, todavía latente en el derecho alemán actual, de servidumbres personales, referidas a tales personas.

El único problema que podemos vislumbrar, por tanto, es el que se ha planteado a lo largo de la evolución histórica de estos derechos, respecto de la amplitud con que debían entenderse el plano familiar y las personas que rodeaban al titular.

Revistiendo también caracteres cercanos al derecho de alimentos, o basándose en razones que hacen pensar en una beneficencia privada, el uso y la habitación se dirigen a la satisfacción de las necesidades del titular y de su familia, aunque ésta aumente.

b) La persona jurídica como posible sujeto. (*)

Ya hemos tenido ocasión de contemplar cómo algunos autores, entre los que destacaríamos a TORRENTE y SCHLESINGER [263] se cuestionaban si era

---

261 RAMS. Ob. cit. pág. 27.
262 Vid Ibidem. pág. 27.
(*) Esta cuestión, bajo el título "El elemento subjetivo en los derechos de uso y habitación" ha sido reproducida en el Tomo V, vol. II de la obra "Centenario del Código Civil". Madrid 1993.
263 TORRENTE y SCHLESINGER. Ob. cit. pág. 336.

situación que se resolvía favorablemente en la Sentencia de la Cassazione de 13 de septiembre de 1963, donde se establecía que el uso puede pertenecer también a una persona jurídica, porque la facultad de servirse de la cosa no está destinada a satisfacer exclusivamente exigencias de carácter personal. (264)

BARASSI (265), abundando en el tratamiento establecido en el Código civil italiano dice, también al ahondar exclusivamente en el derecho de uso, que de tales preceptos (que sólo se ocupan de la persona física y de su familia) podría surgir la sospecha de que una persona jurídica («*un corpo morale*»), no podría ser usuario. Pero la duda debe resolverse afirmativamente, tal y como acabamos de contemplar en la jurisprudencia. Y así BIGLIAZZI GERI establece cómo tratándose de tales personas, se admite la constitución del derecho de uso, pero no por más de treinta años, como resulta de relacionar los artículos 1.026 y 979 del Código civil italiano (266); lo que puede ser trasladado también a nuestro país, a tenor de lo establecido en los artículos 528 y 515 del Código civil.

Pero, pese a tal aparente sencillez, la admisión de la persona jurídica representaba algunas dificultades que, antes que la jurisprudencia, hubo de vencer la doctrina. De este modo, ya había destacado BARBERO cómo la cuestión se circunscribía a examinar si las características esenciales del uso se mantienen cuando el titular es una persona jurídica y, concretamente, si ésta puede tener necesidades capaces de ser satisfechas directamente con la utilidad que proporciona el objeto sometido al derecho de uso. (267)

Con este planteamiento inicial, nos surgen algunas cuestiones que pueden resolverse en el derecho italiano pero que, trasladadas a nuestro ordenamiento jurídico, representan cierta dificultad, cuales las de la idea de necesidad y el problema de los bienes inmuebles infructíferos.

El propio BARBERO considera que admitiendo que «el concepto de necesidad es propiamente la expresión de un estado fisiológico de la persona humana» cabe considerar que, al igual que se le reconocen intereses a la persona jurídica, también se le deben reconocer necesidades, (268) y PUGLIESE, con un planteamiento distinto, aborda el problema «*ab initio*», para ir aportando soluciones:

Una referencia superficial -dice- es suficiente para dar a entender que, en lo concerniente a las personas, físicas o jurídicas, todo «depende de establecer si el uso se destina a satisfacer exigencias personales del usuario y de los suyos o cualquier género de exigencias. Por lo cual hay que distinguir entre las puras facultades de utilización, que especialmente se refieren a una cosa considerada infructífera, y la facultad de percibir frutos». (269)

Así pues la facultad de utilización puede pertenecer a una persona jurídica, del mismo modo que a una persona física, vale pues decir que la persona jurídica es un <u>sujeto idóneo del uso de la cosa infructífera</u> o, más en

---

264 En este mismo sentido DE MARTINO (Ob. cit. pág. 350, nota I) y GROSSO («Dell'uso e dell'abitazione» en Riv. dir. comm. 1939, 568).
265 vid BARASSI. Ob. cit. pág. 184.
266 vid BIGLIAZZI GERI. Ob. cit. pág. 302.
267 BARBERO. Ob. cit. págs. 94 y ss.
268 Ibidem. pág. 95.
269 PUGLIESE. Ob. cit. pág. 726.

general, del uso circunscrito a la mera utilización. (270)

Es evidente, y volvemos a insistir en ello, que este planteamiento es válido en el derecho italiano, donde la posibilidad del derecho de uso sobre cosa infructífera está perfectamente admitida. Tampoco extraña el que este mismo autor, subrayando el sentido diferente de la utilización de un inmueble y el hecho de habitar en él, establezca que «no existe motivo para negar a una persona jurídica el uso de un edificio como sede de su propia administración». (271) Aunque, apostilla, debe hacerse un tratamiento diverso en lo que concierne a la facultad de percibir frutos.

Es obvio aducir entonces que la persona jurídica, a quien se ha atribuido el uso de una cosa infructífera, no puede en líneas generales recoger los frutos, porque no tiene ninguna de las necesidades que con tales frutos podrían llegar a satisfacerse. No puede decirse que, en una persona jurídica asociativa, las necesidades contempladas en el artículo 1.021 puedan ser las de las personas físicas asociadas, porque la persona jurídica constituye un sujeto netamente distinto de las personas físicas, que conforman su substrato. (272)

Se ha dicho que el derecho de uso ha sido ordenado estructuralmente con el propósito de proporcionar satisfacción directa a determinadas necesidades que por su dimensión humana son propias de la persona física (273), aunque haya que concluir, al igual que lo hace PUGLIESE, con que las personas jurídicas son sin embargo idóneas, al igual que las físicas, para devenir titulares de un derecho de uso. (274)

En un plano teórico puede decirse, con entera razón, que la persona jurídica no puede tener necesidades de orden fisiológico, que éstas sólo pueden serlo del sustrato humano del ente social (vid PUGLIESE) y que por lo tanto sólo pueden satisfacerse «directamente» las del titular propiamente dicho, en este sentido las de sede social, por lo que la apropiación de frutos naturales de una cosa naturalmente fructífera estaría vedada por ser una satisfacción «indirecta» de necesidades. (275) Sin embargo, siguiendo a PUGLIESE, ello puede admitirse cuando la finalidad de la asociación sea precisamente la de satisfacer o la de subvenir a las necesidades personales de los asociados (asistencia y beneficencia). Son estas necesidades, cuando estructuralmente resultan ser relevantes, las que pueden dar lugar a la apropiación de frutos, en el supuesto de constitución del uso sobre cosa fructífera en favor de una persona jurídica, lo que en la práctica no es demasiado infrecuente. (276)

La nota de satisfacción directa, caracterizadora precisamente del derecho de uso, no se ve turbada por la intermediación del ente social por coincidencia de finalidades que han de entenderse implícitamente tenidas en cuenta en la constitución del mismo. La restricción, en todo caso, debería derivarse del título constitutivo, y no de la aplicación automática de la norma

---

270 Ibidem. pág. 727.
271 PUGLIESE. Ob. cit. pág. 727.
272 Ibidem. pág. 728.
273 RAMS. Ob. cit. pág. 29.
274 PUGLIESE. Ob. cit. pág. 729.
275 RAMS. Ob. cit. pág. 29.
276 RAMS. Ob. cit. pág. 30.

tendencialmente constrictiva (277), con lo que estamos plenamente de acuerdo.

Ahora bien, a renglón seguido, indica RAMS que la concesión del uso sobre finca fructífera en favor de una comunidad, orfanato, asilo, etc., sin referencia alguna al destino de los frutos, no puede entenderse hecha para que sirva tan sólo de sede social de la misma, sino como medio físico que valga para su subsistencia y cumplimiento de sus fines, en el que razonablemente deben quedar incluidos los frutos. (278)

Y aquí es donde comienzan las dificultades:

Efectivamente, el conceder, por ejemplo a un asilo, el uso sobre un huerto de naranjos, consiste, precisamente, en la posibilidad de obtener cuantas naranjas sean necesarias para cubrir las necesidades de fruta de las personas asiladas. El propio RAMS ya había manifestado que el uso constituía la fórmula más idónea, en contra del usufructo, para evitar los derechos que el artículo 480 del Código civil le concede y con la posibilidad de arriendo (entre otras), podría dar al traste con la voluntad del concedente, tendente a subvenir las necesidades del asilo. Por eso no nos cuesta trabajo alguno admitir, como hizo PUGLIESE, que cuando la necesidad de la asociación sea precisamente la beneficencia, etc., la posibilidad del uso para las personas jurídicas no sólo es factible, sino que incluso podemos considerar que se trata de una de las soluciones más idóneas.

Pero nos hemos planteado la posibilidad de la sede social de la persona jurídica.

No hay inconveniente en admitir que el derecho de uso, como derecho de disfrute sobre una cosa infructífera, puede darse en el derecho italiano (naturalmente contemplando sólo los frutos naturales), centrándose en la utilización de un inmueble que ha de constituir su sede social; pero no lo admitimos en nuestro derecho, donde la idea fructífera es consustancial al mismo, como reiteradamente venimos manteniendo.

Este punto de vista no es, sin embargo, admitido por RAMS. Este autor, señala, como fundamento de su teoría, que «es claro y en ello se manifiesta unánime la doctrina que para el derecho de habitación se requiere como sujeto titular del mismo, en todo caso y sin excepción, a una persona física, pues sólo ésta está capacitada para utilizar una vivienda con el propósito y la finalidad protegida por el ordenamiento, esto es, la de habitarla en su propio y estricto sentido. Ya que «habitar» -continúa- no es sino la forma humana de satisfacer necesidades vitales propias de la persona física (preparación de alimentos, reposo, ocio e higiene personal primordialmente), a través de su instalación en una vivienda, elemento material por el que se inicia en la práctica cualquier tipo de civilización e instrumento esencial del desarrollo de auténticas formas sociales de vida». (279)

No negamos, en efecto, que el planteamiento del profesor RAMS sea exacto, y que goce por ello del «*placet*» doctrinal, pero se nos suscita una única cuestión que consideramos irresoluble:

Si aceptamos tal planteamiento (que sólo en el ser humano puede darse la posibilidad de «habitar»), y si, como defendemos, el uso en nuestro derecho es siempre fructífero ¿cómo debemos considerar, aunque sea sólo nominalmente,

---

277 Ibidem.
278 Ibidem.
279 RAMS. Ob. cit. pág. 27.

la posibilidad de una persona jurídica de establecerse en un inmueble por concesión del titular del mismo? Uso es claro que no es; tampoco lo es el disfrute en sentido técnico; y, desde luego, no se trata de un precario; entonces ¿cómo denominamos tal utilización? ¿No será acaso un derecho de habitación a favor de una persona jurídica, perfectamente fundamentable en el paralelismo de ésta con la persona humana?

Pero veamos cómo el propio RAMS, abundando en su idea que, repetimos, nos resulta razonable aunque no la compartamos, va a llegar a nuestro punto de vista merced a un desarrollo lógico:

Es evidente -dice- que esta inmediatez de las necesidades que se contemplan como protegidas por la institución del derecho de habitación no se pueden dar en las personas jurídicas, pues aunque pueda hablarse en términos legales propios de «domicilio», éste no es más que un término de referencia para sus necesidades de relación jurídica (lugar en el que se hacen las notificaciones, referencia al régimen aplicable, etc.), pero no se refiere a la cobertura de una necesidad, en sentido etimológico propio; no toda persona jurídica requiere para el cumplimiento de sus fines, una sede social en sentido físico. [280] Tampoco las persona físicas, añadimos nosotros, lo necesitan. Piénsese, por ejemplo, en las familias nómadas y en que nuestro ordenamiento admite, junto al domicilio, la residencia y el término aun más amplio de paradero, precisamente por esta desconexión territorial o de sede que puede producirse, o los varios domicilios que puede tener una misma persona física.

También la persona jurídica, curiosamente con cierta habitualidad, «necesita» de una sede, donde imparte, por ejemplo (y piénsese en la sede de un partido político) su doctrina, difunde sus programas de actuación, celebra sus convenciones y sus actos, públicos o privados, elige a sus miembros y representantes, etc.

De lo que nos parece una realidad, vuelve a apartarse RAMS llegando a no considerar que la habitación, según nuestro Código civil, puede darse sobre la totalidad del inmueble. Por ello y para este concreto derecho, -dice- el ámbito de protección se manifiesta perfectamente sintetizado en la definición legal contenida en el artículo 524.2 del Código, pues su caracterización esencial es la ocupación de determinadas piezas de una vivienda ajena para la satisfacción de auténticas necesidades de índole personal del titular del derecho y de su familia, y con esa precisa y terminante limitación, pues de otra forma _continúa- estaríamos en presencia de otro derecho, normalmente el uso de una vivienda. [281]

Y nos preguntamos ¿no sería acaso habitación el derecho concedido, por ejemplo, al partido político, para ocupar en un inmueble las plantas necesarias para su instalación como sede, o el edificio entero? Creemos, efectivamente, que el derecho de habitación puede subvenir desde necesidades individuales (semejante al derecho de alimentos, de beneficencia privada o como débito moral), hasta estas otras situaciones; y que encorsetar un derecho en su ámbito más estrecho es, desde luego, condenarlo a la desaparición, lo que no deja de resultar contradictorio con la actual relativa expansión que está conociendo el derecho que nos ocupa.

Finalmente, constata que no es éste el sentido de la jurisprudencia, llevando sin embargo su posición a instar un equívoco latente en la interpretación de nuestro derecho positivo, de que tanto el uso como la habitación pueden referirse a realidades semejantes. Insistimos en que toda otra restricción sería dañosa.

---

280 RAMS. Ob. cit. pág. 27.
281 Ibidem. pág. 28.

Dice así:

«Resulta sumamente curioso que dados los términos literales del artículo 524.2 del Código civil haya podido darse en nuestra jurisprudencia la reivindicación de un derecho de habitación en favor de una persona jurídica (Sentencia de 5 de marzo de 1924), pero mucho más chocante, si cabe, es que en ninguna de las instancias jurisdiccionales que conocieron del caso llegase a plantearse, tan siquiera como argumento de fondo, la inidoneidad de una entidad estructurada formalmente como sociedad anónima para ser titular de un derecho de habitación; lo que quiere decir «a senso contrario», tanto como que para alguno de nuestros juristas no existían diferencias estructurales y de función entre el derecho de habitación y el de uso, y que en su consecuencia podía ser titular de aquél, una persona jurídica, o lo que es lo mismo que la configuración personal y familiar con la que se acoge el derecho de habitación, en el Código civil, no es determinante y esencial en este derecho, lo que no sólo es contrario a la letra del precepto, sino también a la tradición histórica de la institución y a las constantes enseñanzas de la doctrina, en este punto concreto, lo que pone de manifiesto la influencia, en este aspecto negativa, de las opiniones de DOMAT». (282)

Como de tales opiniones ya hemos tenido ocasión de hablar con anterioridad, a ello nos remitimos, insistiendo sin embargo, en contra de la opinión que acabamos de transcribir, que no tiene por qué darse una asimilación del uso y de la habitación si este último derecho se concede también a una persona jurídica. Son, como sabemos, dos derechos diferentes, pero su esfera de aplicación puede resultar la misma; porque, si negamos la habitación a las personas jurídicas por razones de literalidad preceptual o históricas ¿con qué fundamentos consideramos aceptable el uso para estas mismas personas? Lo contrario sería sentar una diferencia que no late en la regulación positiva, cual es la de que el uso cabe en todo tipo de personas y la habitación «sólo» en las físicas.

Por más que se fuerce esta interpretación, no hay precepto que lo recoja de manera tajante, ni que no pueda interpretarse extensivamente, tal y como las necesidades de la vida y la lógica de la institución reclaman.

c) Partícipes en el goce de estos derechos.

De los preceptos del Código civil y del significado histórico de los mismos, y debido en gran medida al carácter personalísimo del uso y la habitación, y a las restricciones que representan frente a la amplitud con que se había concebido el derecho de usufructo, se entiende que sólo participen de su contenido las personas de sus titulares y todas aquéllas que se hallen englobadas en el círculo familiar.

Entiéndese por familia el conjunto de las personas que, ligadas con el usuario (y con el habitacionista) por vínculos de parentesco o de servicio, viven ordinariamente en su compañía. «La gente que vive en una casa bajo el mando del señor de ella», como lo había definido el Diccionario de la Real Academia. (283)

---

282 RAMS. Ob. cit. pág. 28.
283 Las ediciones modernas han restringido el concepto, siguiendo en esto la atomización producida en la institución familiar. Y así, en la vigésima edición (Madrid 1984) nos encontramos, en su primera acepción, con que la familia lo constituye «un grupo de personas emparentadas entre sí que viven juntas bajo la autoridad de una de ellas». Si obviamos este último inciso, dada la igualdad de los cónyuges, tendremos una idea aproximativa o, al menos, válida para acercarnos a su tratamiento.

Y no sólo a ella, porque ya GARCIA GOYENA (284), al glosar el artículo 472 del Proyecto de 1851, dice que dichas necesidades se han de graduar según la posición y circunstancias particulares del usuario (comprensivas también al habitacionista); así la Ley 12,1, Título VIII, Libro 7 del Digesto hubo de consignar igual declaración:

«Iuventius etiam cum convivis et hospitibus posse uti. Quae sententia mihi vera videtur; aliquo enim largius cum usuario agendum est pro dignitate eius, cui relictus est usus» (JUVENIO añade que también puede usar para los convites y sus huéspedes, cuya sentencia nos parece verdadera, porque se ha de tolerar alguna extensión más al que tiene el uso, según la dignidad de su persona).

RAMS, después de indicar que el trasfondo último en la historia del uso y la habitación es de carácter benéfico («aunque no siempre de pura beneficencia, pues aunque las más de las veces tienen causa gratuita, no puede ni debe excluirse, mucho menos mirando hacia el futuro, el que tengan en bastantes casos causa negocial onerosa»), establece que es más conveniente para el concepto de «familia del usuario titular» la expresión moderna de beneficiarios del derecho, y que debe considerarse dentro de las circunstancias del sujeto que la norma contempla, amén de determinar que la familia es la constituida por el núcleo convencional primario, pero cuya caracterización depende del propio titular, de sus convicciones, modo y estilo de vida, y no de los hábitos sociales y de las concepciones sociológicas de lo que constituye «familia» en un momento histórico. (285)

Efectivamente, la familia está en función de quien vive en ella. Tanto el uso como la habitación no podemos afirmar ni que contemplen en la actualidad una familia atomizada de tipo urbano o una amplia de corte rural, sino que se establece en función de lo que es la familia del titular, dependiente de él. Así, en una habitación urbana, estará constituida por la pareja y la prole (incluyéndose a estos efectos, accidentalmente, el servicio y otros familiares, como abuelos, etc.), mientras que en la rústica habrá que considerar, además de a estas mismas personas, un sentido más amplio.

Constituyen familia, en nuestro derecho, las hermanas solteras o los tíos que viven en la misma casa y colaboran en la explotación agrícola, y algunas figuras representativas de nuestros derechos forales, que dan lugar a instituciones tan características como el hermano soltero del Alto Aragón, conocido como «tión». (286)

Y entiende RAMS que no puede entonces relativizarse el concepto de familia, como hace notar DE BUEN (287), para cada caso, atendiendo al título constitutivo, puesto que de esta forma, no sólo habría varias medidas según el título de constitución trajese causa onerosa o gratuita, sino que habría que tender al mantenimiento del "status quo" inicial, modalizando en grado sumo la

---

284 GARCIA GOYENA. Ob. cit. pág. 486.
285 RAMS. Ob. cit. pág. 36.
286 Y que se encuentra de manera especialísima vinculado a la casa, concebida como una "unidad familiar y patrimonial formada por el conunto de individuos que viven bajo la jefatura del señor, generalmente el padre, en un espacio delimitado por una unidad económica de explotación y cultivo, aunque no sea continua territorialmente, sustentándose por unos mismos bienes, que han sido recibidos por tradición de generaciones anteriores con las que el jefe estaba generalmente unido por vínculos directos de sangre", ya desde el siglo XI.
Vid MARTIN-BALLESTEROS COSTEA. "La casa en el derecho aragonés". Artes gráficas E. Berdejo Casañal. Zaragoza 1944. pág. 107.
287 DE BUEN. Voz «Usufructo». en Enciclopedia Jurídica Española. Seix. Barcelona.

elasticidad característica propia de este tipo de derechos. (288)

Por otra parte, las necesidades familiares van a ser las que establezcan la extensión de los derechos, por su conexión con las circunstancias del titular. El aumento o disminución de los beneficiarios es lo que delimita precisamente el alcance del uso y de la habitación y lo que configura el «status» del titular y sus necesidades, de acuerdo con el marco social en que se desenvuelve, configurando cualitativa y cuantitativamente el contenido genérico del título constitutivo. (289)

Hasta aquí nos hemos referido a la familia y allegados como partícipes en el goce de los derechos de uso y habitación, es decir, como beneficiarios de los mismos, referidos exclusivamente a las personas físicas. Pero ¿qué sucede con la persona jurídica? porque, si, como hemos visto, puede ser titular indiscutible de un derecho de uso, y, aunque más problemático, también del de habitación, ¿quiénes son sus beneficiarios?

La respuesta parece obvia: los individuos integrantes del cuerpo social que constituye la persona jurídica. Así tendremos:

a) Respecto del derecho de uso: Serán beneficiarios «directos» los miembros o integrantes de la misma. Es decir, en el supuesto que contemplamos del asilo, se beneficiarán, consumiendo la fruta, todos los asilados; y cuyo aumento o disminución condicionará una mayor o menor percepción de frutos.

b) Respecto del derecho de habitación: Si bien no se trata de subvenir necesidades de índole familiar estricta, los asociados, miembros de un partido político, etc., serán los destinatarios y beneficiarios, también «directos» de tal derecho. El aumento o disminución de socios, o de afiliados, condicionará igualmente el que se ocupe una parte mayor o menor del inmueble sobre el que se ha constituido el derecho.

En ambos supuestos, contemplamos cómo las necesidades humanas (físicas) son las que se satisfacen «directamente», sin perjuicio de reconocer, como vimos en PUGLIESE, que otro tanto sucede con las persona jurídicas, por lo cual no existirá diferencia de necesidad o aprovechamiento porque el conjunto de las personas físicas conforma la jurídica. Tan sólo las oscilaciones que se produzcan en su seno alterarán el diverso contenido de los derechos,

---

288 Vid RAMS. Ob. cit. pág. 37.
289 Por ello, como brillantemente termina RAMS, "la referencia legal a la familia debe ser entendida... como elemento objetivo de la capacidad reconocida de apropiarse de determinados frutos del bien sujeto al uso, o como medida también de la capacidad de ocupación de piezas no comunes de una vivienda, sobre la que se constituye el derecho de habitación, pero de ningún modo como forma directa o indirecta de determinación del sujeto, como de forma harto equívoca la emplea DORAL (Ob. cit. págs. 481 y 482), sin duda influido por las modernas configuraciones legislativas (constituidas por los artículos 1.023 del Código civil italiano de 1942 y 1.487 del Código civil portugués) de las que desaparecen del marco familiar beneficiario, junto al titular los ascendientes y las nuevas familias originadas por el matrimonio de los hijos, contra las tradiciones generalmente admitidas y formas de familia todavía muy comunes en Italia y Portugal, imponiendo un modelo celular que tan a duras penas se empieza a generalizar en los ámbitos urbanos, lo que en cierto modo evidencia una clara desconexión entre los derechos de uso y habitación, que se abren paso entre los juristas y legisladores y los que perviven en la práctica común". Ob. cit. pág. 37.

que no podrán concederse por un plazo superior a 30 años, dado que se contempla el aspecto social, de conjunto, que constituye la sociedad, partido, etc. y no su substrato humano, sus individualidades, que llevarían a un tratamiento diferente, al igual que cuando se concede un derecho de usufructo a un colectivo de personas con consideración a las mismas.

El aspecto personal es por tanto único.

2. Objeto.

A la hora de determinar el objeto sobre el que recaen los derechos de uso y habitación, la fórmula más sencilla es sin duda referirse al contenido del derecho positivo, lo que no deja de arrojar alguna luz sobre el problema que abordamos.

Ahora bien, en un somero recorrido por el articulado de nuestro Código civil, encontramos algunas discrepancias frente a lo que ha sido sustentado por la doctrina y a lo mantenido en el derecho comparado, fundamentalmente el derecho italiano. Por todo ello, vamos a reconducir toda la materia dentro de lo que pudiéramos considerar como una ordenada sistemática de corte tradicional, para poder extraer algunas consecuencias y realizar las confrontaciones precisas.

Tendremos entonces:

1. Respecto del derecho de uso:

   a) Bienes muebles.

Parece, en principio, que no puede darse derecho de uso sobre bienes de naturaleza mobiliaria, ya que él mismo constituye uno de los derechos reales que, generalmente, se establecen sobre bienes inmuebles.

Ahora bien, también existe algún derecho real, como es el caso del derecho de prenda, que se establece de forma exclusiva sobre los bienes muebles (ya que, en punto a inmuebles, estamos frente a la figura del secuestro), por lo que, si existen derechos reales sobre muebles, cabe entonces un derecho de uso sobre los mismos, tal y como acontece igualmente con el derecho de usufructo.

Por otra parte, las cosas muebles no hay duda de que pueden ser fructíferas, y dado que en nuestro derecho el uso se constituye sobre tales cosas (artículo 524 del Código civil) (descartando las infructíferas, sobre las que sólo cabría un derecho de utilización, que no es derecho real, sino, todo lo más, relación negocial de comodato) sería posible constituir un derecho de uso sobre acciones, etc., es decir, sobre todo aquello que produzca un interés o beneficio (frutos civiles) para su titular. Si bien, en este mismo aspecto, hemos de destacar dos cuestiones:

a) Que la acción, en concreto, se considera actualmente como un objeto «sui generis», apartada de la división o la configuración tradicional de los bienes muebles, caracterizándose como un «valor negociable».

b) Que en punto a los derechos que se conceden al usufructuario, y de los que haremos traslado al usuario, no ha existido una postura pacífica. [290]

---

[290] Decía el artículo 41 de la LSA de 1951 que «En caso de usufructo de acciones, la cualidad de socio reside en el nudo propietario, pero el usufructuario tendrá derecho a participar en las ganancias sociales obtenidas durante el período de usufructo y que se repartan dentro del mismo. El ejercicio de los demás derechos de socio corresponde, salvo

disposición contraria de los Estatutos, al nudo propietario.

Cuando el usufructo recayere sobre acciones no liberadas totalmente, el usufructuario que desee conservar su derecho deberá efectuar el pago de los dividendos pasivos, sin perjuicio de repetir contra el nudo propietario al término del usufructo. Si el usufructuario incumpliere esa obligación, la sociedad deberá admitir el pago hecho por el nudo propietario».

GARRIGUES había puesto de manifiesto cómo la enorme difusión del capital en las sociedades anónimas ha hecho que, muchas veces, la titularidad del derecho de acción esté atribuida a dos personas, una como nuda propietaria y otra como usufructuaria. Así ocurre -dice- frecuentemente en el caso de la sucesión "mortis causa". El deslinde de la posición respectiva de propietario y usufructuario respecto a los derechos del accionista es uno de los problemas más frecuentes en el derecho vivo de la sociedad anónima. El Código de comercio nada decía sobre este problema y los estatutos de las sociedades suelen guardar también silencio.

El problema quedaba, pues, remitido al derecho civil, que tampoco daba una respuesta. Las dificultades tiene su origen -continúa GARRIGUES-, de un lado, en el hecho de recaer el usufructo sobre un título-valor cuya esencia radica en un especial nexo..., de donde se sigue que este usufructo de acciones se aparta del usufructo típico de créditos o de derechos personales para ser al propio tiempo el usufructo sobre un derecho (el derecho de socio) y el usufructo sobre una cosa mueble (el título); y, de otro lado, en la complejidad del derecho de acción. Si fuera un simple derecho de crédito, el usufructo no ofrecería dificultades (el usufructuario tendría derecho a los intereses como fruto civil: artículo 475 del Código civil). Pero siendo complejo el derecho de socio... en cada uno de los derechos que consagra el derecho núcleo, puede surgir el conflicto entre nudo propietario y usufructuario. (GARRIGUES. en «Curso de Derecho Mercantil». I. Madrid 1982. pág. 455).

Y así, decía URIA, cómo el contenido y extensión del usufructo de acciones (algunas de cuyas cuestiones habían sido ya resueltas de modo claro por la propia Ley de anónimas), no parece determinado por esa misma ley de una manera rígida (en este sentido podía verse la Res. de la DGRN de 4 de marzo de 1981), pero sí declara que la cualidad de socio es del propietario y que el usufructuario tendrá derecho a unas ganancias sociales que determina, y tal derecho no puede ser amputado ni suprimido por los estatutos, pero la ley -dice- ha perfilado claramente la amplitud del mismo limitándole a las ganancias obtenidas durante el período del usufructo y que se repartan durante el mismo. (ver URIA. «Derecho Mercantil». Marcial Pons. Madrid 1986. págs. 228 y 229). Punto de vista que, según RUBIO (ver «Curso de Derecho de Sociedades Anónimas». Madrid 1964) resulta totalmente injusto, porque no es lógico determinar, como hace URIA, y parece deducirse de la propia ley, que los beneficios obtenidos durante el usufructo que se repartan fuera de él corresponden al propietario, porque, en su consideración, al menos económica, de frutos civiles, «se entienden percibidos día por día, y pertenecen al usufructuario en proporción al tiempo que dure el usufructo» (artículo 474 del Código civil).

El propio URIA, en opinión también compartida por GARRIGUES, determinaba que el ejercicio del derecho preferente de suscripción de las acciones nuevas en los aumentos de capital corresponderá, si los estatutos no disponen otra cosa, al nudo propietario de las acciones (Sentencias de 23 de enero de 1947 y 24 de noviembre de 1960). El usufructuario no podrá concurrir a la suscripción de las nuevas acciones con los derechos correspondientes a las acciones usufructuadas, ni vender esos derechos.

Pero debemos constatar al respecto la opinión de BROSETA quien, contemplando una realidad que era, sin duda, diferente, y que por ello mismo ya recogía el Anteproyecto de Ley de Sociedades Anónimas, decía: «Lo más complejo quizá se refiera a la situación del usufructuario y del nudo propietario en los casos de aumento de capital. ¿Qué es lo que establece el Anteproyecto? Establece algunas relas de una gran simplicidad. Si el nudo propietario no hubiere ejercitado ni enajenado el derecho de suscripción preferente ¿qué es lo que ocurre? pues que el Anteproyecto declara legitimado para ello al usufructuario para que pueda hacer una de estas dos cosas: para que pueda vender los derechos inherentes al cupón, inherentes al aumento de capital o para que proceda a suscripción de

A pesar de ello, consideramos la posibilidad de constitución del derecho de uso, con estas precisiones:

a) Tratándose de acciones liberadas:
El derecho de uso puede recaer sobre ellas sin ningún tipo de impedimento ni obligación alguna por parte del usuario. Admitimos que el propietario que puede lo más (cual es dar sus acciones en usufructo), puede constituir lo menos (el uso sobre las mismas). Tal derecho de uso se concretará a las necesidades del usuario que deban subvenirse con los beneficios sociales que se obtengan por dichas acciones.

b) Tratándose de acciones no liberadas: Estaba ya claro con la Ley del 51 que no debería efectuar el pago de los dividendos pasivos (al revés de lo que sucedía con el usufructuario), ni aun cuando su derecho se hubiera establecido sobre la totalidad, porque estos dividendos nada tienen que ver con los gastos a que se refiere el artículo 527 del Código civil, que no resulta aplicable. Tampoco lo era el antiguo artículo 41.2 de la Ley de Anónimas, porque no resultaba concordante una idea de necesidad que intentaba paliarse y un pago obligatorio para la conservación de un derecho.

La actual Ley del 89, al haber variado su orientación en el nuevo artículo las nuevas acciones representativas del aumento de capital. Ahora bien ¿cuál es la posición de uno y otro si se enajenan los derechos de suscripción o si, por el contrario, se suscriben las acciones? Lo que dice la regla 2ª y la regla 3ª del correspondiente precepto del Anteproyecto es muy sencillo: cuando se enajenen, dice, los derechos de suscripción, bien por el nudo propietario, bien por el usufructuario, el usufructo se extenderá al importe obtenido por la enajenación o a los bienes en que hubieran sido invertidos. Mas ¿qué ocurre cuando se suscriban nuevas acciones? Pues sencillamente que <u>el usufructo se extiende sobre las nuevas acciones</u> (con lo que se produce, por vía legal, un cambio en la anterior orientación). Pero no se extiende -como es lógico- sobre todas las acciones nuevas, sino tan sólo sobre aquellas acciones que representen, según su valor, el contravalor estricto del importe que hubiere debido corresponder al usufructuario, distinguiendo, por tanto, que hay supuestos, evidentemente, en los que no se puede extender a todas las acciones suscritas». (BROSETA PONT. «Acciones: clases y régimen jurídico» en «La reforma del Derecho español de Sociedades de Capital». Madrid 1987. Civitas. págs. 467 y 468).

«Haciéndose eco de esas y otras críticas, y de las soluciones propuestas para los problemas y lagunas que aquella legislación dejaba -dice LACRUZ-, la vigente Ley de Sociedades Anónimas de 25 de julio de 1989 (texto refundido por R.D. legislativo de 22 de diciembre de 1989) ha abordado casi todas las cuestiones con mayor extensión y mejor técnica. Sigue siendo principio básico que *la cualidad de socio reside en el nudo propietario*, a quien se reconoce y corresponde *el ejercicio de los demás derechos, salvo disposición contraria en los estatutos*, pero *el usufructuario tendrá derecho en todo caso a los dividendos acordados por la sociedad durante el usufructo* (artº. 67.1). Aunque en los artículos siguientes se concede al usufructuario más derechos económicos que en el viejo artº. 41 LSA 1951, su mejor situación se limita casi exclusivamente al ámbito económico, mas no al de gestión de la cosa usufructuada, pues tanto los llamados derechos políticos como los administrativos vinculados a las acciones competen todavía sólo al nudo propietario». (ver LACRUZ. «Elementos..». «Derechos reales» Vol, 2º. 2ª ed. José Mª Bosch. Barcelona 1991. pág. 87).

Ahora bien, como veremos, toda esta problemática no puede, sin embargo, ser trasladada sin más al derecho de uso, por la especial cualificación del mismo en esta materia, en la que se le ha ignorado doctrinalmente.

69, deja claro que, si no está obligado el usufructuario, menos aun ha de estarlo el beneficiario de un derecho de uso.

c) En cuanto a los beneficios sociales generados durante el período del uso y repartidos con posterioridad al mismo: Se produce aquí una diferencia esencial con el usufructo, tanto en la Ley del 51 como en lo que viene a contemplarse en el desarrollo del actual artículo 67.1 de la Ley del 89 (vid al respecto LACRUZ. Ob. últ. cit. págs. 88-89). El usuario, en este caso, no parece que tenga ningún derecho sobre ellos porque su derecho se extiende sobre necesidades «actuales» y sentidas, y es difícil que éstas puedan paliarse retroactivamente.

Cabría, sin embargo, la petición de una compensación en el supuesto de que el propietario, por haber ejercitado sus derechos sociales tendentes a retrasar la entrega de beneficios hasta finalizado el período de uso, haya dejado al usuario carente de una necesaria subvención económica. Pero, repetimos, sólo como sanción de una conducta, no como paliativo de necesidades que ya no existen, por no ser actuales, y por haber expirado el término durante el cual pudieran atenderse.

No entramos, pese a que así se ha considerado en punto al derecho de usufructo, en la problemática de las nuevas acciones y de la suscripción preferente, que en la actualidad se reglamenta de una manera más justa y compleja (LACRUZ) en el nuevo artículo 70. Este última no se dará nunca, creemos, por la especial configuración del derecho de uso, y porque el usuario, al revés que el usufructuario, no puede ni suscribir ni enajenar tales acciones. En cuanto a las nuevas acciones, que se concedan como beneficios sociales no cabe duda de que serán del nudo propietario (en contra de la interpretación que podía hacerse a la anterior regulación), extendiéndose a ellas el usufructo y, pensamos, también el derecho de uso, pero sólo si sus necesidades aumentan, o si su uso no paliaba la totalidad de las mismas. Las nuevas acciones quedarán por tanto sujetas, en este caso, a cubrir esas necesidades actuales del usuario y de su familia.

En la legislación anterior aun cabría objetar por qué el usufructuario podía hacer suyas las nuevas acciones y no el usuario, siendo así que tales acciones debían ser consideradas frutos y tanto uno como otro participaban en ellos. Pues bien, porque el uso va referido a necesidades actuales, éstas no se palían con una titularidad; todo lo más cabría una conversión en numerario, mediante la enajenación, facultad que le está ciertamente prohibida al usuario.

Hasta aquí lo referente a las sociedades anónimas; pero, con las modificaciones pertinentes, hemos de entender aplicable el mismo régimen a cualquier otro tipo de sociedad, puesto que, en defecto de regulación específica, las normas de la Ley de Anónimas son las que se tienen en consideración, aunque nos estemos refiriendo, por ejemplo, a participaciones sociales. ([291])

b) Bienes inmuebles.

En lo concerniente a bienes inmuebles, consideramos varias directrices:

En primer lugar, el punto de vista o criterio histórico, establecido a través

---

[291] Salvando una omisión que se estimaba grave en la anterior legalidad (LACRUZ), establece ahora el artº. 67.2 que *en las relaciones entre el usufructuario y el nudo propietario regirá lo que determine el título constitutivo del usufructo; en su defecto, lo previsto en la presente ley y, supletoriamente, el Código civil.* Lo cual debe ser, ciertamente, tenido en cuenta también para el derecho de uso.

de las diversas fases en que se desenvolvió el Derecho romano, y en el que se daba la posibilidad de determinados usos sobre bienes inmuebles.

En segundo lugar, las posturas doctrinales que admiten, junto al «*frui*» la posibilidad del «*uti*» en el uso inmobiliario.

Y en tercer lugar, la posición sustentada por nuestro Código civil, y que postulamos, donde sólo se determina la posibilidad de un «*frui*».

Así, en lo concerniente al punto de vista mantenido por el Derecho romano, ha sido el gran pandectista GLÜCK (292) quien lo ha sintetizado en varios grupos en los que el derecho de uso podía dividirse, atendiendo o en razón de las consecuencias que de él se derivaban para el usuario.

Dentro del primer grupo se establecen las cosas que son, por su propia naturaleza, infructíferas (se considera aquí, por ejemplo, la casa; y aunque no sea motivo de tratamiento en este apartado, se agrupan también los trabajos de los esclavos y de los animales). En este caso se afirma que el usuario tiene el uso pleno y ordinario de la cosa según los límites específicos impuestos por la obligación de gozar «*salva rerum substantia*» y sin que tal goce se limite en la medida que determinan las intrínsecas necesidades del usuario, si bien no puede cederse su ejercicio a terceros ya se haga a título oneroso o lucrativo; pero sí puede ejercitarse con el concurso del cónyuge y de sus familiares. Esta es, al menos, la doctrina que se detrae de ULPIANO (Lib. XVIII «ad Sabinum») D.7,8,2,1 y D.7,8,4; y de PAULO (Lib. III «ad Vitellium») D.7,8,3.

En el supuesto específico de la casa, que es lo que ahora nos interesa, las fuentes romanas permiten la posibilidad de exclusión del propietario respecto de las piezas que no se ocupan por el usuario o excedan de sus necesidades, sin que pueda éste transferir su utilización a un tercero (D.7,8,8, ULPIANO). El usuario puede, únicamente, impedir la convivencia en la misma casa con el «*dominus*».

Debe advertirse, no obstante, que lo que acabamos de contemplar constituye un claro exponente del derecho de habitación, no de uso, que alcanzó con JUSTINIANO su propia configuración y autonomía.

En un tercer grupo (ya que el segundo va referido a los animales), se toma como hipótesis la cosa que es susceptible de uso sin percepción de los frutos. Pero este uso así limitado no es plenamente eficaz ni satisfactorio económicamente, por lo que la apropiación de frutos debe entenderse comprendida en el destino ordinario de la cosa dejada en uso (como por ejemplo el uso de las villas -«*villae et pretorii*»-). Así pues, la plenitud del derecho de uso no es viable sin la percepción de los frutos, aunque como vuelve a señalar GLÜCK, tal percepción debe entenderse limitada a las necesidades del usuario y su familia, recogiendo con ello la orientación de ULPIANO (D.7,8,12 pr. y 1).

Finalmente, el cuarto grupo se establece cuando la cosa tiene unas características tales que el simple uso, sin posibilidad de apropiación de frutos, no proporciona utilidad alguna al usuario (así, por ejemplo, un prado o un vivero de peces). En este supuesto entiende GLÜCK que es cuando el usuario tiene derecho a los frutos, ya que, de otro modo, su derecho sería ilusorio.

De todos modos, la percepción de frutos está también limitada a sus necesidades y a las de su familia, pero cabe la posibilidad de que si éstas consumieran todos los frutos, ciertamente esté autorizado a ello, como si de un usufructo se tratara. Así lo manifiestas PAULO (D.7,8,15) y POMPONIO (D,7,8,22).

---

292 GLÜCK. Ob. cit. págs. 397 y ss.

Las posturas doctrinales suelen referirse, en el apartado que ahora consideramos, a dos posibilidades, bien el «*uti*» o bien el «*frui*». Respecto de los inmuebles se distingue entonces un destino diferente, según tiendan a satisfacer necesidades del usuario (mediante, por ejemplo, una participación en la percepción de una renta), o la utilización que de él mismo realice en tal inmueble (como ocupar un local comercial para desarrollar en él actividades mercantiles). Y ello tiene su reflejo en algunas legislaciones positivas que, como la italiana, determinan la posibilidad de servirse de la cosa (fructífera o no) dependiendo de las necesidades o del aprovechamiento que el usuario pueda obtener de la misma.

La habitación queda entonces, lógicamente, reducida a una dimensión estrictamente «habitable», considerado como un derecho menor y fácilmente identificable como un uso sobre una vivienda, bien lo sea sobre la totalidad o sobre parte de ella.

Para nuestro Código civil, creemos que hay que sustentar una postura diversa a la últimamente contemplada, porque es explícito en determinar que el uso va referido a cosas fructíferas, sin que quepa la constitución del mismo sobre cosas infructíferas.

En lo que concierne a los inmuebles, al trasladar esta precisión, nos encontramos con algunas situaciones que dan al traste con las opiniones doctrinales: Si establecemos un derecho de uso sobre un inmueble (léase, por ejemplo, un local comercial), creemos que hay que entender que tal derecho se refiere a los frutos que se produzcan, y los frutos que un inmueble produce son, por regla general, las rentas del mismo. Así pues, el uso sobre inmuebles se concreta en una participación (o en la totalidad, según las necesidades) en las rentas que se satisfagan. (En caso de venta o expropiación forzosa del inmueble, se concretaría en una participación proporcional o en la totalidad del precio o del justiprecio satisfechos).

Ahora bien ¿entonces, cuál es el derecho que puede tenerse, por ejemplo, sobre un inmueble que no constituya habitación? Éste, creemos, es el caballo de batalla y la objeción más seria de todo este planteamiento.

Al hablar de las persona jurídicas mantuvimos la postura de que, en punto a necesidad de sede, era un derecho de habitación trasladable a tales personas, pero, si no se establece como necesidad, ya sea la persona física o jurídica, y si no podemos en puridad considerarlo como un derecho de uso, cabría admitir que lo que estamos contemplando es un claro derecho de utilización, que es un derecho admisible por la posibilidad del «*numerus apertus*» en que podría, teóricamente, moverse nuestro ordenamiento. (Si, por el contrario, se mantiene la posición del «*numerus clausus*», de la que participamos, habríamos de remitirnos a la posibilidad de escape que mantienen las servidumbres, apercibiéndonos de que el uso ha tenido, históricamente y en la actualidad en el vigente derecho alemán, la consideración de una «servidumbre personal»).

Y no debe resultarnos tan difícil la admisión de este derecho (o una facultad, si se quiere, dimanante de un título), de fácil caracterización, porque así lo entendemos a través de nuestro derecho positivo y, en gran medida, a través de un punto de vista histórico. Bástenos recordar, por ejemplo, el aforismo «*uti potest, frui non potest*», que nuestro Código parece haber dado la vuelta en el sentido de «*sed si frui potest, uti non potest*».

Una última consideración, y es que en el propio Código existe ya un precepto en consonancia con los criterios doctrinales. Nos referimos al artículo 1.407 y la posibilidad de constituir un derecho de uso sobre un local profesional (no hay duda ninguna respecto de la vivienda). Pero de lo acertado o no de este precepto, tendremos ocasión de pronunciarnos más adelante.

c) Semovientes.

El segundo grupo de los considerados por GLÜCK se refería, precisamente, a estos bienes, constituidos por cosas que son de por sí fructíferas, pero que pueden ser usadas por el usuario de manera que extraiga de ellas una utilidad sin necesidad de hacer suyos los frutos o parte de ellos. El propio GLÜCK advierte que ante este específico caso (uso de determinados animales), la distinción entre el «*usus*» y el «*fructus*» adquiere especial importancia: el usuario de un rebaño puede emplear el estiércol, el de una caballería su fuerza de tiro, como había señalado LABEON (D.7,8,12,2), pero ninguno de ellos tiene derecho a la leche, la lana y las crías; sólo por vía de excepción y adquiriendo el derecho a título de legado se puede llegar a extender el uso a la apropiación de una módica cantidad de estos frutos naturales.

Pero es otro el tratamiento de nuestro Código civil. Contemplamos, en efecto, lo establecido en el artículo 526 donde se manejan dos conceptos semejantes como son los de rebaño y piara; el primero referido a los ganados ovino, caprino, caballar y vacuno, y el segundo al de cerda; pero ambos como conjunto. ¿Acaso no cabe el uso sobre animales únicos o que no constituyan piara o rebaño? evidentemente sí, pero nuestro Código ha querido, con buen criterio, hacer una referencia extensa tal y como tenía establecido para el usufructo en el artículo 499, para determinar que el propio uso podía subvenir necesidades de importancia.

En contra de lo que acabamos de contemplar, el usuario se aprovecha de las crías, leche y lana, eso sí, en la medida en que baste a su consumo, y también del estiércol suficiente con que abonar las tierras que cultive.

Este artículo nos merece una última reflexión: el Código civil, que habla genéricamente de los frutos (artículos 524 y 527), determina con singular precisión lo referente a los ganados, quedando claro en qué consiste y cuál es la extensión del uso en el único precepto en que determina su alcance, por supuesto fructífero.

El uso se determina, a través de esta concreción, como una figura de corte eminentemente rural, destinada a subvenir necesidades del campesinado mediante productos agropecuarios. Ha perdido entonces su antigua mayor amplitud por una realidad de conexiones más íntimas que se ha visto definitivamente desfasada ante el desarrollo de una sociedad de corte urbano; por eso, a problemas urbanos, soluciones urbanas. El uso no debe dotarse, al menos así lo creemos, de mayor amplitud que la que realmente tiene, en detrimento de la habitación, capaz de adecuarse en mejor medida a la moderna sociedad, mediante un normal desarrollo de sus posibilidades.

2. Respecto del derecho de habitación.

El objeto del derecho de habitación está constituido por bienes inmuebles que pueden ser habitados por los titulares del derecho.

Para que tales inmuebles puedan habitarse necesitan reunir unos requisitos mínimos que, siguiendo a MUÑOZ DE DIOS, podemos concretar en las tres circunstancias siguientes: Habitabilidad, habitualidad y que constituya el hogar familiar principal. [293]

La vivienda -dice este autor- tendrá que ser <u>habitable</u>, es decir, habrá de

---

[293] MUÑOZ DE DIOS. «La vivienda familiar y el mobiliario en el artículo 1.320 del Código civil». AAMN. T.XXVII. Edersa. Madrid 1987. pág. 222.

reunir las condiciones necesarias para que puedan desarrollarse en ella las funciones más esenciales de la vida familiar como son: alojamiento, comida, ocio, etc., y que, por tanto, pueda servir de casa-habitación a la familia. En el supuesto de las personas jurídicas, añadimos nosotros, las necesidades del alojamiento se manifiestan bajo actividades diferentes, como por ejemplo celebrar sus actuaciones, custodiar sus archivos, etc.

Y tanto puede tratarse -continúa- de una vivienda estable como de un móvil (caravana, remolque, etc.) donde la familia haya establecido su vivienda por razón de su profesión. [294]

Lógicamente la idea del derecho de habitación no casa con los presupuestos de una vivienda móvil, sin que ello quiera decir que tales viviendas no satisfagan unas mínimas necesidades de alojamiento, que versarían siempre sobre la totalidad de la vivienda, por el ámbito naturalmente reducido de la misma.

No obstante, no podemos aceptar tal supuesto que acarrearía, además, problemas registrales de imposible solución.

El propio GARCIA CANTERO no las considera ni tan siquiera viviendas, precisamente por su naturaleza mobiliaria, su difícil identificación (especialmente si son arrastradas por animales), por su fácil vulnerabilidad (pueden destruirse fácilmente) y por la imposibilidad de inscripción en el Registro de su carácter de alojamiento familiar. [295]

Se excluyen las chozas, cabañas, establos, casas en ruinas, etc., porque, aunque provisionalmente puedan servir de alojamiento a una familia, no pueden merecer la calificación de vivienda familiar, puesto que carecen de condiciones de habitabilidad; aunque, en opinión de MUÑOZ DE DIOS, por un principio de justicia, y pese a la opinión doctrinal dominante en contrario, la protección que dispensa el artículo 1.320 del Código civil deberá extenderse a estos supuestos. [296] Pero éste es un problema en el que, pese a estar de acuerdo, no vamos a entrar, puesto que nada tiene ahora que ver con el derecho de habitación. Constituir tal derecho sobre una construcción de estas características, para una familia necesitada de alojamiento, es inimaginable. Tales construcciones tienen otros cometidos.

Respecto de la <u>habitualidad</u>, es preciso que la vivienda constituya el lugar en el que se desarrolle normalmente y con carácter más o menos permanente, la vida de los cónyuges y de los demás miembros de la familia.

Si se trata de personas jurídicas, la habitualidad se determina por la sede social, donde presumiblemente va a realizar todas o sus principales actividades.

En lo que respecta a la familia, la ley no exige un tiempo mínimo de ocupación. Tan habitual es la vivienda ocupada desde hace muchos años como la habitada recientemente. Lo fundamental es que la familia permanezca en la vivienda con la intención de constituir en ella su hogar [297], bastando, a nuestro entender, con este animus para considerar vivienda habitual la que acaba de ser estrenada u ocupada, v.gr., por unos recién casados, y en el supuesto específico de la habitación, con una intención de futuro.

DIEZ-PICAZO ha puesto de relieve que no hace falta decir que la idea de vivienda y de residencia excluye las residencias de temporada o las

---

294 Ibidem. págs. 222-223.
295 GARCIA CANTERO. «Configuración del concepto de vivienda familiar en el Derecho español». EUNSA. Pamplona 1986. pág. 74.
296 MUÑOZ DE DIOS. Ob. cit. pág. 223.
297 Ibidem. pág. 225.

simplemente ocasionales, así como los locales (pisos, apartamentos, etc.), que nunca hubiesen estado destinados a viviendas de esas personas, aunque fuesen de su propiedad. (298) Y esta idea concuerda y debe por tanto aceptarse, en principio, para el supuesto de la habitación. Sin embargo no por ello debemos rechazar de plano la posibilidad contraria, dado que cabría en algún caso concreto: Podemos imaginar, por ejemplo, la situación de un padre de familia que, habiendo contraído una enfermedad (pensemos en una de tipo pulmonar), deba pasar temporadas en la montaña, sin que sus recursos le permitan tal posibilidad. Uno de sus amigos o conocidos, propietario de una vivienda de vacaciones en la sierra, le oferta su casa para que pueda pasar en ella las temporadas necesarias.

Puede resolverse, efectivamente, por una situación de mera tolerancia por parte del propietario, de pura beneficencia privada; pero incluso podría resultar interesante que, a efectos de garantizar tal actitud del propietario, se constituyese un derecho de habitación limitado, por ejemplo, a la temporada de verano, o a uno o más meses, durante el tiempo necesario hasta la curación del enfermo.

Ha de constituir, finalmente, el <u>hogar familiar principal</u>, ya que no basta con que la vivienda reúna condiciones de habitabilidad -ni que en ella se desarrolle normalmente la vida de los cónyuges y su familia (habitualidad)-, sino que es preciso, además, que constituya la vivienda principal en la que la familia legalmente constituida tenga su hogar, con las circunstancias de que se trate efectivamente de familia legalmente constituida y que se trate de la vivienda principal de la familia, (299) o, lo que es lo mismo, el domicilio conyugal. (300)

---

298 DIEZ-PICAZO. «Comentarios a las reformas del derecho de familia». Vol.II. Tecnos. Madrid 1984. pág. 1802.

299 Vid MUÑOZ DE DIOS. Ob. cit. págs. 227 A 229.

300 De éste, dide DE CASTRO, que se considera como tal la vivienda común, "el lugar en que está el hogar de la familia, la residencia habitual y normal de la mujer y los hjos ("dicitur communiter quod uxor facit domicilium"); siendo inoperante para despojarle de ese carácter la voluntad, conducta contraria o la residencia distinta del marido; es decir, que éste no puede crear otro domicilio arbitraria o antijurídicamente". (DE CASTRO Y BRAVO. "Compendio de derecho civil". Introducción y derecho de la persona. Madrid 1970. pág. 283), lo que viene también a confirmar la Resolución del Comité de Ministros del Consejo de Europa, de 18 de enero de 1972 (Unification des concepts juridiques de "domicile" et de "résidence". Résolution 72, que, en su página 6 establece: "N° 3. Le domicile d'une personne mariée ne dépend pas de celui de son conjoint, mais le domicile de l'un des époux est un élément qui peut être pris en considération pour déterminer le domicile de l'autre"); entendiendo por familia el sentido restringido de la pareja y la prole, aunque también cabe en el sentido amplio que contemplamos al hablar de los sujetos y beneficiarios, tal y como determina GARCIA CANTERO, al decir que en el hogar familiar pueden convivir: "ascendientes más o menos próximos o colaterales, que hayan sido recibidos, hijos adoptados plenamente por ambos cónyuges (en la actualidad hay que referir el supuesto a lo establecido en la Ley 21/1987 de 11 de noviembre por la que se modifican determinados artículos del Código civil en materia de adopción, B.O.E. de 17 de noviembre, que regula una única forma adoptiva), o los que uno de ellos haya tenido de anterior matrimonio, o los no matrimoniales de cualquiera de ellos, incluso los reconocidos o adoptados de facto" (GARCIA CANTERO. "Configuración..." cit. pág. 76).

Este sentido fue ya contemplado, en su momento, entre otros, por ALONSO MARTINEZ ("La familia". Memoria leída en la Academia de Ciencias Morales y Políticas. Imprenta, fundición y esterotipia de Don Juan Aguado. Madrid 1872, en toda la obra), así como por GARCIA GOYENA (al comentar el artículo 742 del Proyecto de Código civil de 1851, sentaba el sentido de la familia desde el punto de vista de que "la ley los defiere a

Idoneidad para generar utilidades inmediatamente al titular.

Visto, sin entrar en mayores distingos sobre bienes concretos, lo que constituye el objeto de los derechos de uso y habitación, nos queda tan sólo reconducir estos aspectos hacia la posibilidad de generación de <u>utilidad directa</u> frente a los titulares de los mismos. Y en este terreno es donde se produce un enfrentamiento entre las concepciones tradicionales y las mantenidas por los autores modernos.

De acuerdo con la concepción tradicional que mantiene, a decir de RAMS, la formulación de PROUDHON ([301]), se encuentran los civilistas franceses contemporáneos, como BILGER ([302]) o GIVERDON ([303]), entendiendo que para tal fin es suficiente que el bien sea capaz de reportar cualquier utilidad al usuario (el derecho de habitación no plantea mayores problemas, y se siguen las conocidas posturas de AUBRY y RAU y BAUDRY-LACANTINERIE y CHAVEAU fundamentalmente). ([304])

Dentro de las concepciones mantenidas por los autores modernos, singularmente italianos, a partir de la obra de VENEZIAN, se establece una corriente restrictiva que, negando como contenido del mismo la percepción de frutos, intenta una caracterización económica de la utilidad; y así PUGLIESE establece que la determinación de los bienes sobre los que puede constituirse un uso, depende también de los caracteres de este derecho... La cosa en uso debe ser utilizada <u>directamente</u>, aunque sea para ejercitar una actividad económica; los frutos de la cosa pueden, a su vez, ser percibidos sólo y en

---

los que se presume por el orden regular de los afectos humanos que los habría deferido el difunto, si hubiera podido espresar (sic) su voluntad". en "Concordancias.." cit. pág. 164), y que no puede entenderse más que en una forma heterosexual, puesto que, como ha destacado GARRIDO DE PALMA ("Derecho civil y metodología jurídica". Edición particular del autor. Madrid 1985-86. pág. 16), "la familia está fundada en el matrimonio: institución ética, natural, fundada en la relación conyugal de los sexos". La familia -prosigue-, en cuanto relación conyugal, conserva entre nosotros este fundamento matrimonial exclusivo, sin aparecer jurídicamente reconocida la "familia de hecho", la "familia sin matrimonio" o la "familia sin papeles". Pero con el nuevo Código la familia en cuanto relación paternofilial no tiene nada que ver con el matrimonio..., sino que está basada únicamente en el hecho biológico de la generación. (Ib. pág. 17).

No obstante estas apreciaciones, conviene tener presente que la familia "de hecho" está ya siendo reconocida no sólo en el campo doctrinal (en este respecto vid., entre otros, ESPIN CANOVAS, en su Ponencia al Congreso Hispano-Americano de Derecho de Familia, celebrado en Cáceres en octubre de 1987), sino también en el jurisprudencial, fundamentalmente en materia de indemnizaciones.

301 RAMS. Ob. cit. pág. 39.
302 BILGER. "Usage et habitation". J.C. civil. art°s. 625 y 628.
303 GIVERDON. "Usage-Habitation". en Encyclopédie Dalloz. Paris. págs. 1 a 6.
304 En este sentido, señalan BEUDANT y LEREBOURS-PIGEONNIERE (en cita recogida por GIVERDON. Ob. cit. pág. 2) que "de este modo, se podrían reducir los derechos del usuario a los solos servicios de la cosa, sin darle fruto alguno. Ordinariamente, el título determina la porción de frutos que puede pretender el usuario, tal reglamento es invariable e independiente de las necesidades del usuario: la porción fijada es siempre debida, aunque las necesidades del usuario disminuyan, y, recíprocamente, no aumentaría si sus necesidades fuesen mayores. Se podría también conceder al usuario la facultad de ceder o alquilar su derecho, a pesar del artículo 631 del Code civil; la de recoger frutos civiles en lugar de percibir frutos naturales, y recorrer todos los grados que separan el usufructo del uso".

cuanto <u>sean necesarios</u> según las necesidades personales del usuario y de su familia. Estos dos diversos aspectos del uso deben ser tenidos presentes, para discriminar las cosas susceptibles de uso de las inidóneas de tal derecho.

Puestos así los términos del problema, es fácil indicar a qué requisitos debe responder una cosa para poder ser objeto válido del uso: a) debe ser útil, es decir, satisfacer intereses socialmente apreciables mediante la simple y directa utilización, prescindiendo de la recogida de frutos; b) si no es idóneo para la simple utilización, debe al menos producir frutos, que puedan satisfacer directamente las necesidades personales del usuario o de su familia. (305) Y, añade RAMS (306), tal y como manifiesta WINDSCHEID, se quiere conservar -conforme a la supuesta tradición romana- las posibilidades más amplias y abiertas de eficacia para determinados títulos constitutivos del derecho, pues se sigue tomando como título arquetipo la creación del legado de uso, para el que, no olvidemos, se formuló entre las reglas romanas el "neque enim tan stricte interpretandae sunt voluntates defunctorum", que ha servido para una constante y ampliativa relativización estructural de estos derechos. (307)

No obstante, a pesar de las diferencias teóricas y de planteamiento, ambas teorías, al referirse a supuestos concretos, ofrecen soluciones similares, considerándose así la posibilidad de un derecho de uso sobre objetos que no plantean ninguna utilidad económica (el caso, por ejemplo, de una estatua, tal y como viene a precisarse por la corriente restrictiva); o negando tal carácter cuando se trate de cosas fructíferas y enteramente consumibles, admitiéndose en cambio la posibilidad de un "usufructo especial" (que es la posición mantenida por la concepción que hemos considerado como tradicional).

En lo que a nosotros atañe, ya hemos señalado el diferente tratamiento que existe entre el derecho positivo y las posiciones sustentadas por la doctrina. No obstante lo cual, el concepto de utilidad es imprescindible "ab initio", no siendo válidas las simplemente esperadas o las expectativas, que poco o nada pueden paliar, y, en nuestro personal punto de vista, siempre fructífera.

En lo que respecta al derecho de habitación, tal y como señalamos al principio, no existe planteamiento de problema alguno, por lo que nos reconducimos en su tratamiento a lo que ya habíamos considerado en el punto anterior.

A tal efecto sustenta RAMS cómo el criterio respecto del objeto de la habitación es unánime, exigiéndose siempre un inmueble que pueda ser calificado de vivienda habitual, sin que la nota de habitualidad sea exigida para el ejercicio del derecho, siendo -dice- una nota de calificación del objeto, "por ello se niega la condición de idoneidad para aquellos bienes que tan sólo sirven ocasionalmente como morada para la generalidad (caravanas, tiendas de campaña, refugios de montaña, etc.)". (308)

---

305 PUGLIESE. Ob. cit. págs. 729 y 730.
306 RAMS. Ob. cit. pág. 40.
307 "Sin embargo aquél, a quien se ha concedido un derecho de uso, no está limitado necesariamente al sobreindicado contenido; puede muy bien en un caso dado tener también un derecho de goce sobre los frutos más o menos amplio, e incluso la facultad de ceder el uso a otros". (WINDSCHEID. Ob. cit. pág. 744 par. 207). ver también ib. nota 3.
308 Vid RAMS. Ob. cit. pág. 40.

V

CONTENIDO

Al hablar del contenido de los derechos de uso y habitación es forzoso, al menos en lo que concierne a nuestro ordenamiento jurídico, volver los ojos hacia la legislación de Partidas, donde podemos hallar algunas de las claves de su significación posterior. Así, en la Partida Tercera, al señalarse en el Título XXXI el alcance de tales derechos, se comienza por una introducción en la que se engloban las tres figuras en que el hombre puede tener servidumbre en cosas ajenas, a saber: el usufructo, el uso y la habitación. [309]

En lo concerniente al derecho de uso, en contra de las opiniones doctrinales posteriores, podemos contemplar cómo se trata de un derecho de contenido esencialmente fructífero, determinándose que no puede ni enajenarse ni empeñarse la cosa sobre la que recae y la necesidad de prestar fianza [310]. Aunque conviene advertir que se unifican bajo una misma rúbrica (el supuesto de la Ley XXI), el uso sobre casa ajena y las demás servidumbres personales, sobre siervos o bestias [311], lo que no tendría mayor importancia de no considerarse como una figura aparte el derecho de habitación.

¿Cuál es entonces la diferencia con el derecho de habitación al que dedica la Ley XXVII?

---

309 "E agora queremos aqui mostrar de la tercera manera de que fezimos emiente en la segunda ley deste título, que es de la servidumbre, que ha un ome en casa, o en heredad que s de otro por pro de su persona, en non a pro señaladamente de su heredad. E dezimos que la persona del ome en tres maneras puede aver tal servidumbre en las cosas ajenas...

La segunda manera es, quando un ome otorga tan solamente en su casa, o en su heredad, o en otras suas cosas el uso. E de tal otorgamiento como este, no se puede aprovechar del tan lleneramente aquel a quien es fecho como del usofructo..."

310 "...Porque este que ha el uso solamente non puede esquilmar la cosa sinon en lo que oviere menester ende para su despensa, assi como si le otorgan uso en alguna huerta, que deve tomar de la fruta: o de la ortaliza lo que oviere menester para comer el e su compaña, mas non para dar ende a otri, nin para vender. (Pero a este respecto dice la Glosa de GREGORIO LOPEZ: "Para vender. Limita in usu sylvae remotae: quia alias usus esset inutilis... postquam yamen usuarius percipit fructus ex usu, **potest illos vendere**. secundum ALBERICUM ibi post Jacob. de RAVENA...") Esso mismo dezimos, que seria, si un ome otorgasse a otro uso en su prado, o en su viña, o en otra su cosa. Otrosi dezimos, que non puede enagenar, nin empeñar la cosa en que ha el uso. E a un dezimos, que deve dar buenos fiadores, que usara de la cosa a buena fe, asi como buen ome non faziendo daño en ella, porque se empeorasse, e se perdiesse, e por su culpa".

311 Vamos a incidir primeramente en lo que se establece respecto de la casa ajena: "Uso tan solamente aviendo algund ome en casa agena bien puede y morar el, e su muger, (& uxor cui fruit relictus usus domus possit ibi habitare cum viro, quem secundo ducant? se plantea la Glosa, a instancias del propio ALBERICUM), e suos fijos, e su compaña, e puede y a un recebir huespedes si quisiere". ("Teniendo solamente el uso algún hombre en casa ajena bien puede morar allí él, su mujer y sus hijos y su compañía, y puede incluso recibir allí huéspedes si quisiere").

Respecto de los siervos, sus pronunciamientos, como es lógico, están ya obsoletos; y en lo referente a los animales y ganados, reconocemos, tanto en la Ley como en su Glosa, el antecedente inmediato del artículo 526 del Código civil, que recoge sus presupuestos.

Es cierto que podemos extraer algunas diferencias, pero no en el sentido en que se concibió por la doctrina, sino a través de una formulación contraria. Así, según lo dispuesto en la Ley XXI, lo que estamos contemplando es, esencialmente, el derecho de habitación como lo ha recogido nuestro Código civil y que la propia doctrina considera, de forma restringida, como un uso sobre una casa ajena. Según esta Ley nada implica que el propietario deba, en principio, salir de la vivienda, sino que el usuario puede permanecer allí, junto con los suyos, e incluso recibir huéspedes.

veamos entonces qué es lo que determina la Ley XXVII:

"Habitatio ([312]) en latín tanto quiere dezir, como morada en romance, e ha lugar tan solamente en las casas, e en los edificios. E dezimos que si algun ome otorga a otro su morada en alguna su casa, o gela dexa en su testamento: si a la sazón que esto faze non dixesse señaladamente fasta quanto tiempo deve durar, que se entiende para en toda su vida de aquel a quien la otorga, o la dexa en su manda. E deve usar della a buena fe, guardando la, e non la empeorando, nin confundiendo por su culpa. Otrosí deve dar buenos fiadores. E puede morar en ella éste a quien otorgaron la morada con la compaña que tuviere. E aun si la quisiere arrendar, o alogar puede lo fazer. Pero a omes, o a mugeres que fagan y buena vezindad. E non puede ome perder el derecho que ha ganado en tal morada, fueras ende solamente por su muerte, o quitando la sin premia en su vida".

Bien consideradas ambas Leyes, estamos en presencia de dos contenidos diversos: Un derecho de <u>uso</u> sobre morada ajena, que no implica desposesión del dueño, y que no puede arrendar ni enajenar a otro, y un derecho de <u>habitación</u>, que implica desposesión, ya que debe ofrecer buenos fiadores para que la casa retorne al dueño de la misma, y que concede la posibilidad de arrendar a extraños.

Ahora bien, ¿cómo se ha llegado a la elección de considerar sólo la Ley XXI y no la XXVII, cuando parece ser ésta la realmente aplicable?. Quizá para ello nada mejor que asomarse al balcón del tiempo inmediato a la publicación del Código civil y, por supuesto, a su proyección actual.

HERRERO, al hablar ya en 1872 ([313]) de las figuras del uso y de la habitación tan sólo recordaba lo establecido para ellas en la legislación de Partidas, sin plantearse otros problemas que los que pudieran derivarse de la recta interpretación de las mismas, cosa que, efectivamente, no llevó a cabo. Tampoco se preocuparon de mayores conjeturas los ulteriores editores de su

---

312 Dice así la Glosa: "Habitatio, nisi aliud conveniat inter partes non finitur nisi morte, vel remissione, cavebir autem is cui relicta est de habitando, & fruendo arbitrario boni viri: & habitare poterit cum sua familia, & locare poterit si voluerit dum tamen bonis viris. hoc dicit".
Habitatio: "<u>Haec differet ab usu, & sufructu... & una differentia colligitur in hac</u>. 1. quod istud ius habitationis, non perditut maxima, vel media capitis diminutione: (con lo que sigue fielmente la posición de los justinianeos) sed morte tantum, ut hic: & in. 1. si habitatio. in principio. ff. de usu, & habita. &. C. eodem. 1. habitatio. item <u>usuarius locare non potest</u>... Decii notabiliter quid hoc importet, & qualiter cognoseatur... vide BARTOLUM. ibidem & si habitatio relinquat clienti, vel servitori, q antea habitabat: ut talis intelligitur, nunc iure habitationis, & servitutis: & ita debebitur. 1. SEMPRONIO. § ex his. ff. de usufruct, lega. & ib. BARTOLUM.
313 HERRERO. "El Código civil español". Imp. e Hijos de Rodríguez. 1177 y 1178. Valladolid 1872. págs. 335 y 336.

obra.

NAVARRO AMANDI ([314]), por su parte, se ocupó en la Sección Quinta, la última del Capítulo I, (artículos 753 a 757), de hacer el análisis del origen, concordancias y jurisprudencia de ambas figuras. Prescindiendo de todos estos aspectos, transcribimos, por su interés, el contenido de los artículos:

Artículo 753: "El uso da derecho a percibir de los frutos de una cosa ajena, los que basten a cubrir las necesidades del usuario.
La habitación da derecho a ocupar en una casa ajena las piezas necesarias para sí y las personas de su familia".

Este artículo brinda un enunciado casi idéntico al del actual artículo 524 del Código, y son de destacar dos aspectos: El contenido fructífero del derecho de uso y que, en lo concerniente a la habitación, no sigue los dictados de la Ley XXVII, sino de la XXI, es decir, establece lo referente al uso pero con enunciado de habitación.

Artículo 754: "El usuario y el que tiene derecho de habitación no puede enajenar su derecho a otro, y deben dar fianza de que usarán la cosa con buena fe y a ley de buen varón. El segundo, sin embargo, tiene facultad para alquilar la casa a otros."

Se mantienen en este precepto claras diferencias con lo que será después el texto definitivo, toda vez que se variaron algunas de sus precisiones. Aunque de espíritu semejante, se aparta de lo que en la actualidad integra el artículo 525.
Su inspiración podemos también cifrarla en la Ley XXI, con dos únicas precisiones de la Ley XXVII: el arbitrio de buen varón (la diligencia propia del buen padre de familia) y la posibilidad arrendaticia del habitacionista.

Artículo 755: "El que tiene derecho de usar sólo una casa, puede vivir en ella con su familia y recibir huéspedes. Si se tratase de un rebaño, puede aprovecharse de las crías, leche y lana, en cuanto baste para su consumo y el de su familia, y de los estiércoles necesarios para sus tierras".

Aquí se recogen, en una actualización clara de la Ley XXI, parte de lo que constituirá posteriormente el contenido de los artículos 524 y 526.

Artículo 756: "Cuando el usuario consuma todos los frutos de los bienes, queda obligado a sufragar los gastos de cultivo, reparaciones y pago de contribuciones. Si todo no lo consumiera, y al propietario le quedase una parte de frutos, bastante para cubrir los gastos y cargas, no tiene aquél obligación de sufragarlos".

En lo que ahora consideramos el precepto, antecedente inmediato del artículo 527, carece de reflejo en las Partidas, por lo que no nos sirve a efectos del presente análisis. ([315])

Artículo 757: "El derecho de habitación se constituye por contrato o testamento para toda la vida o con limitación de tiempo, y no acaba sino por el transcurso del mismo, la muerte o la renuncia".

---

314 NAVARRO AMANDI. "Código Civil de España". T.I. Juan Vidal ed. Madrid 1890. págs. 357 a 359.
315 Hay que buscarlo en D.7,8, I y 15 de la Ley 42; y en el artículo 635.1 del Código napoleónico.

Curiosamente este artículo, de clara y directa inspiración en la Ley XXVII, no es recogido por nuestro Código civil, que lo remite, de forma genérica, a la regulación del usufructo. No obstante, el desarrollo del precepto se contempla entre nuestros tratadistas.

Y ahora vayamos a la redacción de nuestro Código civil.

El artículo 523, que carece de precedentes legales, aparece, a juicio de COMAS [316], consignado según sus términos por una equivocada interpretación de la Base Duodécima de la Ley formulada para la redacción del Código, considerando que no puede suponerse que la Ley de Bases estuviera en oposición con lo que lógicamente corresponde. "Interpretarla, como se ha hecho, para que por usufructo se entienda lo que quiere el constituyente y se repute uso y habitación lo que también designe con este nombre el que establezca estos derechos, equivale a declarar que el derecho positivo no tiene criterio alguno acerca de estas formas de propiedad, ni la más mínima confianza en su realidad jurídica y, por tanto, en la necesidad que respectivamente están llamadas a satisfacer".

No obstante, tal como señala posteriormente MUCIUS SCAEVOLA [317], el artículo sólo debe considerarse como una aplicación al uso y a la habitación del principio de libertad estipulatoria, que se admite perfectamente. Así los particulares podrán establecer en el uso y en la habitación, lo mismo que en el usufructo derivado de contrato, los pactos, cláusulas y condiciones que tengan por conveniente, siempre que no sean opuestos a "la ley", a la moral y al orden público.

Los contratantes podrán consignar en sus títulos cuantas condiciones estimen convenientes, pero sin alterar la esencia del uso o de la habitación; gozarán de facultad para modificar los requisitos accidentales de uno y otro derecho, mas no los esenciales, los que constituyen la naturaleza e índole propias. Llamarán uso y habitación a lo que no revista tal carácter; pero ya sabemos -concluye- que las figuras jurídicas no se califican por el nombre que se les atribuya, sino por sus elementos fundamentales.

Finalmente ABELLA [318] señala la concordancia de los fueros aragoneses "De cesione iurium" con la legislación común sobre el uso y la habitación. Los fueros catalanes y navarros -escribe- "nada estatuyen sobre estos dos derechos limitativos del dominio".

Mas adelante, sin embargo, tendremos ocasión de contemplar el tratamiento de algunas figuras forales de la actualidad.

El 524 que define, por así decirlo, los derechos de uso y habitación, se critica por COMAS en el sentido de que serían necesarias varias reformas "tanto para caracterizar el verdadero concepto de cada una de dichas instituciones como para evitar la incertidumbre que, en cuanto a su alcance y efectos, resulta de sus términos según el Código". [319]

El derecho de percepción de frutos que establece este artículo no debe

---

316 COMAS. "La revisión del Código civil español". Parte 2ª. Imp. del Asilo de Huérfanos del Sagrado Corazón de Jesús. Madrid 1902. págs. 432 y 433.
317 MUCIUS SCAEVOLA. Ob. cit. pág. 475.
318 ABELLA. "Código civil vigente...". El consultor de los Aytºs. Madrid 1890. pág. 187. nota 5.
319 COMAS. Ob. cit. pág. 437.

entenderse restringido a la significación que a la palabra frutos da el artículo 355, sino que, como ha puesto de relieve, entre otros, SANTAMARIA (320), abarca todas las utilidades de la cosa, incluso -llega a decir- las de su empleo o utilización según su naturaleza, al servicio del usuario y de su familia, en la medida de sus necesidades. Así el usufructo y el uso comprenden el "uti" y el "frui", mientras que la habitación está limitada al primero. Pero por más que forcemos la interpretación, no podemos admitir que el "uti" acompañe al "frui"; aunque con esta ingeniosa postura se solventan los escollos con que la legislación hace tropezar y que se tratan de sobrepasar doctrinalmente.

Si, como dice "MUCIUS SCAEVOLA" (321), tres son los elementos que integran el concepto de "uso": percepción de frutos, cosa ajena fructífera y destino de los frutos percibidos a la satisfacción de las necesidades del usuario y de su familia, raro será el caso en que el título constitutivo del uso o habitación, -que como advierte MANRESA (322), podrá ser cualquiera de los expresados para el usufructo en el artículo 468, y especialmente el testamento y el contrato-, no determine con claridad la extensión que haya de darse a estos derechos, teniendo en consideración la naturaleza de la cosa y las necesidades y circunstancias de la persona. Y como para lo que no esté previsto en el título constitutivo, al que es preceptivo atenerse en primer término, han de aplicarse, según determina el artículo 528 del Código civil, las disposiciones establecidas para el usufructo, en cuanto no se opongan a las especiales de los artículos 524 a 527, será fácil resolver cualquier cuestión que pueda suscitarse.

No obstante, para aclarar los posibles problemas de interpretación del artículo 524, señala que es condición esencial del uso, como lo ha sido siempre, que el usuario no perciba todos los frutos de la cosa ajena, sino solamente los que basten para sus necesidades. Si tuviese derecho a todos los frutos -indica- no sería uso, sino usufructo, y se regiría por las disposiciones que a éste se refieren. Y lo mismo ha de entenderse respecto de la habitación: este derecho se convertiría en usufructo si se extendiera a ocupar toda la casa. (323) Pero desde luego no es eso lo que se deduce del artículo 527, y en cuanto a los regímenes aplicables, creemos que ha quedado sobradamente demostrado tanto sus diferencias como su ámbito de actuación.

GARCIA GOYENA (324) apoya la diferencia que se establece en el Proyecto de 1851, y que se recoge en nuestro actual Código, relativa a las facultades del usuario y del usufructuario, diciendo lo siguiente: "Todo usufructuario, sin distinción de personas, hace siempre suyos los frutos; es, pues, indiferente al propietario la persona del que ejerce este derecho. En el usuario todo es personal, y se amplía o limita el derecho según su condición, dignidad y familia: circunstancias que pueden variar aun después de haber principiado el uso, y no son adaptables al comprador, arrendatario o cesionario", Pero no hace referencia al derecho de habitación, bien por entenderlo comprendido en el uso, bien por minimizar el contenido amplio que la Ley XXVII le había concedido, y que pierde en el Proyecto de 1851 en aras de una significación personalista que reduce, sin fundamentarlo, toda su normativa tradicional a la depauperada y extraña manifestación de la Ley XXI.

---

320 SANTAMARIA. "Comentarios al Código civil". I. ERDP. Madrid 1958. pág. 540.
321 MUCIUS SCAEVOLA. Ob. cit. pág. 483.
322 MANRESA. Ob. cit. pág. 559.
323 Ibidem.
324 GARCIA GOYENA. Ob. cit. pág. 417.

La Ley 12, § 3 y 4, Título VIII del Libro 7 del Digesto prevenía que el usuario de animales de labranza y de carga puede utilizarse de los mismos en aquellos trabajos en que ordinariamente se emplean, no pudiendo alquilarlos sino en el caso de tenerlo el usuario por oficio en animales de igual calidad y de tener conocimiento del mismo el que constituyó el uso.

El Código habla, al igual que la Ley de Partida, de ganado que produzca crías, leche y lana. [325] Parece pues referirse -dice MANRESA- [326] a los ganados lanar, cabrío, vacuno y de cerda, que son los que naturalmente dan esos frutos. Si no los produce el ganado a que se refiere el uso, o es estéril, claro es que el usuario sólo podrá utilizarlo para los trabajos o labores que permitan las condiciones de los animales, además de aprovecharse del estiércol. En tales casos lo racional será que en el pacto o testamento en que se constituya el uso, se determine la forma de utilizarlo. No puede aplicarse a este caso el párrafo último del artículo 449, porque el usuario no debe tener en su poder el ganado, ni puede emplear el medio que permite el 482 para el usufructo de cosas fungibles.

No obstante, y pese a la opinión de MANRESA, basada tanto en el Digesto como en nuestra legislación de Partidas, es preciso reconocer que estamos ante dos figuras distintas: de un lado, el uso sobre determinados animales, para percibir sus frutos, y de otro, un comodato que genera como resultado fructífero la posibilidad de estercolar las tierras del comodatario.

Si el ganado no da crías y la leche necesarias para el consumo ordinario del usuario y de su familia, el propietario sólo estará obligado a darle lo que produzca, que es lo único a que aquél tiene derecho. Y lo mismo sucederá si pereciese el ganado, en todo o en parte, sin culpa del propietario, a quien corresponde su tenencia y conservación.

'MUCIUS SCAEVOLA" [327], por su parte, se preocupa más del análisis conceptual que del contenido. Y así dice que el texto regula una especialidad relativa solamente al "uso", ya que la redacción de una regla especial indica que en el uso de un rebaño o piara de ganado no debe regir lo que para el usufructo de la misma agrupación de semovientes queda ya dispuesto en oportuno lugar.

Mas ¿ha sido oportuno y exacto el legislador al mencionar tal especialidad con relación sólo al uso de "un rebaño o piara de ganados" y no a "todo ganado" en general?... En el caso especial que examinamos no era necesaria dicha declaración, porque sin ella, el uso de un rebaño o piara de ganados lo mismo habría consistido, según el principio general del artículo 574, en la percepción de los frutos bastantes a satisfacer las necesidades del usuario y su

---

325 La Ley de Partida también se refiere al supuesto que acabamos de contemplar en el Digesto: "E si por aventura otorgasse un ome a otro uso... en sus bestias puede el mismo usar dellas, para sus lavores, o para otro servicio tan solamente, mas non puede logar ni emprestar a otro... las bestias".

Y continúa: "Otrosí dezimos, que si un ome otorgasse a otro uso en sus ganados que aquel a quien es otorgado que puede traer aquellos ganados por sus heredades, porque se engruesse la tierra del estiércol, que sale dellos para dar mejor fruto, e puede tomar de la leche, e del queso, e de la lana, e de los cabritos lo que oviere menester para despensa de sí, e de su compaña: mas non deve tomar ende para dar, nin para vender a otri ninguna cosa".

Y señala la Glosa de GREGORIO LOPEZ al respecto que "Habens vero usum in pecore, potest illud in suo fundo, causa stercolandi, ponere, & lacte, lana, & caseo, & foetu, in necesariis pro se & familia sua uti: vendere autem vel dare extraneo non potest".

326 MANRESA. Ob. cit. pág. 566.
327 MUCIUS SCAEVOLA. Ob. cit. págs. 494 y 495.

familia; y frutos de los ganados son las crías, la leche, la lana y el estiércol, como también el servicio que algunos prestan al acarreo. (Pero eso, como hemos indicado, no podemos considerarlo fruto, sino posibilidad de utilización, es decir, dependiente de una relación obligacional comodataria).

Sin embargo, una reflexión elemental advierte que el contexto de la disposición no representa ninguna anormalidad, porque el uso de una o más cabezas de ganado sin constituir rebaño, o de animales cualesquiera, da igualmente derecho a percibir las crías y leche que las hembras produzcan, la lana en su caso que cubra las exigencias del usuario y su familia y el estiércol que produzcan todas las cabezas, necesario para las exigencias de las tierras que el usuario o su familia cultiven, y nada más. Si no constituyeren frutos los objetos que cita el artículo 526 -continúa 'MUCIUS SCAEVOLA'-, [328] o señalara éste una cuantía, en la percepción de dichos frutos, diversa de la fijada en el 524, encontraríamos justificada la razón de su existencia. Y si aun así, el legislador se proponía ordenar una regulación especial en cuanto al derecho de uso de animales, debió adoptar por completo y genéricamente el tecnicismo de la Ley 21, Título XXXI de la Partida 3ª, y el de algunos Códigos extranjeros, que hablan en general del "uso de ganados", y no referirse solamente a rebaños o piaras, dando lugar a dudas, por el poco cuidadoso empleo de conceptos de significación precisa cual es la de los indicados.

El remedio de tal irregularidad lo ofrece el propio Capítulo II: el uso de un rebaño o piara de ganados, por lo que se refiere al derecho del usuario, se regula por el artículo 526. El uso de ganados o animales en general, que no constituyan rebaño o piara, por el principio genérico del párrafo primero del artículo 524.

En ambos casos, el resultado es idéntico: el percibo de los frutos de la cosa ajena en la cuantía que basten a las necesidades del usuario y de su familia.

Puede decirse del artículo 527, tal y como puso de manifiesto 'MUCIUS SCAEVOLA' [329], que es el único que, en el capítulo II a que pertenece, regula las obligaciones del usuario y del morador. Sin perjuicio de que con posterioridad nos refiramos a estas mismas cuestiones, podemos ahora señalar que la doctrina se condensa en pocos y comprensibles términos. Si dichas personas consumieren todos los frutos de la cosa ajena o habitaren toda la casa, tendrán las mismas obligaciones que el usufructuario respecto a los gastos de cultivo, reparos ordinarios de conservación y pago de contribuciones. ("Mas el que ouiesse vso tan solamente en la cosa, non es tenudo, nin obligado a fazer ninguna cosa destas sobredichas; fueras ende si fuesse tan pequeña que el solo lleuase todo el esquilmo por razon del vso que auia en ella; ca estonce tenudo seria de la aliñar, e de la guardar e de pechar por ella") (Ley 22, Título XXXI, Partida 3ª).

Si percibiera solamente parte de los frutos o habitare parte de la casa, únicamente deberá suplir lo que falte al propietario para cubrir los gastos y las cargas con la porción de frutos sobrantes.

Abundando más en esta idea, declara MANRESA [330] que este artículo

---

328 MUCIUS SCAEVOLA, Ob. cit. pág. 495. A su razonamiento cabría añadir la posibilidad actual de un derecho de uso sobre finca de caza, sea ésta mayor o menor, por la importancia que ello reviste. Aunque los aprovechamientos estarían limitados por disposiciones administrativas, como resulta lógico.
329 MUCIUS SCAEVOLA. Ob. cit. págs. 496 y 497.
330 MANRESA. Ob. cit. pág. 567.

modifica realmente lo que sobre el usufructo disponen los artículos 500, 501 y 504, como era procedente dada la índole de uno y otro derecho.

Como los frutos que tiene derecho a percibir el usuario -continúa- son solamente los que necesita, si de ellos tuviese que pagar gastos de cultivo, reparos ordinarios y contribuciones percibiría menos de lo necesario. De aquí la regla general del artículo 527: el usuario, o el que disfruta el derecho de habitación, no tienen obligación de contribuir con nada para dichos gastos.

Esta disposición, en base a lo que acabamos de transcribir, nos parece justa y superior a la de otros ordenamientos, pues, como ha insistido 'MUCIUS SCAEVOLA' ([331]), tal disposición, en su segunda parte, se separa del precedente francés (artículo 635), el cual en dicho caso establece que el usuario o el que habitare parte de la casa contribuirá a los gastos, reparaciones y contribuciones en proporción al disfrute de que goce.

LACRUZ hace al respecto lo que, a nuestro parecer, resulta ser una interesantísima apreciación: "No se trata -dice- como se ve, de una contribución proporcional, sino de cargar los gastos, en primer lugar sobre los frutos excedentes, incluido el aprovechamiento de la parte de casa no utilizada por el habitacionista. Cuando los gastos absorban la totalidad de ese excedente, es decir, de los ingresos -reales o hipotéticos- del dueño por venta de frutos o por renta del aprovechamiento de los bienes, piensa que no se puede obligar al dueño a administrar ni a responder, sino que éste puede abandonar su disfrute y dejar que el usuario o habitacionista administre la parte de bienes que en principio le correspondía disfrutar al dueño: <u>esta parte de bienes</u>, entonces, <u>sí que podrá cederse en arriendo o podrán venderse sus frutos, o incluso a veces se verá obligado a hacerlo el usuario o habitacionista</u> para pagar los gastos, ante la inercia del dueño, desinteresado de aquellos bienes mientras se hallen gravados. ([332])

El texto del artículo 528 establece la asimilación legal entre el usufructo y los derechos reales de uso y habitación. Rigen para éstos los mismos artículos que para aquél en cuanto no contradigan la naturaleza jurídica de tales institutos y los principios de excepción que de la misma se deriven.

A juicio de 'MUCIUS SCAEVOLA' ([333]), se trata de un criterio asimilativo que hay que considerar prudente y superior, desde luego, al de citar textos concretos, puesto que con las citas individuales y no globales se corre el riesgo de no prever las normas aplicables, "abriendo así ancho portillo a la duda y a la sutileza".

No se puede decir del artículo 529 que peque de originalidad, y así, MARTINEZ ZURITA ([334]) dice, al referirse al mismo, que casi todos los Códigos contienen una disposición esencialmente igual o análoga a la del artículo 529 del Código español.

Para MANRESA ([335]) este artículo no exige comentario, toda vez que puede aplicársele lo referente a los artículos 513 y 514. Y para que en todo se

---

331 MUCIUS SCAEVOLA. Ob. cit. pág. 497.
332 LACRUZ, en LACRUZ-SANCHO. cit. pág. 63.
333 MUCIUS SCAEVOLA. Ob. cit. pág. 498.
334 MARTINEZ ZURITA. "Del Usufructo, del Uso y de la Habitación". Colección Nereo. Barcelona 1962. pág. 1. artº 529.
335 MANRESA. Ob. cit. pág. 575.

correspondan el usufructo, el uso y la habitación, añade 'MUCIUS SCAEVOLA' (336), que hasta en la manera de extinguirse los equipara en lo posible el Código. Si, pues, nada se establece en contrario, el uso y la habitación serán vitalicios, como prescribía el Derecho antiguo y tenía sancionado la jurisprudencia.

Este precepto debe interpretarse restrictivamente en cuanto a la extinción por abuso grave, para evitar que una medida precautoria para el porvenir, que a la vez tiene carácter de sanción penal en el orden civil, pueda confundirse con responsabilidades de otra naturaleza. No merecen la calificación de abuso los hechos que más que actos constituyen omisiones, como son los deterioros en las cosas por falta de reparaciones y que, como llega a puntualizar PEDREIRA CASTRO (337), aunque determinen responsabilidades, no motivan la extinción, cabiendo exigir aquélla sin acudir a ésta.

Por todo lo visto encontramos que no existe justificación para la variación operada y que ha primado, sobre la especialización del derecho de habitación, el sentido de considerar al uso como preponderante, y esta postura, que nos resulta anómala, es la que criticamos, máxime si existen precedentes legales que debieron haberse tenido en cuenta para su mejor desarrollo y sus precisiones específicas.

En lo que respecta al derecho italiano tanto el uso como la habitación conservan, como ha señalado PUGLIESE (338), poco más o menos los mismos caracteres que se habían ido adquiriendo en la historia del Derecho romano y que había fijado la compilación justinianea (339). El derecho intermedio -continúa- habría podido resentirse con la influencia de los derechos de uso (Nutzungsrechte) conocidos entre los pueblos germánicos, pero el hecho es

---

336 MUCIUS SCAEVOLA. Ob. cit. pág. 509.
337 PEDREIRA CASTRO. "El Código civil a través de la jurisprudencia". T.I. Lib. Gral. de Victoriano Suárez. Madrid s/d. pág. 636.
338 PUGLIESE. "Abitazione e uso". en "Novíssimo Digesto Italiano". UTET. Torino 1957. págs. 55 y ss.
339 A este respecto señala RICCI cómo en Derecho romano "el uso no era más que el derecho de servirse de la cosa en la medida de las propias necesidades. El "usus" y el "fructus" eran bien distintos, como aparece en la L. 1ª D. "De usu et habit." Ivi: "Constituitur etiam nudus usus, idest sine fructu. Cui usus relictus est, uti potest, frui non potest". Por lo cual, si en el fruto se comprendía también el uso, en el uso no se comprendía el fruto, y podía darse el caso de que se legase a uno el uso y a otro el fruto. "Poterir autem apud alium esse usus, apud alium fructus sine usu, apud alium proprietas: veluti si qui habet fundum, legaverit Titio usum, mox haeres eius tibi fructum legaverit vel alio modo constituerit". (L.14.D).

En rigor el derecho de uso se limitaba a aprovechar de la cosa los servicios que podía rendir, con independencia del disfrute o de la percepción de los frutos que produzca. Por lo cual se dice: "Sed si pecoris ei usus relictus sit, puta, gregis ovilis, ad stercolandum usurum dumtaxat, LABEO ait: sed neque lana, neque agnis, neque lacte usurum; haec enim magis in fructu sunt". (L.12,D,tít.cit).

Pero se extendió por dos causas: para no ser un derecho inútil o visionario y porque la voluntad del difunto debían interpretarse ampliamente. RICCI, en "Il Digesto italiano" vol. Primo. Parte prima. UTET. Torino 1884. pág. 85. Reproducido también en el "Nuovo Digesto Italiano". UTET. Torino 1937. págs. 37 y ss.

que esta influencia fue nula, tanto que, en el momento de la codificación, no sólo los legisladores franceses de 1804 y después los italianos de los códigos preunitarios y del Código de 1865, sino incluso los austríacos de 1811 y, en mayor medida los alemanes de 1900 siguieron los modelos romanos custodiados en la tradición del derecho común. El vigente código italiano de 1942 se adhiere, salvo algunos retoques técnicos, a la misma orientación; y en realidad un empuje hacia una transformación profunda de nuestros institutos, en el supuesto de que fuese concebible, falta, porque tienen una aplicación relativamente restringida y han venido a encontrarse un poco al margen de la actividad económica y de la vida social, a saber de aquéllos que constituyen los principales factores de revisión de las reglas jurídicas.

Además el uso del huerto anejo a la villa comportaba la facultad de recoger leña, fruta, hortalizas y flores para el consumo propio y la de servirse de su agua corriente, de la misma manera que el uso del rebaño comprendía la posibilidad de apropiarse el estiércol producido. Pero es posible que otros juristas, precisamente los de la escuela proculeyana, fueran más allá en lo concerniente al uso del fundo, consintiendo que el usuario pudiera también apropiarse otros frutos, como trigo, cereales, aceite para el consumo propio, siempre que éstos se produjesen allí. En tal sentido hay que señalar la opinión favorable de ULPIANO (D.7,8,12,1) que muchos consideran interpolado [340]; y en el mismo orden de ideas aparece PAULO, cuando declara lícito al usuario del fundo coger "penus", es decir de los productos comestibles, lo que le basten para el consumo del año. [341]

Semejante extensión se produce también en lo que respecta al uso del rebaño: mientras LABEON admitía sólo el uso "ad stercolandum", excluyendo la posibilidad de servirse de la lana, de los corderos y de la leche. ULPIANO (D.7,8,12,2) sostiene que sí puede consentirse al usuario el consumo de una pequeña cantidad de leche. También hay autores que como ALBERTARIO, PRINGSHEIM y el mismo KRÜGER, sostienen que la extensión sea justinianea; y otros, como PAMPALONI, y en diverso modo GROSSO, la consideran clásica [342]. De todas formas es de notar que esta extensión es más limitada que la que ha experimentado el uso del fundo, ya que continúa vedada al usuario la utilización de la lana y de los corderos, aunque puedan servir a sus necesidades personales.

En lo que respecta a la habitación señalaba RICCI [343] que es un derecho "necesariamente inmueble, porque la casa habitación se comprende entre los

---

340 Además de RICCOBONO y ALBERTARIO, también GROSSO ("Studia et doc." 1939. pág. 135). PAMPALONI (en "Riv. it. sc. giu.", 1911. págs. 254 y ss) piensa en cambio que tal frase manifestaba el pensamiento de los proculeyanos y que los justinianeos habían insertado la mención de SABINO y CASIO para convalidarlo y generalizarlo.

341 PUGLIESE. "Usufrutto..". cit. pág. 717.

342 ALBERTARIO (en "Riv.dir.comm." 1922, pág. 686 n.2). PRINGSHEIM ("Zeitschr. Sav. Stif." 42 (1921) pág. 600) y KRÜGER ("Supp. ad h.l."). PAMPALONI por su parte (Ob. cit. págs. 252 y ss) llega a mantener la posibilidad de que el texto genuino significase cosas diferentes y que admitiese el consumo de todo lo que sirviera al mantenimiento del usuario y de su familia. Sin embargo su hipótesis es poco verosímil, como ha declarado GROSSO (Ob. cit. pág. 134) por lo que parece preferible suponer, de acuerdo con este autor, que ULPIANO hablase específicamente de leche. Por otra parte no puede excluirse, sin embargo, que esta extensión no se halle repartida entre la mayor parte de los juristas, como sucede, por ejemplo, en las propias Instituciones justinianeas (2,5,4), que evidentemente lo que están reproduciendo es, sin duda alguna, el modelo clásico, permaneciendo fieles a la prohibición labeoniana de servirse de la lana, de la leche y de los corderos.

343 RICCI. Ob. cit. pág. 410.

inmuebles, mientras que el de uso puede ser mueble o inmueble, según que se ejercite sobre muebles o sobre inmuebles" y GALGANO se refiere a ella considerando que se trata de un derecho todavía más circunscrito: tiene por objeto una casa, y consiste en el derecho de habitarla limitadamente, según las necesidades del titular del derecho y de su familia. ([344])

Para RAVÀ se trata de un derecho de uso sobre una casa habitación, pero es un derecho real, y como tal el titular del derecho tiene siempre un "ius in re", distinto del simple "ius in personam" que corresponde al locatario... en el derecho de habitación no está comprendida por consiguiente la facultad de obtener frutos, salvo eventualmente aquellos de un jardín que constituya un verdadero accesorio de una casa campestre o de un chalet ([345]); señalándose, entre otros por TRIMARCHI, que los caracteres personales de este derecho resaltan aun más que en el usufructo: por eso no pueden ser cedidos ni dados en alquiler (como determina el artículo 1.024 del Codice) ni quedar sujetos a secuestro o ejecución forzosa. ([346])

BARBERO, por su parte, hace hincapié en que el derecho de habitación resulta ser una limitación de índole cualitativa distinta a la que comporta el uso en su comparación con el derecho de usufructo. Así pues, quien tenía el derecho de uso sobre una cosa podía, según su destino, disfrutarla de cualquier manera que no representase un cambio de utilidades por vía de trueque. Y así podía por tanto habitar e incluso, eventualmente, usar de los locales destinados a negocio o almacén.

No es creíble que esto esté vedado por el hecho de que el comercio es un fenómeno que se funda esencialmente sobre el intercambio: la prohibición de que se deben obtener utilidades por vía de intercambio va referida estrictamente al "objeto" del uso... el disfrute de un local de negocio o almacén es siempre un disfrute "directo de la casa"; el intercambio es efecto del ejercicio de la empresa, no del disfrute de la casa, y si el uso en definitiva tiene por objeto la casa, ésta puede usarse, si no resulta contrario a su destino, por el ejercicio de la empresa.

Un empleo tal de la casa, y cualquier otro que no tenga por objeto satisfacer la necesidad de "alojamiento", está en cambio prohibido seguramente al titular de la simple "habitación". Esta se caracteriza, por tanto, por una primera circunstancia:

Que su objeto no puede ser más que una casa, pero comporta -además de esto- una limitación distinta de la cualidad de goce: No todo disfrute se consiente en la "habitación" con la sola condición de que, como para el uso, sea un disfrute "directo", sino sólo aquél cuyo efecto consista en proveer a las necesidades específicas del alojamiento. ([347])

En esta concepción de BARBERO se recoge lo que, en consonancia con el derecho italiano, había escrito VENEZIAN, cuando mostraba, en contra de la doctrina dominante en su momento y que evidenciaba un corte fundamentalmente francés, cómo el uso de una casa comprende aprovechamientos distintos de los de la habitación, pero que no caben en nuestro derecho a tenor de los planteamientos que hemos realizado al respecto.

"El usuario -dice VENEZIAN- puede montar en ella el oficio que ejerza y usar los almacenes y tiendas para el comercio propio: la habitación se limita a

---

[344] GALGANO. Ob. cit. pág. 115.
[345] RAVÀ. Ob. cit. pág. 364.
[346] TRIMARCHI. Ob. cit. pág. 564.
[347] BARBERO. Ob. cit. págs. 50 y 51. Se ha respetado el entrecomillado que es suyo.

satisfacer las necesidades del alojamiento y no son admisibles aquellos aprovechamientos cuando sólo se haya concedido el derecho a la habitación". (348)

Volviendo de nuevo a nuestro ordenamiento jurídico, vamos ahora a contemplar el contenido que, respecto de los derechos de uso y habitación, han determinado algunas de nuestras compilaciones forales. Así tenemos cómo la Compilación del Derecho civil foral de Navarra, Ley 1/1973 de 1 de marzo, modificada (aunque no en la parte que ahora nos interesa examinar) por la Ley Foral 5/1987 de 1 de abril (B.O. de Navarra número 41 de 6 de abril de 1987), se refiere en el Capítulo II, Título IV, Libro III, a la Habitación, al Uso y a otros derechos similares que se contienen en las Leyes 423 y siguientes.

Ley 423:
"Los derechos de habitación, uso u otros similares de aprovechamiento parcial de cosa ajena, se rigen por lo establecido en el título de su constitución y, en su defecto, por las disposiciones siguientes:

1. Pueden constituirse por los mismos modos que el usufructo; pero lo dispuesto en la Ley 410 respecto a la garantía, tan sólo les será aplicable si así lo hubiera ordenado el constituyente o comprendieran también bienes muebles; en este último caso, se exigirá inventario, salvo dispensa del constituyente.

2. Se presumen gratuitos y vitalicios. El titular sólo tendrá obligación de pagar las contribuciones que graven precisamente el uso exclusivo que él haga de la cosa; asimismo deberá hacer las reparaciones que exija el desgaste por el uso ordinario.

3. Se extinguirán por las mismas causas que el usufructo y por el abuso grave de la cosa. También se extinguirán cuando el uso o aprovechamiento determinado a que se refieran se haga imposible, pero el propietario deberá indemnizar la pérdida o merma que supongan para el ejercicio de aquéllos las modificaciones por él introducidas en la cosa objeto de los mismos. El derecho de habitación no es en caso alguno redimible contra la voluntad de su titular. Los demás derechos, siempre que no se hubieren constituido por tiempo determinado, serán redimibles conforme a lo establecido para las "corralizas" en la Ley 382".

Ley 424:
"a) Habitación.- A no ser que el título hubiese limitado el derecho de habitación, se presumirá que éste concede a su titular la facultad de ocupar la vivienda total y exclusivamente, para sí y los que con él convivan, y el arrendamiento cesará al extinguirse el derecho de habitación, sin prórroga alguna".

Ley 425:
"b) Uso y otros derechos.- Salvo lo establecido en la Ley anterior respecto a la habitación, los titulares de estos derechos concurrirán en su ejercicio con el uso ordinario del propietario o persona que le sustituya; y no podrán ceder totalmente su derecho, aunque sí compartir su ejercicio con otras personas, tanto mediante retribución como sin ella".

Ley 426:

---
348 VENEZIAN. Ob. cit. T.II. pág. 827.

"En los derechos que no se refieran a un aprovechamiento determinado de los frutos o productos naturales, el titular podrá aprovechar todos los que la cosa produzca, pero tan sólo en la medida del consumo ordinario de las personas que participan en el ejercicio del derecho, y sin facultad de venderlos".

Comparando esta regulación con la del Código civil, qué duda cabe de que la Compilación navarra resuelve muchas de las dudas que se nos planteaban (por ejemplo, en lo concerniente a la fianza o al inventario) y de que se trata, por más moderna, de una regulación notablemente más perfecta. Como prueba de ello tenemos que en la Ley 424 mantiene la posibilidad arrendaticia de los bienes que son objeto del derecho de habitación; pero permanece la duda de si el uso es sólo un derecho fructífero o cabe la posibilidad de la utilización.

De la Ley 423 deducimos que se trata de un derecho fructífero (el aprovechamiento parcial a que se refiere) y, por supuesto, de la Ley 426, donde se determina con claridad, ya se trate de una cuantía preestablecida o ya según las necesidades actuales, en la más pura ortodoxia tradicional.

La única posibilidad de duda deriva de la Ley 425 que, curiosamente, y en contra de todos los antecedentes históricos, no parece considerar al uso como derecho personalísimo, al admitir su cesión parcial, ya sea mediante retribución o sin ella, y que pueda compartirse su ejercicio. Parece entonces que estamos frente a un derecho de uso infructífero, esto es, un derecho de utilización de los bienes que discurre además anormalmente en lo que se refiere a las facultades del usuario.

No obstante, la conclusión a la que llegamos, después de una observación atenta de este precepto y del siguiente, es la de que el derecho de uso tiene también en Navarra un contenido fructífero, si bien se han alterado las facultades concernientes a su titular. En cuanto al uso no fructífero, esto es, la utilización de los bienes ajenos, la propia Compilación suministra la clave en esta Ley 425 y en la 426: se trata de uno de los "otros derechos" a que hace mención; derechos que, por supuesto, ni determina ni enuncia.

La Compilación de Derecho civil especial de Baleares, por su parte, (Ley 5/1961 de 19 de abril), recoge tan sólo la figura del derecho de habitación a la que destina dos preceptos, que por su singularidad transcribimos:

El artículo 54, que forma parte del Libro Primero (De las disposiciones aplicables en la Isla de Mallorca), recoge la variedad consuetudinaria denominada "estatge" que:

"confiere el derecho personalísimo e intransmisible de habitar gratuitamente en la casa, ocupando privativamente las habitaciones necesarias y compartiendo el uso de las dependencias comunes con los poseedores legítimos del inmueble, sin concurrir a los gastos, cargas y tributos que le afecten.

En lo no previsto en el párrafo anterior será de aplicación lo dispuesto en el Código civil sobre el derecho de habitación".

Y en el artículo 85, que está formando parte del Libro Tercero (De las disposiciones aplicables en las Islas de Ibiza y Formentera), se determina:

"El derecho de habitación conferido por cualquier título se entenderá, salvo estipulación en contrario, referido a habitación independiente que cierre con llave, y comprenderá el disfrute del porche, cocina y horno, y, en lo referente a las necesidades del habitacionista, del pozo o cisterna de la casa".

Esta Compilación contempla la otra cara de la moneda, en cuanto a lo restringido del derecho de habitación que parece reducido al período inicial de su nacimiento en el Derecho antiguo.

1. Necesidades del titular.

Apuntaba ya PAULO (D.7,8,15 pr.) que al usuario le será lícito tomar de la despensa lo que necesite para el año, y a esto que ya hemos contemplado, añadía: "aunque de este modo se agoten los frutos de un predio mediocre, porque también usará de la casa y del esclavo aun cuando al hacerlo así nada quedase para otro en concepto de frutos" (349). Lo que sitúa al derecho de uso, como puntualiza RAMS (350), en la dimensión propia de un derecho de características autónomas, en la que el sujeto <u>puede servirse directamente de las cosas</u> -no recibir del propietario-, recogiendo los frutos para un año, a título de uso y no como dispone para el usufructuario "usque ad compendium - usque ad abusum".

Conviene por tanto precisar en este apartado alguna de las cuestiones que se suscitan, referidas fundamentalmente al uso, cual es el caso de poder determinar hasta dónde han de llegar o han de medirse las necesidades del usuario y de su familia.

Ya hemos dejado constancia de la posición de RICCI (ver página 49, nota 124) quien, hablando del uso y de la habitación precisaba cómo ambos se contraen a las necesidades, y tales necesidades <u>no son</u> las que determinan estos mismos derechos, sino <u>las realmente sentidas</u>. Por lo cual hemos de entrar en una serie de interrogantes. Así: ¿qué se entiende por bienes necesarios para el sustento?. Si hemos de atender exclusivamente a la literalidad del articulado serían los bienes (frutos) que produce el predio, las crías, leche, etc. de los ganados o las habitaciones necesarias. Ahora bien, atendiendo al espíritu de la ley, y teniendo presente que la autonomía voluntaria puede variar este contenido que consideramos mínimo, los bienes necesarios para el sustento son aquéllos que puedan cumplir ese cometido específico; y ese cumplimiento no debe ser entendido en sentido excluyente, sino, por el contrario, posibilitador del fin propuesto.

Veamos un ejemplo: si se concede a un usuario el uso de una finca de naranjos para satisfacer las necesidades que, en cuanto a fruta, pueda tener él y su familia, no hay duda de que deberá percibir la cantidad que, en temporada, sirva a este menester.

Pero si, por el contrario, se le concede el uso de esa misma finca con objeto de satisfacer necesidades alimentarias de esas mismas personas, aunque nada se establezca al respecto, no debe ignorarse que, en tal caso, el usuario podrá consumir bienes y además vender productos sobre los que recae su derecho de uso para adquirir, con el precio de éstos, los demás que le sean necesarios.

No es de esta opinión PEÑA quien, en afirmación que no compartimos, expresa que "no puede el usuario vender los frutos para con el precio de su venta satisfacer otras necesidades"; (351) y tampoco es éste el sentir de LACRUZ con quien hemos también de disentir, dado que, como veremos

---

349 "...licet mediocris praedii eo modo fructus consumatur, quid et domo et servo ita uteretur, ut nihil alii fructus nomine superesset".
350 RAMS. Ob. cit. pág. 23.
351 PEÑA BERNALDO DE QUIROS. "Derechos reales". cit. pág. 284. nota 64 (P.3,31,20).

inmediatamente, el uso puede convertirse en una figura ficticia carente de total contenido. Dice así LACRUZ: "El uso de un bien -por ejemplo una finca rústica- no autoriza a percibir tantos frutos como, vendidos, basten para conseguir el dinero suficiente para atender a las diversas necesidades vitales del usuario: alimentación en sentido estricto, vestido, habitación, cuidados médicos, esparcimiento, mobiliario, etc. Lo explica así PACIFICI-MAZZONI: si el fundo no produce sino cereales o vino, el usuario podrá pretender tanto cereal o tanto vino cuanto, mediante su permuta o venta, le procure los otros frutos que necesite, como leguminosas, aceite, fruta o similares. Al contrario, puede percibir sólo lo necesario de cada especie para el consumo suyo y de su familia. Por no tener necesidad concreta de algunos frutos puede ser incluso excluido de su percepción, como si en la finca se cultivan el índigo o el algodón para su venta, que no son medios necesarios para la satisfacción de sus necesidades personales".

A renglón seguido, sin embargo, y ahora ya en opinión del propio LACRUZ, se presta una nueva dimensión, esta vez en consonancia con lo que predicamos. Dice así: "Los frutos que el usuario recoge en la <u>cantidad justa, según sus necesidades,</u> le pertenecen en plena propiedad; por eso tiene derecho a consumirlos en especie, o <u>venderlos</u>, o también regalarlos: <u>lo que legitima la apropiación no es el empleo real que vaya a darse a los bienes, sino que éstos se puedan emplear en satisfacer una necesidad real</u> y se perciban en la cantidad precisa para ello, y no más. Si el usuario fallece antes del total consumo de los frutos o del precio obtenido a costa de ellos, -continúa- el resto pasa a sus herederos incluso cuando éstos no formasen parte de la familia para cuyas necesidades deberían servir". (352)

Bien es verdad que la interpretación que hemos propuesto y que nos resulta en parte lógica, choca a menudo con la propia realidad de la figura, puesto que el uso suele establecerse de una forma un tanto marginal, y no con el alcance amplio que le estamos concediendo. Cuando tal se pretende, se recurre, sencillamente, a la figura del usufructo, que lleva implícita la solución de todos los planteamientos que podemos hacer respecto del uso y que es, por otra parte, una institución sobradamente conocida y de límites precisos.

No obstante creemos que se trata de una dimensión del derecho que debíamos manifestar, al menos si queremos seguir considerándola como una figura con validez actual.

Abundando aun más en este sentido, podíamos también aventurar que, concediéndose al usuario el derecho para satisfacer sus necesidades sobre una finca, siendo ello posible, (y aquí hemos de insistir de nuevo, pero obviándolo, cuando hemos apuntado respecto de la posesión) podrá variar el cultivo de la misma, dado que no se alteraría el principio "salva rerum substantia", toda vez que seguiría dedicada a cultivos, aunque diversos. Es también evidente que no puede esquilmar la finca (sería el supuesto del abuso grave que motivaría precisamente la extinción de su derecho), y que tal modificación en los cultivos deberá realizarse con la diligencia propia de un buen padre de familia, que en este caso resultaría conforme a la costumbre o uso de un buen labrador. Y así se manifiesta también LACRUZ (353)

En cuanto a la habitación cabría nuevamente plantearse si tal alteración puede dirigirse convencionalmente hacia el arriendo. En este sentido la ley es explícita al impedirlo taxativamente el artículo 525 del Código civil; pero una cosa es arrendar el derecho y otra bien distinta los bienes que son objeto del

---

352 LACRUZ en LACRUZ-SANCHO. cit. págs. 65 y 66. El subrayado es nuestro.
353 Ibidem. pág. 66.

mismo. (354)

Por otro lado -señala el propio RICCI(355)-, la necesidad es un término relativo y para calcularla no puede prescindirse del individuo a que la necesidad se refiere. Ahora bien, la condición social del individuo y el género de vida a que está habituado, concurren a aumentar o a disminuir las necesidades del individuo y de la familia por lo que resulta entonces imprescindible atender a las condiciones y a los hábitos del usuario y de su familia para medir las necesidades.

Prestando atención a este planteamiento nos encontramos con una nueva variable en el derecho de uso, y, por supuesto, también válida para el derecho de habitación: la condición social de los titulares. La idea viene ya desde el Derecho romano, pero tampoco conviene establecerla de una manera tan laxa que quepa la admisibilidad de una variación en los "hábitos" o "costumbres" de los titulares y su familia. Tal variación, entendemos, si es sobrevenida, no debe ser tenida en consideración. Otra cosa distinta sería si los nuevos hábitos se hubieran producido por circunstancias extrínsecas como el advenimiento de un nuevo hijo, etc. O que el uso o la habitación se hubiesen constituido a todo evento; pero la difícil frontera entre las nuevas necesidades, que indefectiblemente van a producirse, y el abuso, hacen desistir de esta forma de constitución.

MARICHALAR, aun empleando, por razón de su época, una terminología obsoleta, se aproxima con claridad meridiana al problema, reconociendo que esta clase de servidumbres suele ser muy rara, y las pocas veces que se constituyen suelen fijarse con entera precisión todas sus condiciones, de modo que a ellas hay que atenerse en cuanto por ellas pueden decidirse las dudas que se susciten. Esto supuesto, se ofrece una, sumamente esencial, que consiste en determinar cuál es la que debe reputarse por verdadera necesidad. Para resolverla no hay más que tomar en consideración las circunstancias especiales de la persona, de modo que según sean, deberán fijarse los límites de la "servidumbre". Pero aun resulta otra duda: el que tenga derecho de uso podrá valerse de la cosa, si tiene otra propia con la cual pueda cubrir su necesidad; por ejemplo, el que sea dueño de una huerta, si por testamento se le concede el uso de otra, podrá vender los productos de la suya y aprovecharse de los de la ajena. Si el uso ha de consistir en tomar lo necesario para cubrir sus necesidades y éstas resultaban cubiertas, la consecuencia que se desprende es que no debe concedérsele el uso. Sin embargo, no hay ley que directamente apoye esta solución; y como, por otra parte, admitiéndola, vendría a resultar ilusorio el derecho, la opinión de este autor es la contraria, fundando tal opinión en que el uso se constituye como "servidumbre personal" relativamente a la persona, sin consideración a sus bienes, y que la idea que expresan las leyes al respecto de la necesidad no debe comprenderse de un modo absoluto, sino concretamente, entendiéndose por necesario aquello que verdaderamente pueda y deba ser consumido o usado por la persona, su familia y criados. (356)

Pese a lo razonable de esta argumentación, discrepamos en un punto: el uso, y también la habitación, en cierto aspecto reviste entre nosotros, y como

---

354 Este mismo razonamiento es recogido en sede de usufructo, por el profesor PEREZ DE VARGAS en un trabajo de 1989. "La enajenación del usufructo y el Código civil". en "Centenario del Código civil". vol.II. Ed. Centro de Estudios Ramón Areces. Madrid 1990. págs. 1.593 y ss.
355 RICCI. Ob. cit. pág. 417.
356 Vid MARICHALAR. Ob. cit. págs. 134 y 135.

ya hemos tenido ocasión de señalar, una especie de connotación de beneficencia privada, que se acentúa por su carácter personalísimo, que lleva incluso a plantear cierta semejanza con el derecho de alimentos, aunque éstos, como señalaba PALERMO, suponen una relación meramente obligatoria ([357]) en contraposición a la naturaleza jurídica del uso como derecho real de goce en cosa ajena. Cabría entonces suponer que tal derecho no se habría concedido de estar su titular en una situación más desahogada.

Puede, no obstante, constituirse sin consideración a sus fines, en cuyo caso se establecerá por el tiempo que se determine, hasta que se produzca el fallecimiento del titular o por abuso grave del mismo. Y puede también constituirse, precisamente, para subvenir a unas necesidades concretas. De ahí que se adecúe a las oscilaciones que se produzcan y que, razonablemente, quepa pensar que cabría como modo de extinción el hecho de llegar el titular a mejor fortuna. El usufructo, en el primero de los supuestos, es, por otra parte, el medio técnico más adecuado que podría emplearse.

Alrededor de esta argumentación, insistimos entonces en la posibilidad que hemos mantenido de un derecho de habitación para las personas jurídicas, en contra de una simple posibilidad de "utilización". Lo hemos hecho porque puede hallarse sin dificultad paralelismo entre lo que constituye una vivienda habitable y una sede social; y ahora abundamos en que también la habitación está sometida a la variable de las necesidades.

Si, por ejemplo, una asociación, tiene un aumento de socios hasta el punto de que ya no le sirve el local o la sede que utiliza, habrá de buscar otra nueva. Pero si, por el contrario, se le concedió habitación (en el sentido amplio que propugnamos), podrá seguir ocupando más plantas del edificio donde se estableció.

Al igual que para el derecho de uso, y salvo que se concediera el derecho a todo evento, sería también causa de extinción el acceso a unos medios propios de fortuna que le permitieran adquirir o arrendar cualquier otro inmueble.

Por todo lo cual, y a modo de recapitulación, señalamos que las necesidades del titular deben ser:

1. ACTUALES: Puesto que no pueden subvenirse necesidades pasadas ni determinarse las futuras.

Como único problema constatamos el hecho de que tanto las necesidades como los frutos no son, por lo general, simultáneos. De ahí que la actualidad habrá entonces de considerarse dentro de lo que constituye el ciclo económico de los frutos, no siendo por tanto necesario que lo refiramos a las que puedan determinarse en el año, como se había mantenido, como único criterio en atención a la formulación clásica.

2. REALMENTE SENTIDAS: En el sentido de que toda otra necesidad, hábito o costumbre producido con posterioridad, puede tener como consecuencia un resultado abusivo que llevaría indefectiblemente a la extinción de estos derechos; fundamentalmente del derecho de uso.

3. EN LO QUE CONCIERNE AL 'QUANTUM': Que sea determinado o, por lo menos, determinable.

Tal determinación se establece por las variables a que hemos venido haciendo referencia, constituidas, fundamentalmente, por los aumentos o disminuciones producidos en el seno familiar.

---

357 PALERMO. "Usufrutto Uso-Abitazione". UTET. Torino 1966. pág. 528. En este sentido Cass. 20 noviembre de 1946 y 29 de julio de 1947.

2. Facultades.

La constitución de las facultades del usuario, y no así las del habitacionista, señala RAMS que presenta como inconveniente el haber sido extraídas a partir de tres supuestos de hecho, a saber: el "usus domus", el "usus fundi" y la combinación de ambos en la hipótesis clásica del Derecho romano del "usus villae" ([358]), a partir de los cuales se detraen unas líneas vertebrales que llegan a generalizar lo que había surgido como mera casuística, y de la que no cabía por tanto deducir regla general alguna; si acaso un modelo de comportamiento hipotético por parte del usuario, de conformidad con la naturaleza de la cosa y en relación directa con lo que ésta pudiera producir para la satisfacción de sus necesidades y las de su familia.

No obstante, de la regulación positiva de nuestro Código civil podemos extraer algunas ideas, con el fin de amalgamar las facultades del titular en grupos ordenados, y así tenemos:

A. Extensión de sus facultades.

Es claro que la idea que establece el artículo 524.1 del Código parece servir tan sólo para desvirtuar la naturaleza real del derecho de uso, lo que está fuera de toda duda ([359]), por lo que, haciendo caso omiso de tal posibilidad, estamos en condiciones de precisar que el ámbito de las facultades puede concretarse en varios aspectos:

1º. <u>Derecho a percibir de la cosa frutos suficientes en la medida en que se determine en el título constitutivo, o, en su defecto, por las necesidades propias y familiares.</u>

Esto no quiere decir, como se determina doctrinalmente, que exista un derecho a servirse "directamente" de la cosa, porque tal planteamiento sería inválido. Ya hemos tenido ocasión de considerar la falta de posesión del usuario respecto de los bienes que constituyen el objeto de su derecho. Pues bien, la facultad de servirse directamente implicaría:

a) que no se trate de un derecho de uso, sino de una facultad de utilización de los bienes.

b) que daría lugar a una situación anómala en la realidad. Pero, si a pesar de ello, considerásemos la posibilidad posesoria, nos encontraríamos con el absurdo de que los bienes resultarían prácticamente inútiles para su propietario. Es decir, que si aquél a quien se concediera el uso de un rebaño, para aprovechar, por ejemplo, una determinada cantidad de leche, lo poseyera, el dueño debería solicitar del usuario el exceso de leche y el resto de las utilidades, lo que no parece comprensible.

Si hiciéramos una disección del ordenamiento jurídico, cabría tal precisión, pero como lo que encontramos en él es un desarrollo armónico de todos los derechos, en la medida en que tratamos de cohonestar los intereses que se suscitan, la posibilidad de una relación directa entre el usuario y la cosa debe ser descartada.

---

358 Vid RAMS. Ob. cit. pág. 61.
359 En este sentido DE PAGE, en "Traité de Droit civil Belge". T.V. vol. 2º pág. 388, que lo considera como "un derecho que se ejerce directamente sobre una cosa, sin la intermediación de nadie".

Además, conviene tener presentes otros problemas que puedan plantearse; y así tenemos:

1. Siendo el derecho de usufructo y el derecho de uso dos derechos diferentes ¿cabría la posibilidad de su establecimiento simultáneo sobre una misma finca?

No parece existir obstáculo alguno que lo impida, por lo que nos inclinamos por una solución afirmativa (solución, por otra parte, que ya reconocía DIEZ-PICAZO cuando afirmaba que el uso puede constituirlo tanto el propietario como el usufructuario).

Se trata de derechos diferentes que pueden coexistir con su propia esfera de actuación; el usufructo sobre la totalidad de la finca y el uso sobre la cantidad de frutos que basten a las necesidades del usuario y de su familia.

Esta coexistencia lleva consigo el que el usufructo en realidad "no sea" sobre la totalidad, lo que no dificulta en absoluto la posibilidad que aquí barajamos. No obstante, al ser el uso indeterminado, por referirse a necesidades actuales y futuras, pudiera darse la anómala circunstancia de que, una vez establecidos ambos derechos, el usufructo, derecho más amplio, quedase condicionado y determinado por un derecho más débil y restringido. Naturalmente, en lo que a los frutos se refiere.

Consideramos que no es una buena técnica la de simultanear usufructo y derecho de uso; y menos aun si este último llegase a consumir la totalidad de los frutos, como se prevé en el artículo 527 del Código; en cuyo caso, al colisionar los derechos, parece que uno de ellos habría necesariamente de desaparecer, sin que pudiéramos precisar cuál habría de ser el subsistente.

La situación se produciría por una (supuesta) imprevisión del propietario constituyente (distinto sería si lo hubiera sido el propio usufructuario), aunque tal posibilidad no parece que pudiera presentarse, al menos con cierta frecuencia. La solución, sin embargo, creemos que habría de pasar por respetar el derecho de uso y considerar al usufructo establecido sobre el resto de las utilidades de la cosa. Esto es, el respeto hacia el derecho que palía las necesidades de los beneficiarios y la consideración de que la "desaparición" operada en el usufructo es sólo a efectos fructíferos, dado que ni hay desaparición jurídica ni de su total contenido económico; aunque, qué duda cabe, se haya producido una alteración sustancial en su base objetiva.

2. No podemos, sin embargo, dejar de suscitar una duda que nos provoca esta situación: nuestro Código civil, al referirse tanto al uso como al usufructo inmobiliarios, nada dice acerca de a quién corresponde la obligación de cultivar.

Es evidente que si se trata sólo de un derecho de usufructo sobre finca que produzca frutos industriales, quien tenga derecho a su aprovechamiento deberá poner los medios necesarios para su producción. Así, el usufructuario de una viña no sólo tendrá derecho a recoger los racimos, pisar la uva, etc., sino también la obligación de abonarla, podarla y cuidarla, con el celo propio del dueño, el "buen padre de familia" del artículo 497 o la diligencia del buen labrador, de que hablaba LACRUZ.

Pero ¿y el que tiene el uso? Se nos plantean dos supuestos:

α) En el caso en que usufructo y uso se establezcan simultáneamente, cabría la posibilidad de que el usuario colaborase en las tareas de cultivo y recolección, y en mayor medida si consumiera por su derecho todos los frutos de una finca.

Ahora bien, en caso de un deficiente cultivo o aprovechamiento de la finca, por lo que ésta nos responda a las expectativas de producción, el usufructuario, si ello se debió a su negligencia, habría de correr con las consecuencias, y lo mismo hay que decir del usuario, si colaboró en el deficiente cultivo. Pero como su derecho está en función de un "quantum", podría producirse la injusta situación de reclamar el usuario hasta que sus necesidades quedasen cubiertas. Parece que tiene derecho a hacerlo en todo caso si no colaboró en la producción, quedando sujeto a prueba en contrario.

ß) Si el que concede el uso es el propietario, será él quien deba cultivar la finca, y lo mismo hay que entender si lo realizan tanto el usufructuario como el enfiteuta, reduciéndose el derecho del usuario a la entrega de frutos suficientes, diferente del derecho a alzarlos por sí mismo que no queda claro que le corresponda..

En los dos puntos señalados llegamos a la misma conclusión: el derecho de uso se establece <u>sobre</u> los frutos de una finca, no sobre la finca. No conviene olvidar que en nuestras primitivas Leyes Hipotecarias (Leyes de 1861 y 1869, aunque modificadas posteriormente por la Ley de 1909), el artículo 107.2º permitía hipotecar "el derecho de percibir los frutos en el usufructo", no el derecho en sí. Argumento que ha recogido con brillantez, como ya hemos tenido ocasión de señalar, PEREZ DE VARGAS

Es distinto, sin embargo, el tratamiento que podemos dar en el Derecho comparado. En el Derecho francés, por ejemplo, nos encontramos con tres posiciones diferentes:

a) Una primera, basada en la normativa del artículo 630 del Code, que entiende que el usuario no puede servirse por sí mismo de la cosa, dado que "no puede exigir más de lo que necesite para sus necesidades..." ([360]), con lo que parece quedar claro que tal exigencia deriva del hecho de no poseer los bienes.

b) Otra posición, que sustenta la tesis contraria, la deriva del tenor con que ha sido redactado el artículo 635: "si el usuario consume todos los frutos de los fundos, o si ocupa la totalidad de la casa...". ([361]) Porque dicho consumo o tal ocupación llevan implícita la idea de un disfrute directo por parte del titular.

c) Una tercera, de significado positivo, es la mantenida por LAURENT ([362]), para quien la posesión de las cosas en manos del usuario está perfectamente contemplada, no sólo en el artículo 635.2 ("si no toma más que una parte de las cosas"), sino fundamentalmente en el deber de prestar caución y levantar inventario del artículo 626, en el de disfrutar de la cosa como un buen padre de familia, recogido en el artículo 627, y en la interrelación de este derecho con el de habitación, para el que es consustancial la idea de posesión. Por todo ello, el término "exigir" del artículo 630 no puede constreñirse a una posibilidad de petición frente al propietario, sino que debe entenderse como sinónimo del "prend" que recoge el artículo 635, aunque constituye, tanto literaria como gramaticalmente, un término inapropiado.

En lo que respecta al Derecho italiano, la posición de LAURENT influyó

---

360 "...ne peut en exiger qu'autant qu'il lui en faut pour ses besoins et ceux de sa famille".
361 "Si l'usager absorbe tous les frutis du fonds, ou s'il occupe la totalité de la maison, il est assujetti aux frais de culture, aux réparations d'entretien... comme l'usufruitier".
362 LAURENT. "Principes de Droit civil français". VII. BC & Cíe. Bruxelles-Paris 1878. págs. 118 y ss. nºs. 111 y 112.

decisivamente, como ha hecho notar RAMS, en PACIFICI-MAZZONI (363), que admitió que el usuario no podía ser constreñido a percibir los frutos con la intermediación del propietario. Pero, a pesar de ello, establece una postura conciliadora entre las dos últimas posiciones, al afirmar que "cualquiera que sea la solución que se de al problema, incluso cuando el usuario queda excluido de la posesión, su derecho conserva de todas formas su naturaleza de derecho real y de servidumbre personal, como el derecho de propiedad permanece tal cual es, aunque el fundo se encuentre bajo la posesión del usuario".

Finalmente, indica VENEZIAN cómo el usuario "necesita ejercitar sobre la cosa una actividad independiente y sólo cuando hay sobrante debe hacer partícipe de él al propietario. El derecho de uso está subordinado siempre al derecho de propiedad; pero el disfrute que pueda quedar reservado al propietario en el uso se supedita siempre al disfrute del usuario, porque si a éste no le corresponde más de lo que pueda satisfacer sus necesidades, sí le corresponde cuanto pueda directamente satisfacerlas; y dentro de los límites que marque el destino de la cosa, ha de poder modificar el sistema de disfrute para hacerlo más apto a semejante satisfacción". (364)

2º. Que tal ejercicio recaiga directamente sobre la cosa que constituye el objeto de su derecho.

No ofrece duda ninguna dado el carácter de derecho real, pese a que se otorgue o conceda en atención a la persona del titular.

Es claro en el derecho de habitación, donde la inmediatez posesoria es en principio requisito "sine qua non" que le justifica y elemento esencial para poder hacerle valer. En el derecho de uso, la inmediatez hay que cifrarla en la dependencia de su contenido de las posibilidades del objeto, esto es, la relación directa de los frutos con la cosa que los produce y sobre los que el usuario determina su derecho, pero no que "ejercite" tal derecho.

Si la cosa desaparece o llega a hacerse infructífera, es obvio que el derecho desaparece, salvo, claro está, la subrogación en otra distinta por el concedente. Y ahí, nos parece, es donde hay que cifrar la inmediatez del ejercicio, no en la posibilidad posesoria.

3º. Legitimación activa para exigir del propietario la entrega de la cosa misma, si éste, como tal concedente, o su heredero, resiste a su entrega.

Y no sólo contra ellos, sino contra los usufructuarios o censualistas constituyentes y, en general, contra todo causahabiente del concedente, por ser derechos reales y por tanto oponibles "erga omnes".

Estas puntualizaciones se aplican, como acabamos de ver, también respecto del derecho de habitación que contempla el artículo 524.2º del Código civil, si bien, dada la especialidad del mismo, no tiene por qué plantear generalmente ninguno de estos problemas.

B. Ejercicio de las facultades.

Sin entrar ahora en lo que constituyen las obligaciones propias del usuario y del habitacionista, el ejercicio de las facultades arriba señaladas debe hacerse sin menoscabo de los demás derechos concurrentes que puedan afectar a la cosa.

Ya se han mostrado algunos de los problemas derivados de la

---

363 Vid RAMS. Ob. cit. pág. 65.
364 VENEZIAN. Ob. cit. II. pág. 341.

concurrencia, para el hipotético supuesto de que llegaran a producirse; no es ésa, sin embargo, nuestra opinión, aunque debíamos insistir en tales posibilidades. Así pues, en vías de normalidad de ejercicio, ambos derechos requieren un comportamiento ordenado de buen padre de familia o de buen vecino "..a omes, o a mugeres que fagan y buena vezindad", decía la Ley XXVII de la Partida 3ª, refiriéndose al caso de la posibilidad arrendaticia que se concedía al habitacionista, dando por supuesto que él reunía tal condición, que ni vaya en detrimento o menoscabo de la cosa ni impida el común ejercicio de los otorgantes en el supuesto de que no se consuma la totalidad de los frutos o no se ocupe toda la vivienda.

C. Límites.

Dado que no vamos a ocuparnos de la intransmisibilidad de los derechos a que nos referimos, porque va a constituir materia del siguiente capítulo, precisamos ahora, como única cuestión a considerar, el alcance del uso y de la habitación, que podemos sintetizar en tres aspectos:

1. Temporal.

El tiempo de disfrute de ambos derechos se se determina, en primer lugar, por lo que se haya establecido en el título constitutivo. En su defecto, se entienden conferidos tradicionalmente por toda la vida de sus titulares, como sucede con el derecho de usufructo. (365)

Caben señalar sin embargo dos excepciones:

a) En el supuesto de abuso grave de la cosa o de la habitación, como se provoca la extinción de los mismos, tal abuso determina el límite de actuación temporal del beneficiario.

b) Cuando se trata de personas jurídicas, el límite de tiempo nunca podrá sobrepasar los 30 años, siendo de aplicación lo que también con relación al usufructo establece el artículo 515 del Código civil.

2. Personal.

Los derechos se refieren a los titulares y a su familia, entendiéndose extinguidos por muerte de los primeros. No obstante, ya hemos dejado constancia de nuestra posición, contraria a esta medida, porque el hecho de tratarse de derechos personalísimos no es óbice para el reconocimiento de la personalidad de los demás beneficiarios, que son, precisamente, quienes fijan la extensión y amplitud.

3. De ejercicio.

Tales derechos no pueden ejercerse sobre bienes diferentes de aquéllos sobre los que se constituyeron, pertenecientes al concedente, salvo en el supuesto de la subrogación.

En el caso en que se produzca expropiación forzosa, si no se produjera la subrogación, habrá que aplicar al derecho de uso lo que para el de usufructo dispone el artículo 519 del Código. Para el derecho de habitación la solución, sin embargo, parece más compleja, toda vez que no puede pedirse al concedente que arriende o adquiera un inmueble para alojar allí al habitacionista (naturalmente nos referimos al supuesto en que éste ocupe la totalidad del inmueble); si sólo ocupa una parte, deberá continuar en la nueva

---

365 Que es un derecho destacado de carácter temporal, como queda recogido en la mayoría de las legislaciones, por lo que un usufructo perpetuo sería una "contradictio in terminis", lo cual es aplicable a los derechos de uso y habitación. Vid CUADRADO IGLESIAS. "Aprovechamiento en común de pastos y leñas". Ed. estudios. Ministerio de Agricultura. Madrid 1980. págs. 299 y ss.

vivienda que el concedente ocupe para sí.

En supuestos de enajenación, etc., aunque no pueda ya hablarse en puridad de la persona del concedente, el carácter real de estos derechos es la firme garantía de su continuidad.

3. Obligaciones.

Los deberes del usuario y del habitacionista deben contemplarse, como ha hecho RAMS siguiendo a DEMOLOMBE, ([366]) en un triple momento: En el de la creación del derecho, durante su ejercicio y al producirse su extinción.

1. Creación de los derechos de uso y habitación.

Por obligada referencia al derecho de usufructo, y salvo siempre lo que pudiera determinarse en el título constitutivo, al comienzo del ejercicio de estos derechos, habríamos de aplicarles decididamente las mismas normas que para el primero establece el Código civil, y en tal sentido habría de comprenderse la necesidad de hacer inventario y prestar la fianza que recoge nuestro primer cuerpo legal; pero dado que ya hemos hecho referencia a toda esta problemática, al señalar las diferencias existentes entre los derechos de uso y usufructo, a ella nos remitimos en todo lo que concierne al derecho de uso.

En lo que atañe al derecho de habitación, nos resulta perfectamente aplicable lo que establecieron los tratadistas alemanes ([367]) al considerar que tal derecho se extendía también a las pertenencias que se encontraren en el inmueble y fueran del concedente, lo que lleva implícita la idea de inventario, que tanto puede hacer el concedente al efectuar la entrega del inmueble, como el habitacionista, como obligación suya si aquél no lo llevó a cabo, a tenor de lo dispuesto en el número 1º del artículo 491 para el usufructo.

La posibilidad de la caución se justificaría por la relación existente entre el titular del derecho de habitación y el propietario del inmueble, que es una relación legal de obligaciones, que no impide su consideración personalísima ni su carácter de derecho real, ni, por supuesto, la idea de beneficencia privada que puede constituir su fundamento.

Tal posibilidad se recogía en la Ley XXVII de la Partida 3ª ("Otrosí deue dar buenos fiadores, que tornara la casa a su dueño, o a sus herederos despues de su muerte o del otro plazo que fuere puesto entre ellos"), y en la actualidad y para el derecho de usufructo, aplicable también a la habitación, en el número 2º del artículo 491; si bien nunca en el supuesto de que se constituya por retención (caso del artículo 492 del Código) o cuando, por no existir perjuicio para nadie, quede el beneficiario dispensado (artículo 493, que se extiende también al inventario).

Sin embargo, observamos de la lectura del Código una variación de régimen. A tenor del artículo 494, si no se presta la fianza en los casos en que deba darla el usufructuario, "podrá el propietario exigir que los inmuebles se pongan en administración, que los muebles se vendan..". ¿Es ello aplicable a la habitación? En principio tal normativa repugna al instituto en sí y no parece fácilmente conciliable, por lo que, de entrada, rechazamos la aplicación del precepto a todo otro supuesto que no sea el derecho de usufructo.

Abundando en este rechazo, el propio Código ofrece una solución que

---

366 Vid RAMS. Ob. cit. pág. 75.
367 Vid ENNECERUS, KIPP, WOLFF. Ob. cit. págs. 64 a 66.

bien podría servirnos de apoyatura en lo que acabamos de manifestar. El artículo 495 establece: "Si el usufructuario que no haya prestado fianza reclamare, bajo caución juratoria, la entrega de los muebles necesarios para su uso, y que se le asigne habitación para él y su familia en una casa comprendida en el usufructo, podrá el Juez acceder a esta petición, consultadas las circunstancias del caso.." Ergo, si por razón de una especial desconfianza, o por cualquier otro motivo, se reduce el usufructo temporalmente a lo que constituye un posible uso (creemos que se trata de una utilización), y, en lo que ahora consideramos, al de habitación, queda claro que estos derechos son los mínimos que deben concederse resultando entonces inamovibles. O lo que es lo mismo, una vez constituido un derecho de habitación y pese a no otorgarse fianza por el habitacionista (entendemos que, en puridad, no debe prestarla nunca por la connotación de su carácter benéfico; pero, por si así se estableciera en el título constitutivo), éste podrá ocupar el inmueble objeto de su derecho y los muebles necesarios como complemento ineludible del mismo, que tendrán carácter inembargable.

La controversia la decidirá el Juez, previa caución juratoria, si así se considera.

2. Durante su ejercicio.

La primera de las normas aplicables es sin duda la contenida en el artículo 497 del Código civil, referente a la diligencia propia de un buen padre de familia.

Como normas específicas de estos derechos dispone el mismo cuerpo legal:

1º. Las que se derivan del título constitutivo (artículo 523), donde puede darse cabida a todo lo que la autonomía de la voluntad pretenda, teniendo como límites el que no resulte contraria a las leyes, la moral o el orden público.

2º. Supletoriamente y como régimen subsidiario de esta autonomía, la normativa del Código directamente aplicable (artículo 523), y en cuanto no se opongan a ella, las disposiciones del usufructo (artículo 528), aunque este precepto peca de una excesiva generalidad.

Dentro de esta última regulación, podemos detraer el contenido legal de las obligaciones:

a) Imposibilidad de arrendar ni traspasar a otro por ninguna clase de título. Esta obligación es clara en lo que concierne al derecho de uso, pero en lo que atañe a la habitación, no ha sido ésa la tradición romanista ni lo que recogió nuestra ley de Partidas; por lo que habría que entender que, si bien bajo el sometimiento a los preceptos del Código no sería posible la facultad arrendaticia, si lo sería bajo la autonomía voluntaria.

b) A tenor del artículo 527, el usuario y el habitacionista pueden encontrase en estas dos situaciones:

1. Que consuman todos los frutos que produzca la cosa ajena o que se ocupe toda la casa, en cuyo supuesto estarán obligados a los gastos de cultivo (es decir, al importe de lo que cueste la producción de frutos), a los reparos ordinarios de conservación (esto es, cuando se trate del derecho de habitación, a contribuir a los mismos, porque no es equiparable la dicción de este artículo con la precisión del artículo 500 del Código ("obligado a hacer")), y al pago de las contribuciones, en ambos derechos.

2. Que sólo se percibiera una parte de los frutos o se habitara parte de la casa. En contra de lo que establecen otros derechos (cfr. el Code francés,

artículo 635.2º) (368), no deberán contribuir con nada, siempre que el propietario pueda percibir una parte o aprovechamientos bastantes para cubrir los gastos y las cargas necesarios o que puedan generarse.

3. Extinción.

El deber que compete tanto al usuario como al habitacionista, y en su caso a sus herederos, cuando se produce la extinción de sus derechos, es la restitución de la cosa con sus accesorios a quien sea su propietario.

RAMS (369), participando de la opinión de PROUDHON (370) que pretendía la repetición por parte del usuario de las plusvalías sobrevenidas por las mejoras realizadas en la cosa, considera aplicable a nuestro derecho la posición de DEMOLOMBE (371), para quien no hay razón alguna para no aplicar a este supuesto las reglas que para el usufructo se establecen en esta materia.

Basa tal justificación en lo preceptuado por el artículo 528 del Código civil y el 522 del mismo cuerpo legal, junto con sus concordantes. No obstante, aunque nada precisara el Código, habría que entender implícito un derecho de retención por las mejoras producidas, debidas a los beneficiarios. No así por las accesiones, porque, por imperativo del 353, pertenecen siempre al titular dominical.

Por contra, como a su vez ha destacado PUGLIESE, tanto el usuario como el habitacionista están obligados "al resarcimiento de la pérdida de consistencia material o del valor económico sufrido en la cosa por un disfrute negligente, custodia mala u omitida, falta de reparaciones, etc., aunque ello sufre una atenuación considerable, cuando se trata de cosas que se deterioran, pudiendo el usuario librarse restituyéndolas en el estado en que se encuentren, con tal que el deterioro no se deba a causa que le sea imputable". (372)

VI

INDIVISIBILIDAD E INTRANSMISIBILIDAD

Las limitaciones objetivas de los derechos de uso y habitación -señala RAMS- se vienen planteando de forma muy distinta en la época actual respecto del que fuera modelo histórico propio del Derecho romano, ya que si para éste la indivisibilidad del uso es una verdad insoslayable, tanto en lo que concierne al derecho en sí como a los objetos sobre los que recae, en la doctrina moderna no puede sin embargo admitirse la indivisibilidad como un elemento reglado, sino como una característica posible que depende del objeto. (373) DE MARTINO

---

368 "S'il ne prend qu'une partie des fruits, ou s'il n'occupe qu'une partie de la maison, il contribue au prorata de ce dont il jouit".
369 RAMS. Ob. cit. pág. 81.
370 PROUDHON. Ob. cit. pág. 505. nº 2789.
371 DEMOLOMBE. Ob. cit. págs. 727 y 728. nº 807.
372 PUGLIESE. Ob. cit. pág. 764.
373 Vid RAMS. Ob. cit. pág. 83.

indica que estando claros los límites de las necesidades que se producen respecto de cada una de las partes de la cosa, sobre las que se desarrolla el derecho, ello no impedirá no obstante que se constituya un uso parcial. "Naturalmente no hay que confundir, como a veces ocurre, la indivisibilidad del derecho con la de la cosa". (374)

La intransmisibilidad se discute sin que se llegue en la actualidad a una posición dominante que pueda configurarla como elemento típico de caracterización de ambos derechos.

De forma casi unánime se ha negado por la doctrina la posibilidad de constitución del uso como derecho divisible (VENEZIAN) o se ha acuñado una doctrina específica denominada "quasi-uso" (PROUDHON). JORDANO BAREA (375) tratando el problema de las cosas consumibles, y después de haber analizado los artículos 467, 481 y 482 del Código civil, por los que se transfería la titularidad de tales cosas, reconoce la figura del "quasi-usufructo" que no sirve, sin embargo, para que en nuestro ordenamiento jurídico pueda justificarse la del "quasi-uso". Posibilidad que es reconocida en el Derecho italiano por BARBERO (376), al criticar, en este sentido, la posición sustentada por VENEZIAN.

Pero, de acuerdo con lo que constituye nuestro personal planteamiento y a lo largo de todo lo que hasta aquí llevamos expuesto, creemos que la opinión de este último autor es la aceptable, dado que si la relación existente entre la cosa y la inmediata satisfacción de las necesidades del usuario fuera lo que sirviera para señalar el "quantum" de utilidad que se le autoriza obtener, "se concebiría modificar la atribución del poder sobre la cosa y limitarlo a obtener parte de esta utilidad: tú puedes usar para habitar -indica- diez, doce cuartos, emplear quince o veinte hectolitros de grano para el consumo de la familia; pues bien, te lego el derecho a utilizar la mitad. Pero no es esto; con la facultad de obtener un tanto de utilidad, no se agota el fin de la concesión, el fin de asegurar el goce dentro de los límites de la capacidad del usuario". (377) Por eso (y el argumento puede hallarse en MODESTINO, 11, "De servitutes", VIII, 1) la asignación de una parte de uso encierra en sí misma una contradicción por lo que carece de eficacia como expresión de una voluntad incierta.

Además, de la idea de indivisibilidad aplicable al derecho de uso se deriva la nulidad de las disposiciones que concedan una parte del mismo, su imposible extinción en partes alícuotas y la consiguiente indivisibilidad de la obligación cuyo objeto esté constituido precisamente por la prestación del derecho en sí. "En el caso de que el usuario adquiera la copropiedad de la cosa usada, argumenta VENEZIAN, no por ello hay consolidación, sino que conserva su derecho de uso, que vendrá en parte a ser un derecho sobre la cosa propia, y que perdurará aunque pierda la propiedad más tarde. Si le lega el uso de cosa ajena, cada uno de los gravados queda obligado a prestarlo íntegramente, a reserva de reclamar a los coobligados para que contribuyan". (378)

Finalmente, y para no entrar en mayores conjeturas, dada nuestra

---

374 DE MARTINO. Ob. cit. pág. 351.
375 En otro sentido el trabajo de JORDANO BAREA "El quasi-usufructo como derecho de goce sobre cosa ajena". en ADC 1948. págs. 981 y ss.
376 Vid BARBERO. "Il quasi-usufrutto ed il quasi-uso". en Rivista di Diritto Civile". XXXI. 1939. págs. 221 y ss.
377 VENEZIAN. Ob. cit. II. pág. 854.
378 Ibidem. pág. 855.

posición negativa al respecto, señalamos que si en la cosa no existe parte alguna susceptible de asumir individualidad jurídica, la constitución del uso sobre una cuota tampoco lo es de transformarse en un derecho al valor de la misma, que es lo que en definitiva viene a suceder con el derecho de usufructo; y no comprende la constitución del uso sobre una cosa autónoma, sino la facultad de poder gozar directamente de la cosa entera con arreglo a sus necesidades y dentro de los límites marcados por éstas.

Coloca junto a este disfrute un límite distinto resultante de la relación que existe entre la fracción y el todo. Se resuelve entonces en la constitución de un uso parcial, que nace viciado por una contradicción intrínseca que lo invalida, dado que se puede emplear la cosa para satisfacer unas necesidades, pero no se puede ir en el disfrute más allá de lo que constituye una parte alícuota de la total utilidad de la cosa.

"A virtud de la imposible constitución de un uso de parte alícuota o de un uso sobre tal cuota -sentencia VENEZIAN-, resulta imposible también constituir una comunidad de uso". (379)

La posibilidad de transmitir o no los derechos de uso y habitación conforma doctrinalmente una cuestión polémica, sin que se haya llegado a un compromiso técnico al respecto.

Como ha sido destacado por RAMS, se ha logrado, dentro de la regulación alemana, y a través de su orientación pandectística, la admisión de la configuración justinianea favorable a la transmisibilidad de la habitación, que se ha extendido también al derecho de uso.

Contrariamente, la doctrina italiana, propugnando una caracterización autónoma y relativamente separada de la disciplina del usufructo, ha influido decisivamente para que haya desaparecido toda duda sobre la transmisibilidad, y se predique sin ningún género de dudas la más absoluta intransmisibilidad, como nota configurante de este tipo de derechos a partir del artículo 1.024 de su Código civil. (380)

En nuestro derecho lo que se trata de saber es si la disposición del artículo 525 es un elemento constitutivo del uso y la habitación, y, consecuentemente, forma parte del tipo, o, por el contrario, se trata sólo de una norma que queda relegada a la categoría de supletoria, tras la autonomía de la voluntad que señala el artículo 523 del Código civil. Y aunque nuestra posición es clara, no queremos, sin embargo, sustraernos al tratamiento doctrinal, por lo que vamos ahora a enfrentar la problemática que puede derivarse del título de su constitución.

1. Problemática derivable del título constitutivo.

Son tres las posiciones que podemos reconocer al respecto: Las que resultan favorables a la transmisibilidad, las que consideramos intermedias y las contrarias a la transmisión.

A. Dentro de las posiciones favorables, se señalan en nuestra doctrina algunos ejemplos que hemos constatado como inicialmente contrarios a las mismas, como los de ALBALADEJO y DORAL.

El profesor ALBALADEJO, que pese a manifestarse partidario del "numerus

---

379 VENEZIAN. Ob. cit. II. pág. 857.
380 RAMS. Ob. cit. págs. 83-84.

apertus" de los derechos reales, estimaba la imposibilidad de introducir modificaciones en la regulación legal por vía de la autonomía voluntaria (381), reconoce, en contra de la disposición del Código, que "la intransmisibilidad no es de derecho cogente. Puede, pues, establecerse la transmisibilidad en el título constitutivo, o bien la posibilidad de, sin transmitir el derecho, ceder su disfrute" (382). Del mismo modo, DORAL, después de haber afirmado que "la autonomía de la voluntad lleva inherente el respeto a la naturaleza de la cosa, al modo de ser institucional, por lo que no procede, v.gr., hablar de la constitución del uso y conceder facultades típicas del usufructo, como puede ser conferir al usuario los derechos correspondientes a un usufructuario" (383), y entre las que estarían las del artículo 480, entiende que el precepto del artículo 525 tiene aplicación en defecto de las "disposiciones" "que el título constitutivo hubiera determinado", por lo que no es de "ius cogens" y su finalidad se limita a "marcar las diferencias con el usufructo (artículo 480) y afirmar, con tutela jurídica eficaz, que lo que excede de la capacidad de goce, pertenece al propietario; por eso el propietario es libre de autorizar otra cosa al usuario y al habitacionista en el título constitutivo". (384) O, como dice RAMS, después de haber matizado también negativamente la opinión inicial de ALBALADEJO, "es el propio contenido de los derechos de uso y habitación el que depende del título constitutivo, y dentro de ese contenido la prohibición de arrendar y traspasar porque tal efecto es sólo un viejo vestigio histórico, motivado por el fin alimentario que cumplía en su origen". (385)

En defensa de la opinión que mantenemos, de acuerdo con el principio favorable a la transmisibilidad, podemos hacer las reflexiones siguientes:

1ª. Si en el título constitutivo se mantiene una posición diferente a la del Código, debe respetarse desde el momento en que éste es supletorio de la voluntad constituyente.

2ª. Pese a lo mantenido por la Exposición de Motivos que precedía a la Ley Hipotecaria, al remitir nuestro Código, en su artículo 528 a las normas del usufructo, sin desvirtuar el carácter especial del uso y de la habitación, está brindando una clara posibilidad de que el título de los mismos se adscriba decididamente a su regulación, en todo aquello que no se oponga a lo que ordena el capítulo correspondiente. Expresión ésta no muy acertada, a nuestro parecer, porque no debe comprenderse en ella más allá que lo que se determina por vía legal, y no por vía voluntaria. Al menos después de reconocer que, al igual que sucede con el usufructo, uso y habitación se regularán por su título constitutivo.

Como consecuencia de esto, entendemos que la regulación codificada es supletoria e incluso subsidiaria en aquellos aspectos no regulados por los interesados, o por el concedente. Y existiendo tal voluntad, no será de aplicación la norma contenida en el artículo 525.

B. Dentro de las posiciones intermedias, podemos señalar, siguiendo a RAMS (386), que han sido algunos fallos de los tribunales franceses (T.C. Seine,

---

381 Vid al respecto ALBALADEJO. Ob. cit. pág. 11, como en su momento ha sido recogido en este trabajo.
382 ALBALADEJO. Ob. cit. pág. 92.
383 DORAL. Ob. cit. pág. 471.
384 DORAL. Ob. cit. págs. 484 y ss.
385 Vid RAMS. Ob. cit. pág. 84.
386 RAMS. Ob. cit. pág. 86.

15 de julio de 1932; T.C. Saumur, 29 de noviembre de 1945 y C. Cass. de Paris, 28 de mayo de 1963), los que han propiciado la formación de una posición doctrinal en este sentido.

Todo el planteamiento se debe a la necesidad de armonizar, a través de una situación reconocida como de justicia, la posibilidad de la transmisibilidad incorporada al título con la prohibición expresa del articulado del Code, en aquellos supuestos en que, debiéndose seguir las normas del Código (artículos 631 y 634), se aprecian circunstancias excepcionales cuyo desconocimiento haría quebrar la finalidad económico-social que se pretende.

La cuestión, planteada como hipótesis -continúa RAMS-, es muy compleja y se presta a ser discutida en el marco amplio de la influencia de la voluntad en la creación de los derechos reales. La afirmación de SOLUS de que "el arbitrio judicial viene a dulcificar una prohibición que, llevada a sus últimas consecuencias, conduce a resultados decididamente injustos" ([387]), gana, desde esta perspectiva, posibilidades de aceptación, si se tiene en cuenta que las más de las veces, los derechos de uso y habitación no traen en el título de creación una tipificación incontestable. El error posible es de exceso verbal en la construcción de la frase, y no se trata de un arbitrio propiamente dicho, sino de un criterio interpretativo a partir de la voluntad de las partes y del título de constitución sobre los derechos que se han pretendido crear y cuáles sean los fines protegidos, que debe contar tanto con el lenguaje empleado como con las circunstancias en que la creación se ha producido. ([388])

C. Respecto a las posiciones contrarias, hay que destacar la opinión de VENEZIAN para quien "los derechos de uso y habitación, son, por su naturaleza, imposibles de transmitir; no es sólo que lo prohíba el artículo 528 de nuestro Código civil ([389]); la imposibilidad arranca, no de que haya obstáculo a la transmisión de un derecho cuya utilidad económica está indicada por la aptitud de la cosa para satisfacer directamente las necesidades del cedente, sino porque con la cesión se frustra la finalidad misma de esa atribución, que es asegurar al usuario la satisfacción directa de sus necesidades". ([390])

2. Aspectos hipotecarios.

Los aspectos registrales del uso y de la habitación no deberían plantear problemas, ya que, desde la publicación de nuestra primera Ley Hipotecaria, de 8 de febrero de 1861, se establecía que no eran hipotecables. La Exposición de Motivos de esta Ley ([391]) decía que no es aplicable al uso lo espuesto (sic) respecto del usufructo. Con sólo considerar que el derecho del usuario está tan limitado por las Leyes de Partida, que no le es lícito arrendar, y lo que es más, ni conceder el uso gratuito de la cosa, y por lo tanto, mucho menos enajenar el derecho que le corresponde, claro es que no puede tener la facultad de hipotecar ni la cosa ni su uso. Lo mismo debe decirse de la habitación, en que, si bien está autorizado el que la tiene constituida a su favor para arrendar la

---

387 SOLUS. en "Comentario a la S.T.C. Saumur" cit. en RTDC, 1946, I, pág. 410.
388 RAMS. Ob. cit. pág. 86.
389 Naturalmente, se está refiriendo al Código civil italiano de 1865.
390 VENEZIAN. Ob. cit. II. pág. 850.
391 En lo relativo a la misma, se ha manejado la colección "Leyes Hipotecarias y Registrales de España. Fuentes y evolución". II Congreso Internacional de Derecho Registral. Ed. Castalia. Madrid 1974. T.I. pág. 272.

<u>morada en que consiste</u>, nunca puede enajenar su derecho, y por lo tanto, tampoco hipotecarlo.

Con este mismo sentido normativo se expresó la Ley de 1869 ([392]) y las posteriores.

A pesar de ello, conviene no obstante destacar, como ha sido puesto de relieve por algunos autores, entre los que destaca GARCIA MARTINEZ ([393]), la opinión de VALVERDE, recogida también por ROCA ([394]), que aduce que, si por el título de su constitución pudieran ser enajenables, serían hipotecables. "No son estos derechos hipotecables -dice VALVERDE- por prohibición expresa de la ley hipotecaria vigente. Esta cualidad de no poderse hipotecar estos derechos responde a la nota de inalienabilidad que tiene el uso y la habitación, según el Código, pues solamente los derechos reales enajenables son susceptibles de ser hipotecados. Ahora bien -continúa- si la ley hipotecaria vigente se revisó para adaptarla al Código civil, debió tener en cuenta que éste permite el uso y la habitación como enajenables en el caso en que el título de constitución autorice tal enajenación. Y si esto es así, la ley hipotecaria debió permitir la hipoteca del derecho de uso y habitación, cuando el título de constitución de estos derechos permita la enajenación o cesión de los mismos, no sólo porque todo derecho real puede hipotecarse, sino también porque resulta anómalo y contradictorio que el usuario que puede hacer lo más, como es enajenar el uso, no pueda lo menos, que es hipotecar tal derecho. Pero en fin -añade- el precepto de la ley hipotecaria está terminante; no distingue, sino que de una manera absoluta prohibe hipotecar el uso y la habitación". ([395])

Y aquí es donde surge la polémica.

Autores como GALINDO y ESCOSURA ([396]), señalan que el artículo 525 del Código civil prohibe la enajenación de los derechos de uso y habitación, y sigue subsistente la prohibición de su hipoteca, prohibición que en verdad huelga, porque declarado antes (Ley de 1874) que sólo son hipotecables los derechos reales enajenables, no siéndolo los de uso y habitación, ya se sabía que no podían ser objeto de hipoteca. Sentido que también se determina por PANTOJA y LLORET, quienes justifican su no hipotecabilidad en el carácter personalísimo de estos derechos, dando por supuesta su inalienabilidad ([397]), volviendo GAYOSO a incidir en este mismo sentido que acabamos de exponer. ([398])

---

392 Ibidem. pág. 533.
393 GARCIA MARTINEZ. "Derecho hipotecario". Imp. F.Domenech S.A. Valencia 1942. pág. 313: "No son hipotecables: el uso y la habitación. Lo cual es lógico, puesto que son personalísimos, no cabiendo su enajenación y, por tanto se comprende que no sean hipotecables. Sin embargo VALVERDE opina que si por el título de su constitución pudieran ser enajenables, serían entonces hipotecables; no compartiendo nosotros este criterio".
394 ROCA SASTRE. "Derecho Hipotecario". Bosch. Barcelona 1979. T.IV. vol.I. pág. 477.
395 VALVERDE Y VALVERDE. "Tratado de derecho civil español". 3ª ed. T.II. Valladolid 1925. pág. 485.
396 GALINDO y ESCOSURA. "Comentarios a la legislación hipotecaria de España". 4ª ed. Establecimiento Tipográfico de Antonio Marzo. Madrid 1903. vol.III. pág. 203.
397 PANTOJA y LLORET. "Ley Hipotecaria, comentada y explicada comparada con las leyes y códigos estranjeros". Madrid 1861. vol.I. pág. 349: "No pudiendo el que tiene estos derechos enajenarlos, tampoco puede hipotecarlos, toda vez que son personalísimos".
398 GAYOSO ARIAS. "Nociones de legislación hipotecaria". Madrid 1918. vol.I. pág.

BERAUD ([399]), por su parte, señala que el artículo 525 del Código prescribe que los derechos de uso y habitación no se pueden arrendar ni traspasar a otro por ninguna clase de título. Tal vez esta frase final -indica- obedezca a previsión laudable, teniendo en cuenta lo que dispone el artículo 2.959 de la República Argentina, el cual prohibe ceder o locar el derecho de uso adquirido por título gratuito, pudiendo cederse en el caso de obtenerse a título oneroso. ([400]) Ahora bien, si el uso y la habitación no son enajenales, tampoco se pueden hipotecar, a tenor de lo dispuesto en los artículos 1.874 del Código y 106 de la Ley hipotecaria, por los que sólo son hipotecables los derechos reales que pueden enajenarse con arreglo a las leyes. Su fundamento no puede ser más comprensible: se halla incrustado en su misma esencia. Son derechos personalísimos; tienen por finalidad satisfacer las necesidades del usuario que se desnaturalizarían si se pudiesen transmitir a un tercero, pues en tal hipótesis quedarían satisfechas las necesidades de éste, no las de aquéllos.

Es prohibición tradicional, originaria del Derecho romano, como queda demostrado en la cita de la Ley 26, Título XXXI de la Partida 3ª: "Otrosí decimos que no puede enajenar la cosa en que ha el uso". Y, como señalan GALINDO y ESCOSURA, ni el derecho de uso ni el de habitación pueden arrendarse ni enajenarse por ninguna clase de título. Así lo declara el artículo 525 del Código civil, que no aceptó la Ley 27, Título XXXI, Partida 3ª, que permitía dar la habitación en alquiler. ([401])

GALINDO Y DE VERA ([402]) por su parte, señalaba lo extraño que resultaba el que habiéndose declarado en el artículo 107 que podía hipotecarse el derecho de percibir los frutos en el usufructo, y en el 108 que se exceptuaba el derecho de percibir los frutos en los usufructos legales, y que no podían hipotecarse las servidumbres personales de uso y habitación, no se menciona expresamente que tampoco puede hipotecarse la del derecho de usufructo, convencional o testamentario; y en esto se ve que no siempre es aplicable la regla de que "inclusio unius, exclusio alterus"; porque si a la ligera se razonase, no sería difícil sostener que prohibiendo sólo la Ley la hipoteca del derecho de percibir los frutos que tiene el usufructuario, no ha de extenderse tal prohibición a otros casos que no expresa. Pero sabido es que inenajenable el derecho de usufructo, como personalísimo, no puede por ello darse en garantía de ningún contrato.

Eso mismo sucede con las servidumbres personales de uso y habitación (sic), expresamente prohibidas. Nada hay en tesis general que oponer respecto a la de uso, constituida tan sólo para satisfacer las necesidades del usuario, en su condición de personalísima; y que no puede cederse, sin que por ese hecho se demuestre que no le es indispensable el uso de la cosa. Podría, cuando el uso abarcara todo o la mayor parte del fundo, en cuyo caso tiene grandísima analogía con el usufructo, seguirse las mismas reglas que las establecidas para

---

81: "El uso y la habitación no pueden hipotecarse por no ser enajenables.
399 BERAUD. "Legislación hipotecaria". S.L., S.I., S.A., págs. 256 y 257.
400 Artículo 2.959:
"El que tiene el uso de los frutos de una cosa por título gratuito no puede dar a otro por cesión o locación el derecho de percibirlos; pero puede ceder el uso si fue obtenido a título oneroso. En uno y otro caso, el uso de los frutos no puede ser embargado por los acreedores del usuario cuando tienen la cualidad de alimenticios".
401 GALINDO y ESCOSURA. Ob. cit. T.I. pág. 418.
402 GALINDO Y DE VERA. "Comentarios a la legislación hipotecaria de España y ultramar". T.V. Madrid 1884. págs. 101 y 102.

éste; poder hipotecar el derecho de percibir los frutos, y no el derecho personalísimo de la servidumbre (sic); pero ya hemos dicho que esta doctrina más debía haberse explanado como torneo de ingenio jurídico, que aplicado a la ley como cosa práctica; en la realidad de la vida, no es posible fructuosamente separar un derecho de otro; y o debió negarse la hipoteca de un modo absoluto, o permitirse ilimitadamente.

Menos defendible -continúa- es la prohibición de hipotecar la servidumbre de habitación (sic); porque siendo principio jurídico que apenas reconoce excepciones, que todo lo que es enajenable puede ser objeto de empeño, permitiendo la Ley que se alquile la casa sobre la que se tiene servidumbre de habitación; esto es, que no la disfrute por sí el habitatario, lícito debiera ser que hipotecase ese derecho, porque el acreedor, por medio de la percepción de alquileres, tendría asegurado el cobro de su crédito, y el deudor un medio, a veces, de reponer su fortuna o de salir de apremiantes necesidades.

En este sentido MORELL Y TERRY ([403]) afirma que las disposiciones del artículo 108 de la Ley hipotecaria, de conformidad con el 525 del Código civil, se refieren desde luego al usuario y al que tiene el derecho de habitación; no al propietario, el cual podrá hipotecar y enajenar la finca de su propiedad gravada con el uso o la habitación, si bien respetando esos gravámenes como constituidos a favor de tercero. La hipoteca, en su caso, sería en resumen análoga a la mera propiedad.

CAMPUZANO ([404]) precisa cómo respecto a la hipotecabilidad de estos derechos debe decirse que aparece claramente resuelta en sentido negativo, desvaneciendo de esta forma las dudas que suscita el artículo 525 del Código civil en relación con el 523, respecto a si aquellos son susceptibles de enajenación o son personalísimos.

Además -argumenta- parece justo que no puedan hipotecarse dichos derechos, porque como el de uso da facultad para percibir los frutos que basten para las necesidades del usuario y su familia, y como el de habitación otorga el derecho a ocupar en una casa ajena las piezas necesarias también para sí y para las personas de su familia, puede suceder y ello sucede, que las necesidades del usuario o del habitacionista y de su familia aumenten o disminuyan, según las circunstancias y los casos, sin que pueda decirse que siempre sean las mismas. Y como los derechos de uso y habitación han de seguir el ritmo y la medida de estas necesidades, acaecerá que aumentarán o disminuirán también al compás de las mismas, y esto sería una gravísima dificultad para su enajenación, puesto que no se iba a regular la amplitud de esos derechos por las necesidades de los sucesivos adquirentes de aquéllos, sino por las del que lo obtuvo por la constitución.

No son hipotecables porque son personalísimos, pero no es una sólida base argumental la que sustenta esta prohibición. ROCA ([405]) señala cómo la Exposición de Motivos de la Ley de 1861 justificaba su no hipotecabilidad aduciendo que los mismos eran inalienables. Los derechos de uso y habitación -escribe- son derechos subjetivados o personalísimos, o sea, con titularidad adscrita o vinculada a una persona determinada, a causa de que su fin es satisfacer directamente las necesidades de uso de vivienda de una persona y su

---

403 MORELL Y TERRY. "Comentarios a la legislación hipotecaria". 2ª ed. Ed. Reus. Madrid 1928. T.III. pág. 692.
404 CAMPUZANO Y HORMA. "Elementos de derecho hipotecario". Madrid 1931. vol.II. págs. 121 y 122.
405 ROCA SASTRE. Ob. cit.

familia.

En cuanto a la opinión de VALVERDE, indica ROCA que este autor, para quien cabe constituir estos derechos como transmisibles, en vista del carácter absoluto del artículo 108 de la Ley, entiende que serán enajenables, pero no hipotecables.

DIAZ GONZALEZ [406] sostiene que la afirmación del artículo 108 de la Ley es totalmente inútil, puesto que el artículo 525 del Código declara estos derechos personalísimos e intransferibles y, por tanto, no son enajenables ni, de consiguiente, hipotecables con arreglo al artículo 106.

Por nuestra parte consideramos que la no hipotecabilidad no queda suficientemente demostrada, sobre todo si existe certidumbre de que el uso, o especialmente la habitación, se extienden a la totalidad del bien; por lo que nos adherimos (en punto a razonamiento, se entiende), a la posición de VALVERDE, señalando como único argumento definitivo en su contra que se trata de una prohibición fundada en un precepto legal. Porque está claro que si por el título constitutivo puede autorizarse la enajenación de estos derechos, al menos en tal caso, y como puso de manifiesto el profesor vallisoletano, quien puede lo más (enajenar) puede lo menos (hipotecar su derecho).

Y ya, para terminar esta cuestión, queremos hacer constar que no todos los autores se han ocupado de tratar el tema. RAMOS [407], por ejemplo, tan sólo enuncia el artículo 108; no dejando de extrañar la postura adoptada por CAMY [408], quien llega a afirmar que "en cuanto al uso y habitación no se requiere aclaración alguna". Siendo sin embargo de destacar la posición de BARRACHINA que entra en el problema planteando abiertamente las cuestiones que la exégesis de la ley suscita. [409]

En cuanto a que se trata de derechos inscribibles, ello viene dado, como tales derechos reales, por el artículo 2 párrafo 2º de la Ley hipotecaria y concordantes (artículos 7 y siguientes del reglamento), señalando GALINDO y ESCOSURA [410] que sólo se constituyen por contrato o por última voluntad, y que la presentación del respectivo título bastará para inscribirlos (hay que entender que en ambos casos se trata, como es preceptivo, de documentos públicos).

La Dirección General de los Registros y del Notariado, por su parte, se ha ocupado del derecho de habitación en Resoluciones de 9 de diciembre de 1891 (compatibilidad con el derecho de arrendamiento sobre la misma finca) y 4 de noviembre de 1925, que señala la imposibilidad de segregar unas habitaciones para formar una finca independiente. No entra, como es lógico, en el tema de su hipotecabilidad por ser prohibición legal.

---

406 DIAZ GONZALEZ. "Iniciación a los estudios de derecho hipotecario". ERDP. Madrid 1967. T.III. pág. 40.
407 RAMOS. "La legislación hipotecaria". Madrid 1883. pág. 166.
408 CAMY SANCHEZ-CAÑETE. "Comentarios a la legislación hipotecaria". Pamplona 1983. vol.IV. pág. 469.
409 Vid BARRACHINA Y PASTOR. "Derecho Hipotecario y Notarial". Est. Tip. de J.Armengot e Hijos. Castellón 1911. T.III. págs. 59 y 60.
410 GALINDO y ESCOSURA. Ob. cit. pág. 481.

Pero hemos de hacer algunas precisiones.

El artículo 2 de la Ley hipotecaria considera inscribibles los derechos de uso y habitación, lo que no es del todo cierto. veamos:

1º. No nos planteamos duda ninguna respecto de la habitación; es un derecho real sobre un bien inmueble y su naturaleza es inmobiliaria, por lo cual su inscripción en el Registro, previo documento público, es evidente.

2º. No ocurre lo mismo con el derecho de uso porque, tal y como se concibe en el Código civil, nos encontramos con un derecho real sobre dos realidades diferenciadas:
    a) Sobre bienes inmuebles.
    b). Sobre semovientes.

Como es obvio, sólo el uso inmobiliario podría ser inscribible; luego el derecho de uso no está siempre sujeto a inscripción, sino sólo a veces: lógicamente cuando recaiga sobre bienes de naturaleza inmobiliaria.

Tal y como reiteradamente hemos venido señalando, se trata de un derecho real en cosa ajena que "da derecho a percibir de los frutos de la cosa..." (mientras que el usufructo da derecho a "disfrutar de los bienes ajenos"). Si hiciésemos una interpretación de los preceptos del Código habríamos de concluir con que lo que se concede es un consumo, un aprovechamiento, pero no la posibilidad de alzar o recoger los frutos de una finca, ya que, de ser ello así, podríamos considerar constituido el derecho sobre los frutos todavía pendientes (y la posesión sobre la finca), con su consideración de bienes inmuebles, según el tenor del artículo 334.2º.

En puridad "no es" un derecho sobre un inmuebles, sino sobre los frutos que éste produce, por lo que puede conjeturarse que no recae ni directa ni inmediatamente sobre el inmueble en sí.

Tal interpretación literal no puede ser rigurosamente exacta, porque nos llevaría al absurdo de alejarnos de una realidad palpable; ¿cuál sería entonces la posibilidad de inscripción del derecho de uso, y, si ello es así, cómo podríamos considerarlo un derecho real?

La solución la brinda el propio instituto. A efectos prácticos resulta indiferente que el derecho del usuario recaiga inmediata o mediatamente y que se constituya sobre bienes muebles (los frutos recogidos), porque lo que resulta innegable es que la finca queda gravada y sometida a soportar el aprovechamiento fructífero del beneficiario, sea cual sea el titular dominical de la misma; es decir, se manifiesta la posibilidad de hacerse valer "erga omnes", que es de esencia en los derechos reales.

Una consecuencia obligada de este planteamiento es que, conforme hemos venido manteniendo, no podemos considerar al derecho de habitación, como reiteradamente ha señalado nuestra doctrina y la foránea, como un "uso sobre un edificio". Efectivamente es un derecho distinto.

VII

EXTINCION

Al enumerar las causas de extinción cita PUGLIESE, entre otras, la muerte, el cumplimiento del término, la confusión, el no uso y el perecimiento de la cosa, reconociendo que puede regularse esta materia de modo distinto a como lo hace el usufructo, como sucede con el abuso, la expropiación o la requisa ([411]); advirtiendo VENEZIAN que las causas de extinción del usufructo les son sin embargo aplicables al uso y a la habitación, aunque -indica- "el derecho indivisible de uso no se extingue parcialmente por la adquisición de la copropiedad de la cosa sometida al uso". ([412])

En lo que atañe a nuestro derecho nos encontramos con la referencia genérica del artículo 529 del Código civil, que remite a las causas del usufructo, considerando como especial del uso y de la habitación el abuso grave. Por lo cual nos remitimos al artículo 513 del Código donde se indican las causas generales de extinción del derecho de usufructo.

Entiende RAMS que en el título constitutivo del uso y de la habitación, pueden establecerse otras causas convencionales de extinción distintas a las previstas normativamente, en lo que su opinión es coincidente con la sostenida por DORAL ([413]), discrepando no obstante de ella cuando este autor afirma que pueden dejar de serlo las previstas en el artículo 513. ([414])

Por todo lo cual, y siguiendo en principio el desarrollo de este artículo, tenemos:

1º. <u>Extinción por muerte del usufructuario.</u>

Esta primera causa es aplicable directamente al uso y a la habitación, aunque ya hemos hecho constar nuestra discrepancia al respecto, al considerar que si la familia es quien dota de extensión al derecho en sus aspectos cualitativo y cuantitativo, resulta en cierta medida injusto que, fallecido el titular, se prive a sus miembros, que también son beneficiarios, de toda participación.

Como es lógico pueden aducirse, además de las legales, razones contrarias a este planteamiento, entre las que cabrían, quizá como más destacables, lo personalísimo de estos derechos y la inseguridad del tiempo por el que estarían constituidos; pero el dato personalísimo se matiza por las circunstancias familiares, y, si se constituyó vitaliciamente, también se está contando con una inseguridad temporal. Por lo que bien pudieran hacerse extensibles estos derechos hasta la producción de otras circunstancias, como la mayoría de edad de los hijos o la mejora de fortuna; o al menos concederse un período transitorio, para evitar que el perjuicio económico que se origina a la familia se una inmediatamente al daño moral por la pérdida del titular.

2º. <u>Por expirar el plazo por el que se constituyó, o cumplirse la condición resolutoria, consignada en el título constitutivo.</u>

Este segundo apartado también es de aplicación directa al uso y a la habitación, pudiéndose distinguir, en cuanto al plazo, dos momentos: el anterior y el posterior al vencimiento.

Con anterioridad al vencimiento nos encontramos, como dice DORAL ([415])

---

411 Vid PUGLIESE. Ob. cit. pág. 764.
412 VENEZIAN. Ob. cit. págs. 864-865.
413 DORAL. Ob. cit. pág. 502.
414 Vid RAMS. Ob. cit. pág. 91.
415 DORAL. Ob. cit. pág. 406.

ante un supuesto de sujeto transitoriamente determinado; entre tanto, puede producirse la pérdida de la cosa o la muerte de los beneficiarios.

Después de vencido el plazo, se extinguen estos derechos "ipso iure" y sin necesidad de revocar en juicio la situación transitoria.

En cuanto a la segunda causa, esto es, al cumplimiento de la condición resolutoria consignada en el título, requiere, según manifiesta el propio DORAL ([416]), que se declare por la autoridad judicial el hecho previsto.

3º. <u>Por reunión del usufructo y de la propiedad en la misma persona</u>.

El uso y la habitación se diferencian del usufructo en que, en este supuesto, el usufructo puede consolidarse a través de una doble enajenación frente a un tercero, lo que en principio se les niega a ellos.

La reunión puede derivar también de un acto transmisivo, ya "inter vivos" o "mortis causa", e incluso por la confusión, esto es, cuando de modo automático se reúnen las cualidades de usuario o habitacionista y propietario, aunque puede darse dicha reunión cuando se trate de usufructuarios y censualistas.

4º. <u>Por renuncia del usufructuario</u>.

Es lógico que esta causa de extinción lo sea también de los derechos de habitación y de uso, porque si el beneficiario quiere renunciar a sus derechos, si no se produce perjuicio para tercero, cosa ciertamente improbable, puede hacerlo.

Se trata de la renuncia abdicativa, porque los derechos se integran en la propiedad (o en el usufructo o en el censo, según los casos). No obstante podrían considerarse la posibilidad de una renuncia traslativa a favor de los concedentes, mediante transferencia a título gratuito.

En la práctica, en caso de duda, se entiende que estamos en presencia de la renuncia abdicativa, pero todo puede reducirse a un problema de interpretación.

Por semejanza con el derecho de usufructo, si se trata de bienes muebles, la renuncia puede hacerse en cualquier forma, y si de inmueble, en forma expresa.

5º. <u>Por la pérdida total de la cosa objeto de usufructo</u>.

Mientras que frente al derecho de usufructo cabe contemplar la pérdida total y parcial y la pérdida jurídica, en lo que se refiere al uso y a la habitación, consideramos, siguiendo en esto la opinión de DORAL, que la pérdida supone no sólo un cambio de objeto, sino una transformación del contenido del derecho.

Tal transformación puede ser compatible con el usufructo, pero contrasta

---

416 Ibidem. pág. 407.

con la naturaleza del uso y, sobre todo, de la habitación, de ahí que convenga establecer matizadamente la permanencia o no de estos derechos.

En los casos de pérdida total, que dan lugar a indemnización a cargo de tercero, entiende RAMS, en contra de la opinión mantenida por PUGLIESE (417), que no nace el derecho a un "rédito de sustitución" a abonar por parte del propietario que recibiría íntegramente la indemnización, sino un derecho a participar en ésta, como compensación de la pérdida sufrida, pues puede valorarse el contenido del uso o de la habitación injustamente extinguidos, puesto que en ningún caso se está eludiendo la prohibición del artículo 525 del Código, "porque falta aquí la nota esencial de voluntariedad, y consecuentemente, no hay un disponente, sino más bien un despojado, con justa pretensión a una reparación, que no puede revestir, salvo novación, el carácter de prestación periódica por el equivalente". (418)

Especial interés nos ofrece entonces la consideración de la pérdida parcial de la cosa, porque lo que de ella se conserve puede ser productivo o no; de ahí que el artículo 527 del Código contemple con nitidez la limitación de que el uso no se extingue por pérdida parcial de la cosa, si bien varía la posición jurídica del usuario. (419)

Conviene no obstante tener presente, como acertadamente advierte RAMS, que la regla del artículo 514 no siempre es de aplicación a los derechos de uso y habitación, dado que la pérdida, parcial para el propietario, puede resultar total para el usuario o habitacionista, con la consecuencia de que llegue a la absorción íntegra de la indemnización, sin que en ningún caso ésta suponga un desembolso a cargo del propietario en favor del usuario; por la misma "ratio" que el Código aplica en el supuesto del párrafo segundo del artículo 527 en su inciso final. (420)

Cabría considerar pérdida parcial respecto de la habitación en el supuesto de destrucción de parte de un inmueble o en el caso de producirse una segregación.

En el primero de los casos, habrá que atender a la posibilidad de cumplir los fines para los que se constituyó y considerar si se produce o no la pérdida del derecho.

En el segundo, entendemos que la segregación debe hacerse con el consentimiento del habitacionista, sin que se produzca la pérdida de su derecho, salvo que medie consentimiento, pero en este caso estamos de nuevo frente a una situación de renuncia.

En los supuestos en que se produzca una requisa temporal, ordenada por la autoridad militar o administrativa, entiende RAMS que tanto el usuario como el habitacionista tienen derecho a participar de la indemnización, y ese mismo tratamiento se aplicará en caso de expropiación forzosa, que equivaldría al supuesto de la pérdida total; considerando conforme a la Ley de Expropiación Forzosa que tanto el uso como la habitación renacen cuando el propietario ejercita el derecho de reversión previsto, previa devolución del capital recibido en concepto de "redención".

En ningún caso -opina- el usuario o el habitacionista están legitimados para ejercer la reversión, pero suscita la duda de si tanto el habitacionista

---

417 PUGLIESE. Ob. cit. pág. 766.
418 RAMS. Ob. cit. pág. 93.
419 DORAL. Ob. cit. pág. 505.
420 Vid RAMS. Ob. cit. pág. 93.

como el usuario con título inscrito podrán demandar a la Administración expropiante que no destina el bien a la utilidad pública que señaló como motivo expropiatorio. En este supuesto, se inclina por la solución afirmativa, que daría lugar a una reversión limitada a su derecho; (421) opinión que también compartimos nosotros.

6º. Resolución del derecho del constituyente.

Esta causa, que como dice DORAL está fundada en el axioma "resolutio iure concedentis, resolvitur ius concessum", se refiere a la situación por la que el constituyente no puede conceder un derecho más amplio que el que le permite su propio título y es de aplicación a los derechos que venimos contemplando. DORAL reconoce, sin embargo, que sólo tiene lugar si el dominio del constituyente se resuelve con efecto retroactivo (422), y lo mismo habrá que considerar cuando los concedentes sean el usufructuario o el censualista.

7º. Prescripción.

Es difícil adaptar la prescripción del usufructo a los derechos de uso y habitación, toda vez que la idea de extinción como consecuencia de una prescripción extintiva no concuerda con la finalidad que estos derechos están llamados a cumplir de forma inmediata. Se hace por ello extraño entender que el habitacionista abandone las piezas del inmueble sobre el que recae su derecho, por responder a una de sus necesidades más perentorias, cual es la propia vivienda.

En lo que atañe al usuario, hay que precisar que no es concebible que el usuario desatienda la percepción de frutos; pero si así lo hace, no contemplaríamos la posibilidad de una prescripción, sino un claro abandono de su derecho.

8º. Otras causas.

Como primera y fundamental de este apartado, hemos de contemplar la específica de los derechos de uso y habitación, a que hace referencia nuestro Código civil en la precisión contenida en el artículo 529, esto es, el abuso grave de la cosa y de la habitación.

Construye DORAL (423), siguiendo a ALBALADEJO (424) un cuadro de situaciones entre las que considera los abusos graves y los leves, y ha partido, como destaca RAMS, al igual que lo ha hecho también la generalidad de la doctrina, del artículo 519 del Código civil. Según este autor, tal precepto consta de premisas equívocas y planteamientos parciales que le hacen establecer un tratamiento erróneo; y es ésta una opinión a la que nos adherimos, por cuanto entendemos también que para llevar a cabo una correcta interpretación del artículo 529, hay que modular primeramente su alcance, puesto que se trata de

---

421 Vid Ibidem. págs. 93-94.
422 DORAL. Ob. cit. pág. 410.
423 Ibidem. págs. 504 y 505.
424 ALBALADEJO. Ob. cit. pág. 93.

una norma de excepción.

Parece que debe entenderse que el abuso grave que se predica, hace referencia exclusiva al "mal uso" del artículo 520, sustrayendo el carácter jurídico que conlleva el concepto de abuso. No pueden por tanto entenderse comprendidos en él los abusos que pueden ser suficientemente corregidos para proteger al propietario con la declaración de nulidad y con la condena del usuario por los perjuicios ocasionados, como hacía notar PUGLIESE (^{425}), ni, por supuesto, los abusos leves reiterados que consideraba ALBALADEJO (^{426}).

El equívoco parece arrancar, según la opinión del propio RAMS, de los comentarios de GARCIA GOYENA, que no tuvo en cuenta lo que había precisado al respecto CASTILLO DE SOTOMAYOR (^{427}). No obstante -añade- siendo el uso y la habitación unos derechos reales de ejercicio directo por el titular (precisión que no podemos compartir íntegramente), "no puede haber lugar a medidas precautorias que consistan en la privación del goce directo". (^{428})

Finalmente, conviene tener en cuenta que no todas las conductas abusivas graves pueden dar lugar a la extinción proclamada por el artículo 529 del Código; y en este sentido se señala la Sentencia de 30 de abril de 1910, en la que se establece que tal extinción no procede si las responsabilidades de ellas derivadas tienen remedio en sanciones de orden distinto que han podido pedirse y utilizarse sin acudir a la extraordinaria de la extinción, ya que hay que tratar de evitar "la posibilidad de confundir una medida precautoria para el porvenir que a la vez tiene carácter de sanción penal en el orden civil con responsabilidades de otra naturaleza". (^{429})

Como últimas causas de extinción a considerar, nos encontramos con las derivadas de la voluntad del constituyente que, siempre que no sean atentatorias a las leyes, la moral o el orden público, ni vayan en perjuicio de derechos de terceros, puedan válidamente establecerse, y, como última reflexión, la posibilidad de extinción si el usuario o el habitacionista llegan a mejor fortuna.

Matizando esta causa, entendemos que, si tanto el uso como la habitación se han constituido con caracteres de beneficencia privada, asemejable en su finalidad al derecho de alimentos, es de suponer que al igual que éste cesa cuando el alimentista pueda ejercer un oficio, profesión o industria, o haya adquirido un destino o <u>mejorado de fortuna</u>, de suerte que no le resulte necesaria la pensión alimenticia, tanto el uso como la habitación deberán considerarse extinguidos si se produce esta mejoría, porque la alteración sufrida en las circunstancias del beneficiario, priva a estos derechos de uno de sus más importantes cometidos, si no el más importante: subvenir a las necesidades del beneficiario.

---

425 PUGLIESE. Ob. cit. pág. 765.
426 ALBALADEJO. Ibidem pág. 93. Dice: "Los abusos leves sólo permiten al propietario reclamar contra el usuario o habitacionista, exigiéndoles que cesen e indemnicen los perjuicios producidos.
Pensamos que haciendo caso omiso de la reclamación, o, de cualquier forma, repitiendo reiteradamente los abusos leves, puede entenderse que se incurre en abuso grave, que es causa de extinción."
427 CASTILLO DE SOTOMAYOR. Ob. cit. Cap. XXI nº 17. pág. 102.
428 RAMS. Ob. cit. pág. 98.
429 Vid "Jurisprudencia Civil". Abril de 1910. nº 129. págs. 788 a 806.

Insistimos en que sólo se producirá esta extinción si los derechos se han constituido con la estricta finalidad de solucionar un problema grave de necesidades realmente sentidas, no cuando se han constituido por otras causas, como por ejemplo la contemplada en el artículo 793.2º del Código civil.

VIII

LOS DERECHOS DE USO Y HABITACION EN LA DENOMINADA ADJUDICACION PREFERENTE DEL ARTICULO 1.407 DEL CODIGO CIVIL

1. Consideraciones previas.

Al intentar penetrar en la materia de este capítulo, hemos de hacer necesariamente un pequeño recorrido por la legislación comparada que, con cierta inmediatez, se ha preocupado también de estas cuestiones.

A este respecto destacamos en primer lugar cómo la doctrina argentina se ha pronunciado acerca del derecho de habitación, que ha llevado a la promulgación de la ley 20.798 con la incorporación a su Código civil del artículo 3.573 bis:

"Si a la muerte del causante, éste dejare un solo inmueble habitable como integrante del haber hereditario y que hubiera constituido el hogar conyugal, cuya estimación no sobrepase el indicado como límite máximo a las viviendas para ser declaradas bien de familia y concurrieran otras personas con vocación hereditaria o como legatarios, el cónyuge supérstite tendrá derecho real de habitación en forma vitalicia y gratuita. Este derecho se perderá si el cónyuge supérstite contrajere nuevas nupcias". (430)

En lo que respecta al derecho italiano, en el que parece inspirarse nuestra legislación, precisamos que el 19 de mayo de 1975 se sancionó la ley número 151 de Reforma del Derecho de Familia, publicada en la Gaceta Oficial el día 23 de mayo del mismo año, y en vigor desde el día 21 de septiembre, también del 75.

Dicha ley, además de eliminar el simple usufructo para el cónyuge y

---

430 Según el redactor del precepto, el doctor COSSY ISASI, éste se llevó a efecto teniendo en cuenta un único criterio: "concebir la propiedad privada en función social" (Del Informe solicitado por el Instituto de Derecho Civil de la Facultad de Derecho y Ciencias Sociales de Rosario de la Universidad Católica Argentina), aunque pudo tener como posible antecedente las leyes favorecedoras de la situación del cónyuge promulgadas en La Rioja en 1855, Jujuy en 1856 y Entre Ríos y Santa Fe en 1862, como indicaba BORDA (en "Tratado de Derecho Civil argentino". Sucesiones. 3ª ed. Perrot. Buenos Aires 1970. T.II. nº 854).

hacerlo heredero en plena propiedad, lo mejora más todavía a través del párrafo que se añade al artículo 540 del Codice, que transcribimos:

"Al cónyuge, aun cuando concurra con otros llamados, están reservados el derecho de habitación sobre la casa destinada a residencia familiar y de uso sobre los muebles que la equipan, sean de propiedad del difunto o comunes. Tales derechos gravan sobre la porción disponible, y en caso de que ésta no sea suficiente, por el remanente sobre la cuota de reserva del cónyuge y eventualmente sobre la cuota reservada a los hijos".

Uno de los problemas que se planteaba la doctrina, era el de la naturaleza jurídica del precepto; si había de considerarse al uso y a la habitación como los derechos previstos en los artículos 1.021 a 1.026 o si, por el contrario, se trataba de derechos de crédito al disfrute a título gratuito de la habitación y de los muebles que la equipan.

Tratando directamente esta cuestión, señala RAVAZZONI que aun siendo todavía escasa la doctrina al respecto, es concorde en que se trata de derechos reales de uso y habitación, y, aunque tal solución parezca fácil, la propia letra de la ley ("Al coniuge... sono riservati i diritti di abitazione e di uso") hace pensar en la constitución de derechos derivados directamente del patrimonio del de cuius [431]. En ambos sentidos encontramos opiniones doctrinales. [432]

Finalmente, para VICARI [433], la ley de reforma se ha preocupado de reconocer y regular situaciones de vida con fuerte relevancia social. El legislador opera estimulado por el interés autónomo de la familia como entidad que debe tutelarse; y la amplia tutela acordada se ha manifestado precisamente en la tentativa específica de asegurar a la familia la habitación una vez que se ha producido la muerte del titular. Tal habitación comprende la totalidad o una parte de la casa que se destinó a residencia familiar, con la problemática de determinar cuál sea y las demás cuestiones que pueden suscitarse si tal vivienda no era propiedad del titular premuerto.

Termina VICARI señalando que los primeros contactos con la nueva

---

431 RAVAZZONI. "I diritti di abitazione e di uso a favore del coniuge superstite". en "Studi - Note - Documenti Segnalazioni". 1978. págs. 222-223.

432 En el primer sentido:

FORCHIELLI. "Aspetti succesori della riforma del diritto di famiglia". en Riv. trim. dir. e proc. civ. 1015. 1975; MASCHERONI. "Il nuovo diritto di famiglia. Contributi notarili", 630. Milano 1975; PEREGO. "I diritti di abitazione e di uso spettani al coniuge superstite". en Riv. dir. civ. I, 553, 1975; FINOCCHIARO. "La riforma del diritto di famiglia". II. 376, Milano 1976; GABRIELLI. "Commentario alla riforma del diritto de famiglia", 837, Padova 1977; IACOVONE. "I diritti di abitazione e di uso del coniuge superstite". en "Il Notaro", 15, 1977.

En el segundo sentido:

ALLARA. "Per una teoria generales del rapporto reale". en "Studi Grosso", VI, 333; GIORGIANNI. "Diritti reali". en "Novissimo Digesto italiano", 751; ROMANO. "Diritto ed obligo nella teoria del diritto reale", Napoli 1967; PUGLIESE. "Diritti reali". en Enc. dir.

433 VICARI. "I diritti di abitazione e di uso riservati al coniuge superstite" en "Studi - Note - Documenti Segnalazioni". s/e 1978. págs. 1309 a 1333. Se señala en él (nota 50) como última contribución a esta materia el trabajo de CALAPSO "Considerazioni sui diritti di abitazione e di uso spettani al coniuge superstite a norma del secondo comma dell'art. 540 C.C." en "Vita not." 1978. 2-3 págs. 567 y ss.

normativa han de sugerir cierta cautela, dado que el defecto de coordinación de los intérpretes puede dar al traste con los motivos inspiradores de la reforma, sobre todo si en lugar de acercarse a ella con cautela se constituyen en apasionados defensores de una tesis establecida de antemano.

En lo que se refiere al derecho español, queremos destacar su evolución legislativa hasta la cristalización en la ley de 13 de mayo de 1981; para lo cual hemos de referirnos, en primer lugar, al

PROYECTO DE 1978.

La Constitución española de 27 de diciembre de 1978 imponía una profunda reforma en lo concerniente, entre otras cosas, a la disciplina jurídica matrimonial y, en menor medida, en todo aquello que afectaba al régimen matrimonial legal, en el que habían de quedar equiparados en plenitud de derechos marido y mujer. No es pues de extrañar que los trabajos de la Comisión General de Codificación se reflejaran en una serie de artículos, entre los que destacan los que constituyen precedente inmediato de los artículos 1.406 y 1.407 del Código civil. [434]

Pero este proyecto, al que, entre otras críticas, se le había achacado adolecer de serios defectos [435], fue retirado, por lo que la reforma del régimen económico del matrimonio, esta vez junto con la reforma de la filiación y de la patria potestad, se propone en uno nuevo, que aparece en el Boletín Oficial de las Cortes Generales el día 14 de septiembre de 1979.

En segundo lugar, consideramos el

PROYECTO DE 1979.

En este nuevo Proyecto, los artículos 1.404 y 1.405 pasan a tener la actual nomenclatura.
Antes de llegar a su redacción definitiva se presentaron, como es lógico, varias enmiendas, de entre las que nos interesan las realizadas sobre el ordinal 4 del artículo 1.404 [436] y sobre el 1.407 [437].

---

434 En el Boletín Oficial de las Cortes Generales -Congreso de los Diputados- de 4 de octubre de 1978, podemos contemplar el enunciado del siguiente artículo:

Artículo 1.405: "En los casos de los números 3º y 4º del artículo anterior (local donde hubiese venido ejerciendo su profesión y vivienda donde tuviere su residencia habitual común) podrá el cónyuge sobreviviente pedir, a su elección, que se le atribuyan los bienes en propiedad, o que se constituya sobre ellos a su favor un derecho de habitación, que habrá de valorarse de común acuerdo, o, en su defecto, por mandato judicial, y si el valor de los bienes superara al de su haber deberá el cónyuge abonar la diferencia en dinero".

435 En este sentido LACRUZ BERDEJO en "La reforma del régimen económico del matrimonio". ADC. T.XXXII, fasc. II-III, abril-septiembre 1979. pág. 346.

436 Enmienda presentada por el Grupo Centrista - UCD, teniendo como primer firmante a Dª Mª Pelayo Duque.
Se propone una nueva redacción: "La vivienda donde tuviese la residencia habitual en caso de muerte del otro cónyuge o para el supuesto de que quedara con la potestad de hijos menores".

437 Madrid, 1 de octubre de 1979.
B) Artículo 1.407: respecto de este artículo: Grupo Parlamentario Socialistas de Cataluña, enmienda número 275.

Habiéndose remitido el texto por el Congreso de los Diputados al Senado (438) e informado por la Ponencia el día 24 de marzo de 1981, se aprueban las enmiendas del Senado el día 8 de abril de 1981 (439).

En las sesiones plenarias número 98, del martes 31 de marzo de 1981 y número 99 del miércoles 1 de abril, se publica en el Diario de Sesiones del Senado (Boletín Oficial de las Cortes Generales) en forma de ley.

LEY 11/1981 DE 13 DE MAYO.

Sin entrar ahora en consideraciones sobre la oportunidad o no de las modificaciones que se realizaron en el articulado, hasta el momento en que éste se publica como ley, hemos de señalar que la reforma adoptada por la Ley de 13 de mayo ha de ser juzgada favorablemente en lo que respecta a los regímenes económico-matrimoniales. Si bien el hecho de haberse llevado a efecto de forma trabajosa a través de un "iter" parlamentario sumamente complejo, como se deduce de lo que acabamos de contemplar, y abierto por tanto "a la intervención de un excesivo número de participantes no especialistas en la materia (lo que se deja sentir en los aspectos más técnicos de la ley...)", como ha puesto de manifiesto RAMS (440), podría haberle restado brillantez ya que de todos modos las enmiendas introducidas por las Cortes

---

Sr. Díaz Fuentes (Centristas), enmienda número 429.
Sr. Alzaga Villaamil (Centristas), enmienda 528.
Enmienda número 275: Al artículo 1.407:
Modificar: "con derecho de habitación" por "un derecho de uso o habitación". Ya que "es incorrecto hablar de derecho de habitación sobre un local de negocios profesional, encajando mejor es concepto de "uso" para este caso (artículo (sic) 3º del 1.406)".
Enmienda número 429: Al artículo 1.407: "Se interesa su supresión".
Se alegan en los motivos, que "Contiene una facultad claramente abusiva, por cuanto el interés atendible de cada cónyuge en que se le atribuyan con preferencia los bienes que el artículo 1.406 enumera tiene como límite lógico el que dicho precepto recoge, es decir, hasta donde alcance su haber, pero optar además a que la atribución de aquéllos pueda ser en propiedad o estableciendo un derecho real de habitación, y esta posibilidad porque el haber no alcance a cubrir el valor del dominio, acarrea un fenómeno de disgregación de la plenitud de titularidad del bien, creando derechos limitativos, claramente contrarios al legítimo interés del o de los demás partícipes, y una carga contraria a la facilidad del tráfico y a la concepción de la vida económica moderna".
Enmienda número 528: El artículo 1.407 quedará redactado así: "En los casos de los números 3 y 4 del artículo anterior podrá el cónyuge pedir, a su elección, que se le atribuyan los bienes en propiedad o que se constituya sobre ellos a su favor un derecho de habitación o de usufructo. Si el valor de los bienes o el derecho superara al del haber del cónyuge adjudicatario deberá éste abonar la diferencia en dinero".
Justificación: "No cabe dereco de habitación sobre locales comerciales conforme al artículo 524".

Las tres enmiendas están datadas en Madrid el día 19 de octubre de 1979, y se presentan, como se justifica en la enmienda 528, al amparo de lo dispuesto en el artículo 94 del Reglamento provisional del Congreso de los Diputados.
438 Boletín Oficial de las Cortes generales, Senado, I legislatura número 154 (a) de 2 de febrero de 1981.
439 Así queda reflejado en el B.O.C.G., Senado, I legislatura número 154 (f).
440 RAMS. "Las atribuciones preferentes en la liquidación de gananciales". RCDI números 568 y 569. Madrid 1985. I. pág. 746.

Generales al texto de la Comisión de Codificación no han servido para que éste quedara mejorado.

Por su parte, la Compilación del Derecho Civil Foral de Navarra (441) establece, siguiendo la dicción del Código civil, una nueva regulación en sus leyes 90 y 91.

La ley 91, que es la que ahora nos interesa, deroga la anterior referida a la aplicación supletoria del Código civil, titulándose "Adjudicación preferente". Dice así:

"En la liquidación de la sociedad de conquistas cada cónyuge tendrá derecho a que le sean adjudicados en pago de su haber, hasta donde éste alcance, los siguientes bienes siempre que tuvieren la consideración de comunes:

1) Los bienes privativos que se hubiesen incorporado en capitulaciones a la sociedad de conquistas por cualquiera de los cónyuges.

2) Los objetos de ajuar de casa y los instrumentos de trabajo que no pertenecieren por derecho de aventajas conforme a la ley 90.

3) La explotación agrícola, ganadera, forestal, comercial o industrial que tuviere a su cargo.

4) El local donde hubiere venido ejerciendo su profesión, arte u oficio.

5) En caso de muerte del otro cónyuge, la vivienda que fuere la residencia habitual del matrimonio.

En los casos de los números 1), 4) y 5), el cónyuge viudo podrá exigir que se le atribuyan los bienes en propiedad o sólo el derecho de uso o habitación sobre los mismos. Si el valor de la propiedad o del derecho, según los casos, excediere del haber del cónyuge adjudicatario, éste deberá abonar la diferencia en dinero. El cónyuge viudo de segundas o posteriores nupcias del finado no podrá exigir el uso o habitación respecto a los bienes adjudicados a los hijos o descendientes de anterior matrimonio del difunto".

Como puede comprobarse, la Ley navarra tiene un contenido más amplio que el establecido en los artículos 1.406 y 1.407 del Código civil, toda vez que intenta corregir algunos de los problemas que éste suscita. Así, por ejemplo, contempla el supuesto de liquidación de varias sociedades, dando solución legal a lo que podría representar un verdadero problema sujeto a litigios.

No ha resuelto, sin embargo, y según nuestra personal opinión, la dificultad ya señalada del empleo incorrecto de la figura del uso, en terrenos de la adjudicación preferente.

No cabe duda de que la redacción navarra, como texto posterior, goza de una mayor perfección que la alcanzada por la normativa del Código, pero se ha perdido, creemos, una buena oportunidad de dejar solventado este aspecto, puesto que de haberse plasmado con precisión en un texto positivo, se habría quizá forzado una revisión en el derecho común de su sentido y alcance, con la ventaja innegable de deshacer el confusionismo a que la actual redacción puede conducir.

---

441 Ley Foral 5/1987 de 1 de abril (B.O.N. de 6 de abril de 1987, número 41) por la que se modifica la Compilación del Derecho Civil Foral o Fuero Nuevo de Navarra.

2. Incidencia de la Ley de 1981 sobre los derechos de uso y habitación.

Si formalmente la nueva ley no ha supuesto un cambio en lo que significan estos derechos, sí lo ha producido en otros aspectos. Uso y habitación se han convertido, por expresa disposición del articulado, en derechos que la ley concede a uno de los cónyuges, si quiere optar por ello, aun en contra de la voluntad del otro cónyuge o de sus herederos, en el supuesto de disolución y liquidación de la sociedad de gananciales.

En otro orden de cosas, el uso sigue configurándose en su tradicional finalidad agraria, salvo el que se concede sobre un local de negocios, del que ya trataremos, mientras que la habitación se configura fundamentalmente como un derecho urbano.

No cabe duda de que el derecho de habitación cobra una enorme importancia ante el problema de la escasez de viviendas, la liberalización y actualización del mercado inmobiliario y la excepción de la prórroga en los arrendamientos urbanos; factores éstos que potencian en gran medida y con reiteración la constitución del mismo, mientras que la constitución de un derecho de uso resulta excepcional en la práctica.

Sea por pacto, sea por concesión o por retención, la habitación tiende a asegurar a una persona, generalmente de forma vitalicia, la posibilidad de ocupar la totalidad o parte de una vivienda digna que, de otro modo, o le resulta inaccesible a su economía o extremadamente gravosa. Todo ello sin contar con que soluciona, en los casos de personas de edad, problemas de soledad o aislamiento, fundamentalmente en el ámbito de los grandes núcleos de población, y también problemas de índole moral, gratitud, amistad, etc.

A fin de llevar a cabo un análisis final de ambos derechos, vamos a considerar en dos apartados las incidencias que la reforma ha provocado sobre los mismos.

A. Sobre el derecho de USO.

En este apartado vamos a volver necesariamente al texto del Código civil y a los trabajos parlamentarios precedentes, de los que ya hemos dejado constancia.

Pese a lo que se ha considerado en algunos sectores de la doctrina italiana, la redacción de nuestro artículo 1.407, en consonancia con aquélla, no deja de ser defectuosa. El Proyecto de 1978, al referirse exclusivamente al derecho de habitación, contemplaba el supuesto de la vivienda y el del local profesional si éste se había constituido en la misma, pero no fuera de ella, donde, lógicamente, no debía caber tal derecho.

El proyecto de 1979 conserva la misma redacción, o lo que es lo mismo, sigue manteniendo el mismo defecto. Defecto que se agrava con la enmienda número 275 que introduce, junto a la habitación, el derecho de uso.

Se propone una nueva redacción del artículo, con la supresión del derecho de uso, sustituyéndose por el de usufructo, toda vez que "no cabe derecho de habitación sobre locales comerciales conforme al artículo 524", tratándose de deshacer de esta manera la confusión que la inclusión del uso podía suscitar en el articulado. Pero el artículo 1.407 queda redactado de manera definitiva, lo que implica:

a) Que el uso ha pasado a ser un derecho que la ley otorga, y no sólo un derecho de constitución voluntaria.

b) Que así planteado, cabe en teoría sobre locales comerciales, lo cual, como reiteradamente hemos venido demostrando y como se deduce del artículo 524 de nuestro Código civil, es rigurosamente inexacto (salvo que tal local se destine a arrendamiento, lo que no parece caber en la intención del artículo 1.407).

El derecho de uso, se acepte o no por lo redactores de la reforma, tiene y ha tenido en nuestro ordenamiento jurídico siempre un contenido fructífero, que no concuerda con la pretendida utilización de un local profesional. Es por tanto ajeno a la problemática del 1.407 y sobra en su redacción, llegando a constituir un elemento perturbador cuya supresión sería conveniente; a menos que lo que se haya pretendido establecerse sea un nuevo derecho de uso, distinto del tradicional que recogía el Código, otorgando carta de naturaleza a un derecho infructífero, como existe en la legislación comparada, y como reiteradamente entendía la doctrina.

Pero el alcance de esta idea nos escapa porque, y estamos convencidos de ello, no creemos ni aceptamos que tal sea lo que consideraron los redactores del precepto. La justificación nos parece, deducida de la enmienda, que no es otra que la inercia de colocar en un mismo paquete, como derechos inseparables, uso y habitación, o lo que es lo mismo, desconocer su dispar contenido.

B. Sobre el derecho de HABITACION.

Ciñéndonos ahora a los debates parlamentarios, queremos recalcar la enmienda 72 (que no se aprobó) y que llevó a cabo el Grupo Centrista - UCD el día 1 de octubre de 1979, al ordinal 4 del artículo 1.406, en el sentido de ampliar no sólo al caso de muerte la adjudicación preferente sobre la vivienda, sino al supuesto en que quedara uno de los cónyuges con la potestad de los hijos menores.

Resulta evidente que tal medida hubiera resuelto muchos de los problemas que han de solucionarse en la actualidad, por falta de acuerdo, ante la autoridad del Juez, quien ha de tener presente el interés más necesitado de protección, es decir, generalmente el interés de la familia, que es lo que se predicaba en la redacción señalada.

Quizá el hecho de contar con dos preceptos sobre el particular haya influido en la no consideración de la propuesta: pero queremos dejar constancia de que tales preceptos (artículos 90-B y 103.2ª) son posteriores a la enmienda, que lo era para la Ley 11/81 de 13 de mayo, ya que están formando parte de la modificación llevada a cabo por Ley 30/81 de 7 de julio.

No se aceptó la enmienda, cuya propuesta hubiera servido al menos como base para la solución de algunos de los problemas que genera la habitación, como es el caso de si debe constituirse en beneficio del cónyuge o del cónyuge y la prole, en cuyo supuesto cabría plantearse si es también posible cuando la familia aumenta por hijos no matrimoniales.

En la redacción amplia que se propuso, podrían caber tales hijos, por hablarse sólo de hijos menores. Ahora bien, ateniéndonos a su actual redacción, entendemos que el derecho es exclusivo del cónyuge supérstite, sin que sea óbice el que éste mantenga con él a sus hijos, sean o no matrimoniales.

¿Cabría también este derecho si se contrajeran ulteriores nupcias?

Entendemos, en principio, que no, y así lo ha manifestado, entre otros, el Código civil argentino; porque al igual que se produce la pérdida de la pensión que corresponde al supérstite, debe producirse la pérdida del derecho de habitación; salvo en el caso en que, no produciéndose lesiones a los herederos, y en interés de los hijos menores comunes habidos con el premuerto, la autoridad judicial decida prorrogar tal situación. De todas formas esta problemática creemos que escapa ya al sentido del artículo.

En otro orden de cosas, el artículo 1.407 del Código civil, en lo que se refiere al derecho de habitación, es merecedor de los mayores elogios en este sentido, toda vez que garantiza la posibilidad de una vivienda digna, que es un derecho fundamental de la persona y la familia, y su carencia una injusticia, porque "constituye un bien social primario y no puede ser considerado simplemente como un objeto de mercado". ([442])

Volviendo al tratamiento inicial consideramos que en nuestro actual derecho podemos encontrar ciertas peculiaridades:

1ª. Se trata de derechos de uso y habitación que no se hacen derivar del patrimonio de cualquiera de los cónyuges, puesto que el artículo 1.406, 3º y 4º, establece unas connotaciones que van más allá de lo puramente patrimonial, al referirlos a una actividad o a una especial vinculación personal.

2ª. Sin embargo, se establece en el artículo 1.407 un cierto carácter sucesorio, de orden legal y de posibilidad electiva, en el caso en que los cónyuges se hallen bajo el régimen de gananciales.

Con estas peculiaridades podemos llegar a la conclusión de que nuestro sistema respeta el punto de vista mantenido por el derecho italiano, pero establece tales derechos en una órbita sucesoria y liquidatoria, restringida al solo caso de que los cónyuges hayan establecido su régimen económico bajo el sistema de gananciales.

Esto nos plantea el problema de si al ir referido sólo a este régimen, y tratándose de un sistema supletorio, cabría su aplicación a otros regímenes.

Como además de supletorio es también indicativo, y dado que por su ámbito legal es el sistema más profusamente regulado, entendemos que ha de admitirse también en la liquidación de otros regímenes, incluso cuando no exista pacto expreso al respecto.

Puntualizamos entonces:

A) Liquidación en vida de ambos cónyuges: Salvo regulación específica, cabe la aplicación del artículo 1.406 en sus tres primeros números. Su tratamiento excede de la línea de nuestro trabajo.

B) En caso de muerte: Será de aplicación el artículo 1.406.4º en todo caso, por contemplar una situación especialísima que hay que considerar incluso en el sistema de separación donde, teóricamente, no cabe liquidación alguna, aunque matizamos que el artículo 1.407 da aquí su verdadera dimensión a través del derecho de habitación, no del de propiedad.

En cuanto a este artículo, por lo que acabamos de contemplar y por lo que

---

442 Documento "¿Qué has hecho de tu hermano sin techo?. La Iglesia ante la carencia de vivienda". Elaborado por la Pontificia Comisión Justicia y Paz, y presentado el día 2 de febrero de 1988 por el cardenal Roger ETCHEGARAY y monseñor Jorge MEJIA, Presidente y Vicepresidente de la misma. Documento parcialmente recogido por el diario "Ya" de Madrid, en sección de "Sociedad", el día 3 de febrero de 1988.

venimos exponiendo, entendemos que debe adaptarse a los demás sistemas, singularmente al de participación.

Visto lo cual, podemos concluir con que la reforma de 1981 ha dado una dimensión nueva a los derechos de uso y habitación, pero de manera diversa:

En cuanto al uso, al intentar extrapolarlo de su ámbito, le ha dotado de una dimensión de la que carece, toda vez que ha establecido formalmente un uso de carácter legal pero que resulta jurídicamente inviable, porque es imposible, fuera del supuesto arrendaticio, concebir un derecho de uso sobre un local de negocios; lo mismo sucede con la vivienda, donde, salvo la excepción contemplada, cabrá la habitación.

En cuanto a esta última, se le reconoce su verdadera dimensión, separada del uso y ateniéndose su actual importancia a motivaciones derivadas, entre otras cosas, de la carestía de viviendas.

Una última consideración al respecto: En el supuesto de existir un propietario y un habitacionista ¿a quién corresponden los derechos de participación en la comunidad de vecinos? Creemos que, por analogía con el usufructo, tales derechos han de corresponder al nudo propietario (o al propietario que posee también una parte del inmueble, si la habitación no se extiende a la totalidad del mismo), pero no podemos asegurarlo en el supuesto en que la habitación se haya constituido por vía de reserva. En este caso, lo lógico es que siga siendo el habitacionista quien continúe al tanto de los problemas de la comunidad; de donde deducimos una diferencia entre los habitacionistas: La de los que tienen derecho a participar en la comunidad y la de los que no lo tienen.

Finalmente, para abordar ya la última recta de este trabajo, queremos hacer, como reflexión de cierre, algunas consideraciones sobre la denominada adjudicación preferente, merced a la cual se ha dado entrada en nuestro ordenamiento jurídico a esa nueva dimensión de los derechos cuyo tratamiento acabamos de contemplar.

Al respecto ha dicho DE LOS MOZOS que con la reforma de la Ley 11/81 de 13 de mayo, nuestro Código civil "ha incorporado en los artículos 1.406 y 1.407, dentro de las reglas de división o partición de la sociedad de gananciales, unas reglas especiales de las que no existía con anterioridad antecedente alguno en el derecho anterior ([443]) y que configuran, en favor de ambos cónyuges (o en

---

443 Quizá sólo como curiosidad destacable por lo mediato, precisamos que existen, no obstante, normas de Derecho histórico que bien pudieran llegar a considerarse antecedentes de tal adjudicación, o, al menos, en cuanto al punto 1º del artículo 1.406. Señala MALDONADO ("Herencias en favor del alma en el derecho español". ERDP. Madrid 1944. pág. 39) cómo "en caso de muerte de la mujer el marido, antes de la partición, los retira para sí (el caballo y las armas, objetos especialmente unidos al hombre que los utiliza en sus funciones guerreras), sin que estos objetos DE USO PERSONAL del viudo entren en la partición".

Se recoge esta idea, por ejemplo, en el Fuero Viejo de Castiella, V,I,5: Esto es Fuero de Castiella: "Que si un cauallero, e dueña son casados en uno, e se muere la dueña, e partier el cavallero con suos fijos del mueble, puede sacar el cauallero de mejoria suo cavallo, e suas bestias, e suas armas de fuste, e de fierro: e si murier el cavallero, puede

el del sobreviviente en su caso), una serie de derechos de atribución preferente respecto de ciertos bienes comunes para que se incluyan en su haber y hasta donde éste alcance". ([444]) Procede este derecho de atribución, nuevo en nuestro ordenamiento, como también han señalado LACRUZ-SANCHO ([445]), del Proyecto de Ley de 14 de septiembre de 1979, añadiendo DE LOS MOZOS que "cada cónyuge tiene derecho a la atribución preferente de determinados bienes, cualquiera que sea la causa de la disolución", ([446]) y que "presentan claramente un cierto carácter de "bienes reservados". ([447])

La Exposición de Motivos del Proyecto de Ley (B.O.C.G. nº 71-1, de 14 de septiembre de 1979), especifica, en el epígrafe "El régimen económico del matrimonio", "como aspectos sociales y económicos de relieve en la regulación que se adopta... la atribución al esposo sobreviviente, sin contarlos en su parte, del ajuar doméstico y ropas de casa, así como el derecho de aquél a que se incluyan en su lote la empresa que ha llevado con su trabajo, el local donde ejerce su profesión, o la vivienda habitual".

Insiste FONSECA en que el Código carece de antecedentes, pero no así la legislación comparada, que lo había establecido como derogación al rígido sistema de partición por mitad en orden a proteger distintos intereses que la partición tradicional dejaba desamparados, respondiendo a esos "aspectos sociales y económicos" en contra de la regla general en la partición social, que el Código no enuncia, aunque da por supuesta ([448]), y que, como señala DIEZ-PICAZO, consiste en que las adjudicaciones satisfativas del haber deben realizarse conservando entre los partícipes la posible igualdad y haciendo lotes con cosas de la misma naturaleza, calidad y especie. ([449]) Por ello, como acertadamente ha manifestado GARCIA URBANO el precepto parece inviable "cuando ambos cónyuges desarrollan la profesión -idéntica o no- en el mismo local (si los dos desean ejercitar su derecho de preferente adjudicación)". ([450])

---

sacar la dueña fasta tres pares de paños de mejoria, si los ouier, e sua mula ensillada, e enfrenada, si lo ouier, e una bestia acemila, la mejor que ouier" ("El Fuero Viejo de Castilla". Ed. Lex Nova. Valladolid 1983, que reproduce la edición de Madrid de 1771, pág. 121). Las aventajas forales del marido eran las mismas en Aragón, según quedaron establecidas en las Cortes de Aragón, durante el reinado de Jaime II, en 1307.
En el sentido del Fuero de Castilla, vid también los Fueros siguientes: Soria, 338; Alcalá de Henares, 81; Salamanca, 33; Ledesma, 9; Libro de los Fueros de Castiella, 269 y Béjar, 284 y 285.
444 DE LOS MOZOS. "Comentarios al Código civil..." dirigidos por M. ALBALADEJO. T.XVIII. vol. 2º ERDP. Madrid 1984. págs. 504 y 505.
445 LACRUZ-SANCHO. en "Elementos.." cit. T.IV.vol.II 1982. pág. 493. Y LACRUZ, en "La reforma..." cit. pág. 68.
446 DE LOS MOZOS. "La reforma del derecho de familia en España, hoy". Universidad de Valladolid. Valladolid 1981. vol.I. pág. 120.
447 Ibidem. pág. 130.
448 FONSECA. "Las atribuciones preferentes de los artículos 1.406 y 1.407 del Código civil". RDP. enero-febrero (I y II) 1986. I. pág. 11.
449 DIEZ-PICAZO. "Comentarios..". cit. II. pág. 1801.
450 GARCIA URBANO. en "Comentario del Código Cicil". T.II. Ministerio de Justicia. Madrid 1991. Pág. 800. Seguidamente expone: "No cabe que uno opte por la nuda propiedad y deje al otro el uso, aunque así se posibilita la compatibilidad de las adjudicaciones; ello choca con el fundamento último del precepto: evitar la desvinculación física entre el bien y el cónyuge beneficiario que se daría en el nudo propietario; podría sostenerse la compatibilidad mediante la adjudicación en comunidad ordinaria, resultado al que igualmente se llegaría por aplicación del principio de igualdad cualitativa de los lotes del

Puntualizan GARRIDO DE PALMA y sus colaboradores, que disposiciones legales que supongan desviación o excepción a la regla general de la partición igualitaria de fines conyugales comunes existen en muchas legislaciones (Cuba, legislación de la antigua República Democrática Alemana, Rusia y países bajo su esfera de influencia política...), pero normas que específicamente regulen derechos de atribución preferente, de modo que puedan considerarse antecedentes legislativos de derecho comparado para nuestro Código civil, las hallamos en los derechos francés y belga de forma directa, más lejanos en alguna disposición inglesa, sin olvidar la normativa del Código italiano. [451]

Sin hacer sin embargo un estudio de tales derechos, y siguiendo a estos mismos autores, cabe admitir que si bien el legislador español ha tenido en cuenta dichas legislaciones, opinión ésta también compartida por RAMS [452] y por RODRIGUEZ ADRADOS [453], un texto de derecho aragonés "ha pesado en un afianzamiento legislativo de que se estaba en el buen camino con las atribuciones preferentes a establecer".

También "normas como las del Código portugués deben haberse considerado, pero sobre todo ha influído... decisivamente, el movimiento mundial en favor de concretar en el campo del derecho familiar los derechos básicos, fundamentales de la persona, y ello no como ser aislado, autónomo, sino como miembro de una familia". [454]

Nuestro Código establece entonces derechos y facultades que consideramos de modo unitario. Apreciamos que constituye una opción liquidatoria "sui generis" en el artículo 1.406 y, en dos supuestos concretos, una facultad que puede deshacer lo establecido en sus números 3º y 4º, traducida en una elección, a la que textualmente se refiere el artículo siguiente.

Para FONSECA el artículo 1.407 es una norma especial, modificativa y complementaria del contenido propio del derecho de atribución preferente recogido en el artículo 1.406, cuando el mismo recae sobre los bienes a que se refieren los números 3 y 4 del mismo. [455] De tal modo que su configuración literaria, por su referencia expresa a tales supuestos, así como la propia ordenación sistemática "inducen a pensar que nos encontramos ante un precepto que confiere un trato de excepción en favor del cónyuge atributario y frente a la regla general". [456]

Como dice DIEZ-PICAZO, este artículo contiene una norma particional de carácter muy especial. Prevé un alternativo modo de satisfacer el derecho a la adjudicación preferencial del local de ejercicio de la profesión o de la vivienda

---

art. 1.061, o cuando la sociedad de gananciales no ostentaba sobre el local más que un derecho real limitado (por ejemplo un usufructo, supuesto en el que la facultad de pedir su adjudicación podría concentrarse únicamente en forma de uso) o cuando sólo se tiene un derecho personal (por ejemplo el derivado del arrendamiento -cfr. SAP La Coruña 10-XI-83-)".

451 GARRIDO DE PALMA y otros. "La disolución de la sociedad conyugal". Reus. Madrid 1985. pág. 4.
452 RAMS. "Las atribuciones..". cit. pág. 728.
453 RODRIGUEZ ADRADOS. en "Los preceptos fracasados en la reforma del Código civil". RDN. Julio-Dic. 1981, donde, en la página 299, indica cómo "nuestro legislador reformista... ha admitido las adjudicaciones preferentes... mezclando ideas francesas, belgas e italianas".
454 GARRIDO DE PALMA y otros. "La disolución.." cit. pág. 9.
455 FONSECA. Ob. cit. I. pág. 34.
456 RAMS. "Las atribuciones.." cit. II. pág. 1005.

de residencia habitual o de ambas cosas, si ambas cupieren en el haber. (457)

La regla particular del artículo 1.407 se ocupa de posibilitar la continuidad en el uso y disfrute que el adjudicatario puede llevar a efecto sobre la vivienda familiar y el local profesional, para lo cual introduce una facultad de opción, con el fin de que dicha continuidad quede plasmada en una situación de pleno dominio, o bien se traduzca en la posibilidad del establecimiento de un derecho real de uso o habitación, lo que, al decir de RAMS, "ensancha considerablemente para el atributario las posibilidades de ejercicio de su derecho". (458) No cabe duda de que los bienes de los números 3 y 4 del artículo 1.406, sobre los que versa la regulación del 1.407 suelen ser, en muchos casos, bienes que, como ha puntualizado DE LOS MOZOS, si no agotan la mayor parte del haber de la sociedad de gananciales, sí lo reducen considerablemente o, por lo menos, exceden del haber o cuenta que corresponde al cónyuge que ejerce el derecho de atribución preferente (459); y respondiendo a dicha inquietud, precisa FONSECA cómo el legislador "ha facilitado al máximo el que la atribución preferente se pueda realizar, y no sólo estableciendo la posibilidad de abonar la diferencia en dinero en la adjudicación a título de propiedad, sino permitiendo la constitución de un derecho real de uso o habitación sobre los mismos a su libre voluntad". (460)

En este mismo sentido se manifiesta CANO TELLO al decir que "la facultad de decidir entre la adjudicación de los bienes en propiedad, en uso o habitación, corresponde al cónyuge adjudicatario" (461), logrando con ello, tal y como ha sido indicado por ALBALADEJO, "el menor valor que así consume" (462), y todo porque como ha manifestado el propio FONSECA, al recaer sobre los bienes que recogen los números 3 y 4 del artículo 1.406, las facultades que al derecho competen se amplían considerablemente, de tal forma que el derecho de atribución preferente adquiere otra configuración. (463)

El precepto merece, no obstante, para este último autor, una crítica negativa en cuanto a su alcance, y no en su razón última, por cuanto entiende como loable el hecho de que se facilite al máximo el que el cónyuge sobreviviente pueda obtener la adjudicación preferente de la vivienda donde tuviese la residencia habitual frente a los herederos del premuerto, sino "en el agravio y falta de justificación en cuanto al distinto tratamiento que hace de los números 2 y 3 (3 y 4) del artículo 1.406". (464)

Tal facultad de elección existirá siempre en los casos de los números 3º y 4º del 1.406, y no sólo cuando el valor del bien quepa íntegramente en el haber del cónyuge adjudicatario.

Es de destacar un aspecto que nos resulta fundamental, sobre todo en relación con lo que hemos expuesto sobre el uso y la habitación; y es que el cónyuge adjudicatario, que pudiendo elegir en propiedad ejerce su facultad electiva en la constitución de estos derechos reales, si pudiendo ser propietario no quisiere, tendrá razonablemente amplia libertad para determinar en el

---

457 DIEZ-PICAZO. "Comentarios.." cit. pág. 1803.
458 RAMS. "Las atribuciones.." cit. II. págs. 1008-1009.
459 DE LOS MOZOS. "Comentarios.." cit. pág. 513.
460 FONSECA. Ob. cit. I. pág. 35.
461 CANO TELLO. "La nueva regulación de la sociedad de gananciales". Tecnos. Madrid 1981. pág. 84.
462 ALBALADEJO. "Curso de Derecho Civil". T.IV. Derecho de Familia. Librería Bosch. Barcelona 1982. pág. 191.
463 FONSECA. Ob. cit. I. pág. 34.
464 Ibidem. pág. 35.

título constitutivo lo que crea conveniente; teniendo a nuestro entender como únicos límites los que lo son de la autonomía de la voluntad.

Para finalizar, queremos referirnos a la problemática que la adjudicación preferente plantea de cara a la Ley de Arrendamientos Urbanos y que debe jugar de forma esencial en este tipo de cuestiones.

Advertía la enmienda 274 al artículo 1.406 del Código la grave interferencia que sus números 2 y 3 podían producir en la L.A.U. y la posibilidad de que ésta dejara en muchos casos sin efecto aquél; postulándose entonces una modificación del artículo 60 de la L.A.U.

La enmienda se rechazó por el Informe de la Ponencia, lo que creemos ha constituido un lamentable error, por dejar sin sentido el alcance del artículo 1.406 en algunos supuestos, al producirse una injerencia en el terreno arrendaticio de unos problemas personales y familiares que son ajenos a una primera relación.

Sea en vía pacífica por la adjudicación preferente, sea por la vía judicial, creemos que no puede obligarse al arrendador a admitir persona distinta del arrendatario para que se subrogue en los derechos de éste, fuera de los casos que taxativamente señala la ley en los artículos 58 y 60. Si la ley especial ha de prevalecer sobre la legislación sustantiva, en sede de arrendamiento ha de primar dicha ley especial, no pudiéndose imponer al arrendador, por vía del artículo 1.406, la subrogación en el contrato.

La relación inicial arrendaticia, interrumpida por el Código, termina allí (si es que realmente se interrumpe), tratándose entonces de dos relaciones distintas:

Una, entre el arrendador y el primitivo arrendatario, que surte todos sus efectos hasta que tal relación concluya.

Otra, la existente entre el arrendatario y su cónyuge, que participa de otra esfera diferente y que no puede imponerse sobre la relación primera, ni cuando exista acuerdo entre los mismos, ni cuando sea la autoridad judicial quien dirima la controversia.

Podrá, a lo más, determinarse como derecho del cónyuge el acceso al arriendo, que debe ser consentido por el primitivo arrendatario; esto mismo podrá señalar la autoridad judicial. Pero ello no podrá imponerse al arrendador, pues, una vez terminada la relación inicial, goza de perfecta libertad para admitir o no un nuevo arrendatario. En caso de admitirlo, estaríamos ante un nuevo contrato de arrendamiento.

¿Cuál sería la solución más razonable? Es evidente que la modificación, como se propuso, de la Ley de Arrendamientos Urbanos, ampliando el contenido de su artículo 60 a los supuestos de disolución de la sociedad conyugal, contemplando lo que se determina por la adjudicación preferente.

No afecta sin embargo al número 4 del artículo 1.406, por referirse exclusivamente al caso de disolución por muerte, dando a entender que la vivienda es propiedad común de los cónyuges o del premuerto. Si la vivienda fuese arrendada, no daría lugar a la adjudicación ni a la constitución del derecho de habitación o de uso que determina el artículo 1.407, sino a que el supérstite quedaría subrogado en el arrendamiento celebrado por el cónyuge fallecido.

IX

A MODO DE CONCLUSIONES

A la vista de todo lo aquí se ha expuesto, y tras un análisis histórico, legal, doctrinal e incluso jurisprudencial, pese a las escasas sentencias que se han pronunciado sobre la materia, y tomando asimismo en consideración las elaboraciones doctrinales más modernas, no sólo del Derecho patrio sino también del derecho comparado, y ponderando la incidencia y consiguiente resurgimiento de los derechos de uso y habitación que ha supuesto la Ley 11/1981 de 13 de mayo, podemos determinar, a manera de conclusiones, las siguientes:

Los derechos de uso y habitación, que han sido considerados históricamente como supeditados en gran medida al derecho de usufructo, resultan ser, sin embargo, derechos de contenido específico diferente; y aunque en algunos supuestos (usufructo parcial y uso, por ejemplo), haya llegado a considerarse por la doctrina que estamos en presencia de una misma figura, es lo cierto que se trata de una postura errónea, toda vez que sus regímenes jurídicos aplicables son sustancialmente distintos.

El derecho de habitación, por su parte, no constituye tampoco un derecho de uso que se concreta sobre determinados bienes inmuebles, sino que se traduce en un derecho de mayor trascendencia jurídica, por su exclusivo carácter inmobiliario.

Esta mayor trascendencia ya le había sido reconocida en el Derecho romano, y así había pasado a nuestras Leyes de Partidas, aunque, por influencia del derecho intermedio francés, se ignorase, en la época de la codificación, lo que venía establecido en la Partida 3ª, Título XXXI, Ley 27. No obstante, en la sociedad actual, ha sido precisamente ese carácter inmobiliario de la habitación el que le ha convertido en un derecho de cierta trascendencia económica y que se utilice de manera ininterrumpida.

El derecho de uso, por el contrario, ha sufrido en la práctica un movimiento regresivo, viéndose atraído constantemente por la reglamentación del derecho de usufructo, hasta darse el caso de que ni siquiera se mencione como tal derecho en alguno de los Códigos modernos, tal y como sucede con el Código civil suizo.

Tampoco podemos aceptar de forma pacífica el hecho de que, pese a tratarse de derechos personalísimos, tanto el uso como la habitación deban de extinguirse con relación a la familia del titular en el momento en que se produce la muerte de éste, como dispone para el usufructo, el artículo 513.1º del Código civil. Si la familia determina la extensión de tales derechos, fijando cualitativa y cuantitativamente las necesidades que han de ser subvenidas, y si resulta que es, a su vez, beneficiaria de los mismos, habría que determinar, al menos como una medida de carácter lógico, la regulación de un sistema que, acorde con su finalidad, evitase que al daño moral producido por la muerte del titular se añadiese de forma inmediata el grave perjuicio económico que representa su extinción.

Pese a la opinión encontrada de la mayoría de la doctrina el usuario, a quien se ha concedido tal derecho con objeto de paliar unas necesidades realmente sentidas por él y los suyos, debe poder, desde el momento en que éstas sean cuantificables para que no se produzca abuso en la cosa, disponer de frutos suficientes para paliarlas, ya sea consumiendo los bienes o ya enajenándolos a fin de conseguir adquirir con el precio de éstos los demás que le sean necesarios.

El uso cumpliría de esta forma no sólo su destino fructífero, sino su verdadera dimensión como paliativo de necesidades reales; procurándose por este medio la diversificación de las atenciones que tales necesidades requieren y que no podría llevarse a efecto si quedase supeditado a una única extracción, como por ejemplo sucedería si se trata de un monocultivo.

En cuanto a la problemática que también se ha planteado respecto del título constitutivo, es preciso reseñar que dicho título es la fuente principal de los derechos de uso y habitación; no obstante debe puntualizarse que cualquier modificación que pueda llevarse a efecto sobre los prototipos legales en virtud del mismo, ni les desnaturaliza ni crea derechos nuevos semejantes al usufructo. De este modo, ante la polémica que envuelve el tratamiento de los artículos 523 y 525 del Código civil, nos inclinamos por dar preferencia al primero de ellos, porque la esencialidad de los derechos radica en la finalidad que están llamados a cumplir, y no en las formas extrínsecas y rígidas (tipo) de que el ordenamiento les ha revestido.

La autonomía de la voluntad, con sus exclusivos límites, creemos que debe tener aquí también su normal desarrollo.

Consideramos inexacto el que venga señalándose la posesión por parte del usuario como fundamento de la prescripción. Nada dice nuestro Código civil al respecto, determinando tan sólo que el derecho lo es sobre los frutos de una cosa ajena. Por ello no puede pensarse que el propietario, concedente de un derecho de uso, y no digamos ya si éste fuera parcial, está renunciando a la posesión del bien, y menos aun si la concesión se ha efectuado por un enfiteuta o por un usufructuario. Si se tratase de un uso sobre la totalidad, lo lógico sería permitir una situación de las denominadas toleradas, que, como es sabido, no afectan a la posesión.

El derecho de uso, pese a la consideración que pretende otorgarle la reforma de 1981, sigue manteniendo en nuestro Código su contenido fructífero que nada o muy poco tiene que ver con el pretendido derecho de mera utilización. Aunque la propia reforma sí ha acabado con esa exclusiva ejemplificación de corte rural, mantenida tradicionalmente, que ha quedado a todas luces obsoleta.

También, se ha introducido como novedad la posibilidad de constitución del uso a través de una facultad electiva regulada por la ley. Por tanto, quizá una de las diferencias más acusadas que existían frente al derecho de usufructo, cual era la de su constitución legal, ha sido suprimida; eso mismo podemos predicar respecto del derecho de habitación.

En cuanto a la problemática que se ha suscitado al tratar de las adjudicaciones preferentes de los artículos 1.406 y 1.407 del Código civil, consideramos que, con objeto de evitar muchas de las cuestiones allí planteadas, sería más conveniente llevar a efecto una modificación de tales preceptos, mediante la supresión de la posibilidad del derecho de uso y la admisión del derecho de usufructo; solución que, acertadamente a nuestro juicio, propugnó la Enmienda 528 al Proyecto de 1979, toda vez que así se cumplirían en mayor medida las probabilidades de aprovechamiento de una industria o de un local de negocio.

Para el caso de que continúe esa posibilidad de uso a través de los preceptos citados, entendemos que debería regularse un derecho de utilización, si nos amparamos en lo que determina el artículo 2 de la Ley Hipotecaria y 7 y concordantes de su Reglamento, o ampliarse el propio derecho de uso a supuestos infructíferos, tal y como hemos tenido ocasión de contemplar en el derecho comparado y que, de forma un tanto subrepticia, se ha considerado aplicable a nuestro ordenamiento, al menos a través del tratamiento doctrinal que se ha dado a la figura.

Entendemos también que, en lo que concierne a la extinción de los derechos de habitación y de uso, aparte de la figura específica del abuso grave, las formas de extinción del derecho de usufructo establecidas en el artículo 513 del Código y a las que de manera genérica remite el artículo 529, no son de exacta aplicación a los mismos, por ser diferentes sus pronunciamientos. No obstante proponemos que en aquellos supuestos en los que tanto el uso como la habitación hayan adquirido caracteres de beneficencia privada -subviniendo necesidades como lo haría el derecho de alimentos-, debe considerarse como causa de extinción de los mismos la establecida para aquél en el punto 3º del artículo 152: la posibilidad de ejercicio de un oficio, profesión o industria que deparen al beneficiario unos ingresos suficientes como para no tener que supeditarse a unos frutos o a una habitación, y, en general, el hecho de haber venido a mejor fortuna.

Como últimas consideraciones, podemos establecer que el derecho de uso, tal y como creemos que debe entenderse, es una figura en decadencia, que podría perfectamente quedar integrada de manera definitiva dentro del derecho de usufructo como una modalidad del mismo. De esta forma el usufructo abarcaría, además del disfrute sobre los bienes ajenos, las siguientes figuras:

a) Un usufructo sobre la totalidad de los frutos.

b) Un usufructo sobre parte de los frutos de la cosa, tal y como permite el artículo 469 del Código civil.

c) Un usufructo sobre el todo o parte de los frutos de la cosa, según el "quantum" de las necesidades del titular y de su familia, aunque ésta aumente.

No habría dificultad alguna en conseguir tal integración, porque lo que no creemos es que se lleve a cabo esa ampliación del derecho de uso que habíamos planteado más arriba.

Por otra parte, dentro de su configuración actual, es muy escaso, estadísticamente hablando, el número de supuestos en que el derecho de uso se constituye.

Y en lo que concierne al derecho de habitación, pensamos que debe ser potenciado, fundamentalmente mientras siga presente entre nosotros esa crisis que refleja, como un aspecto más de la sociedad, el mercado inmobiliario. Por tanto, sería conveniente rehabilitarle con todos los pronunciamientos a su favor y sin que en modo alguno se le haga discurrir por los mismos cauces que el derecho de uso, tal y como por inercia se ha venido realizando, con algunas excepciones, a lo largo de su proceso evolutivo.

Y ya para terminar no queremos pasar por alto algo que resulta, cuanto menos, digno de mención: Nos referimos al Decreto-lei nº 130/89 de la República portuguesa, que bajo el título «Direito Real de Habitação Periódica», se ha ocupado en fecha reciente de algunos problemas relacionados con lo que, entre nosotros, ha venido a denominarse multipropiedad. (465)

A través de este Decreto se ha logrado resolver, sin necesidad de recurrir a la importación de figuras extrañas al ordenamiento, un problema que empezaba a manifestarse en la ya destacada industria turística portuguesa. El modo de hacerlo ha sido su regulación a través de un derecho real cuya importancia, acabamos de constatar: el derecho de habitación. (466)

Sin entrar por tanto en el análisis sobre lo acertado o no de la regulación, queremos reseñar cómo la legislación lusa ha sabido adaptar una figura del derecho propio a las contingencias actuales a través de la garantía jurídica que representa este derecho real (467), al que, pese a no ser inscribible, (468) ha dotado en algunos casos de un cierto control registral. (469)

---

465 Señala el Decreto citado, en cu comienzo, cómo «O direito de habitação periódica, instituído pelo Decreto-Lei nº 355/81, de 31 de Dezembro, foi uma criação pioneira, que veio colmatar uma grave lacuna sentida no mercado turístico de férias.

De facto, foi através deste direito que pela primeira vez no País surgiu um sistema que permitiu o acesso seguro, através da constituição de um direito real, a todos aqueles que pretendiam uma habitação para férias por curtos períodos».

Por su parte el artigo 1º, donde se señala el objecto del direito real de habitação periódica, establece:

«1. Sobre os edifício, ou sobre as respectivas fracções, integrados em empreendimentos turísticos podem constituir-se direitos reais de habitação limitados a período certo de tempo de cada ano.

2. Para efeitos do disposto no número anterior, consideram-se empreendimentos turísticos aqueles que, nos termos do Decreto-Lei nº 328/86, de 30 de Setembro, foram classificados como hotéis-apartamentos, aldeamentos turísticos e ainda os que foram qualificados como conjuntos turísticos nos termos da alínea b) no nº 1 do artigo 17º do mesmo diploma.....».

466 Puede verse al respecto MARTINEZ-PIÑEIRO CARAMES. "Soluciones notariales al fenómeno de la llamada multipropiedad o propiedad a tiempo compartido". Junta de Decanos de los Colegios Notariales de España. Consejo General del Notariado. Madrid 1988.

467 Es de destacar cómo, pudiendo haber utilizado la fórmula del usufructo, el legislador portugués se ha inclinado por la menos conflictiva y esencialmente inmobiliaria que representa la habitación, con el carácter de total, en cuanto al piso, apartamento, etc, y temporal, para permitir el disfrute escalonado de los demás derechohabientes o habitacionistas.

Lógicamente no cabía la fórmula del derecho real de uso porque el derecho portugués sigue, en este sentido, el pronunciamiento formulado en el derecho intermedio; y así, al dar la noción o el concepto de estos derechos, señala:

«Artigo 1484º: 1. O direito de uso consiste na faculdade de se servir de certa coisa alheia e haver os respectivos frutos, na medida das necessidades, quer do titular, quer da sua família.

2. Quando este direito se refere a casas de morada, chama-se direito de habitação».

468 Según el artigo 7º.1 del Decreto, «O direito de habitação periódica carece de inscrição definitiva do respectivo título de constitução no registro predial».

469 El propio artigo 7º.2 viene a determinar que «No caso de o empreendimento turístico sujeito ao regime do direito de habitação periódica estar instalado em mais de um imóvel, será feita, no registro predial, uma só descrição de todos os prédios abrangidos, ainda que esteja prevista a execução do empreendimento por fases na respectiva licença de construção».

BIBLIOGRAFIA

ABELLA. "Código civil vigente en la península y ultramar, reformado y conforme a lo dispuesto en la ley de 26 de Mayo y R.D. de 24 de Julio de 1889". 3ª edición. El Consultor de los Ayuntamientos y de los Juzgados Municipales. Madrid 1890.

ALBALADEJO. "Curso de Derecho Civil". T.IV. Derecho de Familia, Librería Bosch. Barcelona 1982.

ALBALADEJO. "Derecho Civil". T.III. vol.II. Editorial Bosch. Barcelona. Ediciones de 1975 y 1983.

ALBANO. (PESCATORE-ALBANO-GRECO). "Proprieté". en "Commentario" UTET. L.III. T.II. Torino 1968.

ALBERTARIO. "La valutazione quantitativa nel diritto giustinianeo e nelle legislazioni moderne". en RDC.I. 1922. También en "Studi" per SCIALOJA. Giuffré. Milano 1905.

ALFONSO X. "Las Siete Partidas del Sabio Rey don Alonso el nono, nuevamente Glosadas por el Licenciado Gregorio López del Consejo Real de Indias de su Magestad". Impreso en Salamanca por Andrea de Portonaris. Edición facsimilar del B.O.E.

ALONSO MARTINEZ. "La familia". Memoria leída en la Academia de Ciencias Morales y Políticas. Imprenta, fundición y esterotipia de Don Juan Aguado. Madrid 1872.

ALTTHUSIUS. "Dicacologicae". Edición de Venezia 1753.

ARANGIO-RUIZ. "Historia del derecho romano". Editorial Reus. Madrid 1943.

ARANZADI. "Repertorio de Jurisprudencia". T.XXXI. 1964.

ARIAS RAMOS. "Derecho romano". T.I. 7ª edición. ERDP. Madrid 1958.

ASTUTI. Voz "Abitazione". en "Enciclopedia del Diritto". I. Giuffré. Milano.

AUBRY & RAU. "Droit civil français". T.II. Ed. Librairies techniques. Paris 1961.

AUMAITRE. "Traité élémentaire du droit civil". F.Pichon. Paris 1885.

BACON. "Reading upon the Statutes of Uses". s/e. London 1806.

BADRE. "Le développement historique des "uses" jusqu'a l'introduction du "trust" en droit anglais". Publications de l'Institut de Droit Comparé de l'Université de Paris (1re Série) XXXII. Librairie Arthur Rousseau.

Paris 1932.

BARASSI. "I diritti reali limitati". Giuffré. Milano 1947.

BARBERO. "L'Usufrutto e i diritti afini". Giuffré. Milano 1952.

BARBERO. "Il quasi-usufrutto ed il quasi-uso". Rivista di diritto civile. Società Edditrice Libraria. Milano 1939. Anno XXXI.

BARRACHINA Y PASTOR. "Derecho Hipotecario y Notarial. Comentarios a la Ley Hipotecaria". T.III. Establecimiento Tipográfico de J.Armengot e Hijos. Castellón 1911.

BAUDRY-LACANTINERIE, CHAVEAU. "Traité théorique et pratique du Droit Civil". Des Biens. 2ª ed. Librairie de la Société du recueil gral. des lois et des arrêts. Paris 1899.

BERAUD. "Legislación Hipotecaria". s/e. s.a. s.l.

BIGLIAZZI GERI. "Usufrutto, uso e abitazione" en "Trattato di Diritto civile e commericiale". vol. XI. T.I. Giuffré. Milano 1979.

BILGER. "Usage et habitation". en J.C. civil. artºs. 625 y 628.

BLACKSTONE. "Comentaries on the Laws of England". A.Strahan. Vol.II. London 1811.

Boletín Oficial de las Cortes Generales. Congreso de los Diputados. número 71-I 3. 22 de mayo de 1980.

Boletín Oficial de las Cortes Generales. Congreso de los Diputados. 1 de diciembre de 1980.

Boletín Oficial de las Cortes Generales. Senado. I legislatura. número 154 (a). 2 de febrero de 1981.

Boletín Oficial de las Cortes Generales. Senado. I legislatura. número 154 (f).

BONFANTE. "Instituciones de derecho romano". Ed. Reus. Madrid 1929.

BONFANTE. "Historia del derecho romano". ERDP. Madrid 1944.

BONNECASE. "Elementos de Derecho Civil". T.I. Ed.José M.Cajica. Puebla. México 1945.

BORDA. "Tratado de Derecho Civil argentino". Sucesiones. Con la colaboración de Federico J.M. PELTZER. 3ª edic. Perrot. Buenos Aires 1970.

BORRELL Y SOLER. "Derecho civil español". T.II. Bosch. Barcelona 1955.

BRANCA. "Instituciones de derecho privado". 6ª edic. Ed.Porrúa. México 1978.

BROSETA PONT. "Acciones: clases y régimen jurídico". En "La reforma del Derecho Español de Sociedades de Capital". Civitas. Madrid 1987.

BRUGI. "Instituciones de Derecho civil". UTEHA. México 1946.

BUEN (DE). "Derecho civil español común". Reus. Madrid 1931

BUEN (DE). Voz "Usufructo", en "Enciclopedia Jurídica Española". Seix. Barcelona.

BUNNAG. "De l'Éxecution Testamentaire en Droit Anglais". Rousseau et cíe. ed. Paris 1930.
Bürgerliches Gesetzbuch. Apéndice al "Tratado de Derecho Civil" de ENNECERUS, KIPP, WOLFF. Bosch. Barcelona 1955.

BURON GARCIA. "Derecho civil español, según los principios, los códigos y leyes precedentes y la reforma del código civil". Imprenta y librería Nacional y Extranjera de Andrés Martín, sucesor de los Sres. Hijos de Rodríguez. T.II. Valladolid 1900.

CAMPUZANO Y HORMA. "Elementos de Derecho Hipotecario". 2ª edic. Madrid 1931.

CAMY SANCHEZ-CAÑETE. "Comentarios a la legislación hipotecaria". Vol.VI. Pamplona 1983.

CANO TELLO. "La nueva regulación de la sociedad de gananciales". Tecnos. Madrid 1981. (Se ha consultado también la edición de 1983, concordante con la anterior).

CARBONNIER. "Derecho civil". T.II. vol.I. Bosch. Barcelona 1961.

CASTAN TOBEÑAS. En Notas a la obra de VENEZIAN "Usufructo, Uso y Habitación". Madrid 1928. (Ver en VENEZIAN).

CASTAN TOBEÑAS. "Derecho civil español común y foral". T.II. vol.I. 12ª ed. revisada por G.GARCIA CANTERO. Reus. Madrid 1984.

CASTILLO DE SOTOMAYOR. "De usufructu". Lyon 1723.

CASTRO Y BRAVO (DE). "Compendio de Derecho Civil. Introducción y Derecho de la persona". 5ª ed. Madrid 1970.

CLEMENTE DE DIEGO. "Instituciones de Derecho Civil español". Imp. de Juan Pueyo. Madrid 1930.

Code Civil. Dalloz. 1987-1988. Paris 1988.

Code Civil Suisse et Codes des obligations. Par Georges SCYBOZ et Pierre-Robert GILLIÉRON. Ed.Payot. Lausanne 1983.

Code Civile. A cura di S.FERRARI, R. e G.FERRARI. Hoepli. Milano 1973. También la edición puesta al día por A.DI MAJO, al 10 de settembre de 1987. Dott. A.Giuffré Editore. Milano 1987.

Código Civil brasileiro. Graf. Auriverde, Ltda. Rio de Janeiro. Ed. 1978.

Código Civil de Chile. Con estudio preliminar de P.LIRA URQUIETA. Instituto de Cultura Hispánica. Madrid 1961.

Código Civil para el Estado de Colima. Editorial Porrúa. México 1989.

Código Civil de Colombia. Con estudio preliminar de A.URIBE MISAS. Instituto de Cultura Hispánica. Madrid 1963.

Código Civil para el Distrito Federal en materia Común y para toda la República en materia Federal. Ediciones Delma. México 1991.

Código Civil para el Estado de Durango. Editorial Porrúa. México 1989.

Código Civil del Estado de Jalisco. Editorial Porrúa. 1989.

Código Civil del Estado de Michoacán. Editorial Porrúa. México 1990.

Código Civil portugués. Ediçao revista e actualizada de ANTUNES VARELA e BIGOTTE CHORÃO. Coimbra Editora. Coimbra 1984 y edición de Livraria Almedina. Coimbra 1993.

Código Civil de la República Argentina. Con estudio preliminar de J.Mª MUSTAPICH. Instituto de Cultura Hispánica. Madrid 1960. También la edición de De Palma. Buenos Aires 1987.

Código Civil de Venezuela. Copia de la Gaceta Oficial nº 2990 extraordinario de 26 de julio de 1982. Vadell hnos. Edit. Valencia (Edo. Carabobo). 1982.

Código Civil del Estado de Zacatecas. Editorial Porrúa. México 1988.

COLIN y CAPITANT. "Curso elemental de Derecho Civil". Con notas sobre el Derecho Civil español por Demófilo DE BUEN. T.II. vol. II. Ed. Reus. Madrid 1923.

COMAS. "La revisión del Código civil español". Parte 2ª. Parte especial. Imprenta del Asilo de Huérfanos del Sagrado Corazón de Jesús. Madrid 1902.

Compilación del Derecho civil especial de Baleares. Ed. BOE. Madrid 1974.

Compilación del Derecho civil foral de Navarra. B.O. de Navarra número 41 de 6 de abril de 1981.

COSSIO Y CORRAL. "Instituciones de Derecho Civil". Alianza Universidad. Madrid 1975 y ed. Civitas. Madrid 1988.

CUADRADO IGLESIAS. "Aprovechamiento en común de pastos y leñas". Ed. Serie estudios. Ministerio de Agricultura. Madrid 1980.

DEMOLOMBE. "Cours de Code Napoléon". Tomos VII y X. Paris s/f.

DIAZ GONZALEZ. "Iniciación a los estudios de derecho hipotecario". T.III. ERDP. Madrid 1967.

Diccionario de la Lengua Española. Real Academia Española. Vigésima edición. Madrid 1984.

DIEGO LORA. "La posesión y los procesos posesorios". I. Rialp. Madrid 1962.

DIEZ-PICAZO Y PONCE DE LEON. en "Comentarios a las reformas del derecho de familia". Vol.II. Tecnos. Madrid 1984.

DIEZ-PICAZO Y PONCE DE LEON. "Fundamentos del Derecho Civil Patrimonial". Vol. 2°. Tecnos. Madrid 1986.

DIEZ-PICAZO y GULLON BALLESTEROS. "Sistema de Derecho Civil". Vol.III. Derecho de cosas. Edit. Tecnos. Madrid 1981.

Documento "¿Qué has hecho de tu hermano sin techo?. La Iglesia ante la carencia de vivienda". Pontificia Comisión Justicia y Paz. Reproducido parcialmente por el diario "Ya", sección Sociedad, el día 3 de febrero de 1988.

DOMAT. "Les lois civiles dans leur ordre naturel". I. Livre I, Titre XI, section II, art. 1. Paris s/f.

DONELLO. "Commentariis iuris civilis". I. Venezia s/f.

DORAL GARCIA DE PAZOS. "Comentarios al Código civil y legislaciones forales". Dirigidos por Manuel ALBALADEJO. T.VII. vol.I. Art°s. 467 a 529. ERDP. Madrid.

ENNECERUS, KIPP, WOLFF. "Tratado de Derecho Civil". Traducción de la 39 ed. alemana, anotada por Blas PEREZ GONZALEZ y José ALGUER. Bosch. Barcelona 1934.

ESCARRA. "Les Fondations en Angleterre". (Étude de droit comparé). Paris 1907.

ESPIN CANOVAS. "Manual de Derecho Civil español". Vol. II. ERDP. Madrid 1981.

FALCON. "Exposición doctrinal del Derecho Civil español, común y foral, según las leyes escritas, la jurisprudencia de los tribunales y la opinión de los jurisconsultos". T.II. 2ª ed. Imp. de Francisco Núñez Izquierdo. Salamanca 1882.

FERNANDEZ ELIAS. "Novísimo tratado histórico filosófico del Derecho Civil español". Librería de Leocadio López, editor. 2ª ed. Madrid 1880.

FONSECA. "Las atribuciones preferentes de los artículos 1.406 y 1.407 del Código Civil". RDP. enero-febrero (I y II) de 1986.

FUERO VIEJO DE CASTILLA. Ed. Lex Nova. Valladolid 1983. Reproducción de la edición de Madrid de 1771.

GALGANO. "Diritto privato". Cedam. Padova 1981.

GALINDO Y DE VERA. "Comentarios a la legislación hipotecaria de España y ultramar". T.IV. Madrid 1884.

GALINDO y ESCOSURA. "Comentarios a la legislación hipotecaria de España". 4ª ed. Establecimiento Tipográfico de Antonio Marzo. Madrid 1903.

GARCIA CANTERO. "El estatuto jurídico del alojamiento familiar en el derecho español". ADC. T.XXXI. octubre-diciembre 1978.

GARCIA CANTERO. "Derecho civil español, común y foral". de José CASTAN TOBEÑAS. T.V. vol.I. Reus. Madrid 1983.

GARCIA CANTERO. "Configuración del concepto de vivienda familiar en el derecho español". EUNSA. Pamplona 1986.

GARCIA GOYENA. "Concordancias, motivos y comentarios del Código civil". Imprenta de la Soc. Tipográfico-Editorial. Madrid 1852. Ed. reproducida por Editorial Base. Barcelona 1973.

GARCIA MARTINEZ. "Derecho Civil". I. Ed. F.Domenech S.A. Valencia 1942.

GARCIA MARTINEZ. 'Derecho hipotecario". Imp. F.Domenech S.A. Valencia 1942.

GARCIA URBANO. "Comentario del Código Civil". T.II. Art°s. 1.405 a 1.410. Ministerio de Justicia. Madrid 1991.

GARRIDO DE PALMA y otros. "La disolución de la sociedad conyugal". Ed. particular del autor. Madrid 1985-86.

GARRIGUES. "Curso de Derecho Mercantil". I. Madrid 1982.

GAUDEMET. "Étude sur le régime juridique de l'indivision en droit romain". Recueil Sirey. Université de Strasbourg. Paris 1934.

GAYOSO ARIAS. "Nociones de legislación hipotecaria". Vol. I. Madrid 1918.

GIANTURCO. "Istituzioni di diritto civile italiano". G.Barbèra Ed. Firenze 1921.

GILBERT. "The Law of Uses and Trust". s/e. London 1811.

GIRARD. "Manuel élémentaire de Droit Romain". Libraririe Arthur Rousseau. Paris 1976.

GIVERDON. "Usage-Habitation". en "Encyclopédie Dalloz". Paris 1976.

GLÜCK. "Commentario alle Pandette". VII. Serafini-Cogliolo-Marinis. Milano s/f.

GNOCCHI. "Istituzioni di diritto privato". Ed. Ulrico Hoepñli. Milano 1984.

GROSSO. "L'Uso, l'abitazione e le opere dei servi". UTET. Torino 1939.

GROSSO. "Valutazione quantitative nel regime giustinianeo dell'usus". en "Studi et doc." 5. 1939.

GROSSO. "Dell'uso e dell'abitazione". en RDComm. 1939.

HERNANDEZ GIL. "La posesión como institución jurídica y social". T.II de las "Obras completas". Espasa-Calpe. Madrid 1987.

HERRERO. "El Código civil español". Imp. y Librería Nacional y Estranjera de los Hijos de Rodríguez. Valladolid 1872.

HOLDSWORTH. "A History of English Law". Methuen & Co. Vol. IV. Aberdeen-University Press. London 1923.

HOLMES. "Early English Equity". (Law Quaterly Review, vol. I) 1885. Reproducido en "Select Essays in AALH". II.

IHERING. "El espíritu del Derecho Romano". Abrev. Ed. Rev. de Occidente Argentina. Buenos Aires 1947.

JAEN. "Derecho civil. Apuntes y notas de derecho filosófico, histórico y positivo, especialmente español común y foral". Librería Gral. de Victoriano Suárez. Madrid 1928.

JORDANO BAREA. "El quasi-usufructo como derecho de goce sobre cosa ajena". ADC. 1948.

Jurisprudencia Civil. Abril de 1910.

JUSTINIANO. "Las Instituciones". Versión española de F. HERNANDEZ-TEJERO JORGE. Universidad de Madrid. Facultad de Derecho. Sección de Publicaciones e Intercambio. Madrid 1961.

JUSTINIANO. "Digesto". Ed. Aranzadi. Pamplona 1968.

KUMMEROW. "Compendio de Bienes y Derechos Reales". (Derecho Civil II). 3ª ed. Ed. y distrib. "Magon". Caracas 1980.

LACRUZ BERDEJO. "La reforma del régimen económico del matrimonio". ADC. T.XXXII. Fasc. II-III. abril-septiembre de 1979.

LACRUZ BERDEJO - SANCHO REBULLIDA. "Elementos de Derecho Civil". T.III. vol.II. Lib. Bosch. Barcelona 1980 y 1982.

LATOUR BROTONS. "Estudio del usufructo". RCDI. XXXII 1956. septiembre-octubre y noviembre-diciembre. nºs. 340-341 y 342-343. También "Estudio del usufructo" editado por Publicaciones Jurídicas S.A. Madrid 1956.

LAURENT. "Principes de Droit Civil français". T.VII. BC & Cíe. Bruxelles-Paris 1878.

Leyes Hipotecarias y Registrales de España. Fuentes y Evolución. T.I. II Congreso Internacional de Derecho Registral. Ed. Castalia. Madrid 1974.

MALDONADO Y FERNANDEZ DEL TORCO. "Herencia en favor del alma en el derecho español". ERDP. Madrid 1944.

MANRESA Y NAVARRO. "Comentarios al Código Civil español". Con una introducción del Excmo. Sr. D. Francisco DE CARDENAS. 4ª ed. corregida y aumentada. T.IV. Ed. Reus. Madrid 1920. También la 7º ed. Reus. Madrid 1972.

MARICHALAR y MANRIQUE. "Recitaciones del Derecho Civil de España. Segunda parte de la obra Historia de la Legislación". T.III. Hijos de Reus, editores. Madrid 1916.

MARTIN-BALLESTEROS COSTEA. "La casa en el derecho aragonés". Artes Gráficas E.Berdejo Casañal. Zaragoza 1944.

MARTIN PEREZ. "Comentarios al Código civil y legislaciones forales". Dirigidos por Manuel ALBALADEJO. T.VI. (art°s. 430 a 466). Edersa. Madrid 1980.

MARTINEZ-PIÑEIRO CARAMÉS. "Soluciones Notariales al fenómeno de la llamada Multipropiedad o Propiedad a Tiempo Compartido". Junta de Decanos de los Colegios Notariales de España. Consejo General del Notariado. Madrid 1988.

MARTINEZ ZURITA. "Del Usufructo, del Uso y de la Habitación". Colección Nereo. Barcelona 1962.

MARTINO (DE). "Dell'Uso e dell'Abitazione". en el "Usufrutto, Uso, Abitazione". L.III. del "Commentario" de SCIALOJA-BRANCA. Bologna-Roma 1978. Zanichelli-Foro Italiano.

MARTY y RAYNAUD. "Droit civil". Les biens. T.II. vol.II. Ed. Sirey. Paris 1980.

MAYR. "Historia del Derecho romano". 2ª edic. Ed. Labor S.A. Barcelona 1941. 2 vols.

MAZEAUD. "Lecciones de Derecho Civil". Parte 2ª. vol.IV. Ed. jdcas. Europa-América. Buenos Aires 1960.

MORALES MORENO. "Posesión y usucapión". CSIC. Madrid 1972.

MORELL Y TERRY. "Comentarios a la legislación hipotecaria". 2ª ed. corregida y adicionada. T.III. Ed. Reus. Madrid 1928.

MORENO MOCHOLI. "El precario". Bosch. Barcelona 1976.

MOZOS (DE LOS). "La reforma del derecho de familia en España, hoy". vol. I. Universidad de Valladolid. Valladolid 1981.

MOZOS (DE LOS). "Comentarios al Código civil y compilaciones forales". Dirigidos por Manuel ALBALADEJO. T.XVIII. vol. 2°. Edersa. Madrid 1984.

MUCIUS SCAEVOLA. "Código Civil comentado y concordado extensamente y totalmente revisado y puesto al día". Por Pedro DE APALATEGUI. T.IX. 5ª ed. Instituto Edit. Reus. Madrid 1948.

MUÑOZ DE DIOS. "La vivienda familiar y el mobiliario en el artículo 1.320 del Código Civil". AAMN. T.XXVII. Edersa. Madrid 1987.

NAVARRO AMANDI. "Código Civil de España". Juan Vidal Ed. Madrid 1890.

OYUELOS. "Digesto. Principios, doctrina y jurisprudencia referentes al Código civil español". T.II (artículos 333 a 608). Cuerpo del Derecho Español. Madrid.

PACCHIONI. "Breve historia del imperio romano". ERDP. Madrid 1944.

PAGE (DE). "Traité élémentaire de droit civil belge". T.V. vol. 2°. Ét. E.Bruylant. Bruxelles 1949.

PALERMO. "Usufrutto, Uso-Abitazione". UTET. Torino 1966.

PAMPALONI. "Questioni di diritto giustinianeo". en RISG. 49 (1911).

PANTOJA y LLORET. "Let Hipotecaria, comentada y explicada comparada con las leyes y códigos extranjeros". Madrid 1861.

Partidas (Las). Edición facsimilar en 3 tomos del BOE. (ver ALFONSO X).

PEDREIRA CASTRO. "El Código civil a través de la jurisprudencia". T.I. Librería Gral. de Victoriano Suárez. Madrid s/f.

PEÑA BERNALDO DE QUIROS. "Notas sobre las adquisiciones "a non domino" del usufructo sobre muebles y de la prenda". RCDI. 1952.

PEÑA BERNALDO DE QUIROS. "Derechos reales. Derecho hipotecario". Sec. de Publicaciones de la Univ. de Madrid. Fac. de Derecho. Madrid 1986.

PEÑA GUZMAN. "Derecho Civil". Derechos reales. III. TEA. Buenos Aires 1975.

PEREZ GONZALEZ y ALGUER. en Notas al "Tratado de Derecho Civil" de ENNECERUS, KIPP, WOLFF. T.III. vol.II. Bosch. Barcelona 1941.

PEREZ DE VARGAS Y MUÑOZ. "La enajenación del usufructo y el Código civil" en "Centenario del Código Civil". CEURA. Madrid 1989.

PLANAS Y CASALS. "Derecho civil español común y foral". T.I. Librería Bosch. Barcelona 1925.

PLANIOL y RIPERT. "Tratado práctico de Derecho civil francés". T.III. Los bienes. Ed. Cultural S.A. La Habana 1946.

PLANITZ. "Principios de Derecho privado germánico". Bosch. Barcelona 1957.

POLLOCK y MAITLAND. "The History of English Law before the time of Edward I". Cambridge 1898.

POTHIER. "Œuvres". Annotées et mises en corrélation avec le Code civil et la législation actuelle par M. BUGNET. Videcoq, père et fils Cosse et N.Delamotte. Paris 1846.

PUGLIESE. "Usufrutto, Uso-Abitazione". en "Trattato" de VASALLI. Vol.IV. T.V. UTET. Torino 1954.

PUGLIESE. "Abitazione e uso". en "Novissimo Digesto Italiano". UTET. Torino 1957.

QUARANTA-PREDEN. "Della proprietá". en "Commentario" de DE MARTINO. L.III. Pem. Roma 1972.

RAMOS. "La legislación hipotecaria". s/e. Madrid 1883.

RAMS ALBESA. "Las atribuciones preferentes en la liquidación de gananciales. (Régimen y naturaleza)". RCDI. números 568 y 569. Madrid 1985.

RAMS ALBESA. "Uso, habitación y vivienda familiar". Tecnos. Madrid 1987.

RAMS ALBESA. "Comentario del Código Civil". T.I. Art°s. 523 a 529. Ministerio de Justicia. Madrid 1991.

RAVÀ. "Istituzioni di diritto privato". Cedam. Padova 1983.

RAVAZZONI. "I diritti di abitazione e di uso a favore del coniuge superstite". en "Studi-Note-Documenti Segnalazioni". s/e. 1978.

RICCI. "Derecho civil teórico y práctico". Vol.I. La España moderna. Madrid.

RICCI. "Abitazione - usus" en "Il Digesto italiano". vol. Primo. Parte prima. UTET. Torino 1884.

RICCI. "Abitazione- usus" en "Nuovo Digesto italiano". UTET. Torino 1937.

RICCOBONO. "Sull'usus" en "Studi" per SCIALOJA. I. Giuffré. Milano 1905.

ROCA SASTRE. "Derecho hipotecario". T.IV. vol.I. Bosch. Barcelona 1979.

RODRIGUEZ ADRADOS. "Los preceptos fracasados en la reforma del Código civil". RDN. julio-diciembre de 1981.

ROSTOVTZEFF. "Historia social y económica del imperio romano". Ed. Espasa Calpe S.A. Madrid 1937.

RUBIO GARCIA MINA. "Curso de Derecho de Sociedades Anónimas". Madrid 1964.

SANDERS. "An Essay on Uses and Trust on the nature and operation of conveyance at common law". s/e. London 1844.

SANTAMARIA. "Comentarios al Código civil". T.I. ERDP. Madrid 1958.

SAVATIER. "Cours de droit civil". T.II. Librairie Gral. de Droit et de Jurisprudence. Paris 1947.

SCHEURL. "Zeitschrift für geschichtliche Rechtswissenschaft". vol.XV. Berlin 1850.

SOHM. "Instituciones de Derecho Privado Romano. Historia y Sistema". 17ª ed. corregida por L. MITTEIS. Biblioteca de la RDP. Serie C. vol.I. Madrid 1928.

SOLUS. "Commentaire à la S.T.C. de Saumur". en RTDC. I. 1946.

SPENCE. "The Equitable Jurisdiction of the Court of Chancery". Philadelphie 1846-1850. vol.I.

TORRENTE y SCHLESINGER. "Manuales di diritto privato". Giuffré. Milano 1978.

TRABUCCHI. "Istituzioni di diritto privato". 28 ed. Cedam. Padova 1986.

TRIMARCHI. "Istituzioni di diritto privato". Giuffré. Milano 1983.

Unification des concepts juridiques de "Domicile" et de "Résidence". Résolution (72) et annexe adoptées par le Comité de Ministres du Conseil de l'Europe le 18 janvier 1972 et Exposé des motifs. Conseil de l'Europe. Strasbourg 1972.

URIA. "Derecho Mercantil". Reimpresión de la 13ª ed. Marcial Pons. Madrid 1986.

VALVERDE Y VALVERDE. "Tratado de derecho civil español". T.II. 3ª ed. Valladolid 1925.

VENEZIAN. "Usufructo, Uso y Habitación". Traducción castellana. Biblioteca de la RDP. Serie B. vols, VII y VIII. Madrid 1928.

VICARI. "I diritti di abitazione e di uso riservati al coniuge superstite". en "Studi-Note-Documenti Segnalazioni". s/e. 1978.

WEILL. "Droit civil". Les biens. 2ª ed. Dalloz. Paris 1974.

WINDSCHEID. "Diritto delle Pandette". Traduzione del professori Carlo FADDA e Paolo Emilio BENSA. Volume Primo. UTET. Torino 1930.